欧仁妮皇后 上

一部法兰西第二帝国史

[法] 伊伯特·圣阿曼德 著　杨丽华 译

EMPRESS EUGÉNIE

A HISTORY OF SECOND EMPIRE

人民东方出版传媒
People's Oriental Publishing & Media
東方出版社
The Oriental Press

图书在版编目（CIP）数据

欧仁妮皇后：一部法兰西第二帝国史 / (法) 伊伯特 · 圣阿曼德 著；杨丽华 译. -- 北京：东方出版社,2020.8

ISBN 978-7-5207-1534-8

Ⅰ. ①欧… Ⅱ. ①伊… ②杨… Ⅲ. ①欧仁妮－传记Ⅳ. ①K835.657

中国版本图书馆CIP数据核字(2020)第084656号

欧仁妮皇后：一部法兰西第二帝国史

（OURENNI HUANGHOU:YIBU FALANXI DI-ER DIGUOSHI）

作　　者：[法] 伊伯特 · 圣阿曼德
译　　者：杨丽华
责任编辑：辛春来
出　　版：东方出版社
发　　行：人民东方出版传媒有限公司
地　　址：北京市朝阳区西坝河北里51号
邮　　编：100028
印　　刷：三河市刚利印务有限公司
版　　次：2020年8月第1版
印　　次：2020年8月第1次印刷
开　　本：710毫米 × 1000毫米　1 / 16
印　　张：52.25
字　　数：680千字
书　　号：ISBN 978-7-5207-1534-8
定　　价：195.00元
发行电话：（010）85924663　85924664　85924641

目 录

001 第 1 章 家族、成长与婚姻

021 第 2 章 政 变

057 第 3 章 玛蒂尔德·波拿巴公主

081 第 4 章 皇太子的出生和洗礼

099 第 5 章 皇太子的年幼时光

119 第 6 章 皇太子的“炮火洗礼”

139 第 7 章 帝国皇太子之死

161 第 8 章 皇家互访

183 第 9 章 普鲁士和俄国皇室访问团

217 第 10 章 官方出访

237 第 11 章 访问普鲁士和埃及

273 第 12 章 第二帝国时期的宫廷生活

301 第 13 章 宫廷娱乐

317 第 14 章 欧仁妮皇后的侍从班

337 第 15 章 拿破仑三世的生活

371 第 16 章 拿破仑三世的驾崩

381 第 17 章 欧仁妮皇后的摄政与晚年生活

403 第 18 章 克里米亚战争的起源

421 第19章
意大利战争

443 第20章
第二帝国与意大利统一

481 第21章
墨西哥远征

499 第22章
波兰问题

509 第23章
拿破仑三世对第二帝国外交事务的观点

537 第24章
1870年普法战争的原因

593 第25章
1870年的查隆斯营地

603 第26章
色当的悲剧

647 第27章
尼古拉·安·德奥杜尔·尚加尼耶和第二帝国

671 第28章
路易-茹尔·特罗胥在巴黎

693 第29章
1870年9月的革命

723 第 30 章
欧仁妮皇后逃离巴黎

735 第 31 章
拿破仑三世在威廉姆斯赫厄

761 第 32 章
1870 年的和平谈判

787 译名对照表

第1章

家族、成长与婚姻

作为西班牙赫赫有名的家族，古兹曼家族的历史可以追溯至西班牙早期的君主专制时期。谈及古兹曼家族中的名人，首先是著名的阿隆佐·佩罗兹·德·古兹曼。1291年，阿隆佐·佩罗兹·德·古兹曼宁可让围攻塔里法的摩尔人杀掉自己的儿子，也绝不投降交出城池。自此，便有了古兹曼家族的训诫："血肉之躯，为国荣捐。"除了蒙蒂若家族，梅迪纳·科尔里家族、梅迪纳·西多尼亚家族、拉斯·托雷斯家族和奥利瓦雷斯家族都是古兹曼家族的分支。奥利瓦雷斯伯爵-公爵加斯帕尔·德·古兹曼是西班牙国王腓力四世时期的全能大臣。

古兹曼家族一直流淌着皇族的血液。欧仁妮皇后虽然是莱昂王国兼卡斯蒂尔王国的国王阿方索十世的后人，但不是第一位登上皇后宝座的人。早在17世纪，第八代梅迪纳·西多尼亚公爵胡安·曼努埃尔·佩雷斯·德·古兹曼之女路易莎·弗朗西斯·德·古兹曼就嫁给了第八代布拉干萨公爵，而第八代布拉干萨公爵后来成为葡萄牙国王若昂四世，1640年到1656年统治着葡萄牙。蒙蒂若家族的伯爵们与阿坤哈家族的联姻使葡萄牙和西班牙在16世纪的伊比利亚半岛历史上发挥了重要作用。我提及这些事实是为了证明拿破仑三世并非娶了出身不如己的妻子——一些评论家不仅往往喜欢做相反的评价，而且甚至给出了一些毫无事实依据的证据。

波托卡雷罗家族曾出过一位枢机主教。这位枢机主教在奥地利国王理查二世

阿隆佐·佩罗兹·德·古兹曼

腓力四世

路易莎·弗朗西斯·德·古兹曼

若昂四世

的统治时期发挥了重要作用。1339年，这个古老的贵族世家任命了第一位热那亚总督。著名作家玛丽亚·弗朗西斯卡·德·波尔图卡·雷罗是蒙蒂若家族的一位伯爵夫人，生活在19世纪初，也是欧仁妮皇后的先辈之一，因有人控告她把自己的住所变成扬森主义者的集会地点而遭到迫害。玛丽亚·弗朗西斯卡·德·波尔图卡·雷罗曾是拉格·德·瓦卢德侯爵的联络人，而在法兰西恐怖统治期间，她一度是西班牙的难民。在欧仁妮皇后的祖先中，不乏君主、权贵、政治家、将军和牧师等。欧仁妮皇后的姐姐帕卡·德·阿尔瓦（即玛丽亚·德·萨莱斯·波托卡雷罗·基尔巴特里克）嫁给了英格兰国王詹姆斯二世的直系后裔，也就是阿尔瓦兼博维克公爵雅各布·菲茨-詹姆斯（即雅各布·路易斯·菲茨-詹姆斯·斯图亚特-本提米格利亚）。

帕卡·德·阿尔瓦

欧仁妮皇后的父亲特巴伯爵西普里亚诺·古兹曼·帕拉菲克斯·波托卡雷罗是蒙蒂若伯爵尤金尼奥·德·蒙蒂若最小的弟弟。18世纪初，尤金尼奥·德·蒙蒂若的名字曾与西班牙的自由主义运动甚至革命运动联系在一起。尤金尼奥·德·蒙蒂若的家人认为他有着旧时策划家的胆量和现代革命家的毅力。在抵抗费迪南·弗朗西斯科·德·保拉·多明戈，即费迪南七世政府的愚蠢暴政的斗争中，尤金尼奥·德·蒙蒂若的名字分外醒目。尤金尼奥·德·蒙蒂若曾带着一小队人，深入阿兰胡埃斯宫，挟持并且控制了国王和王后长达数小时。然而，西班牙人民没有支持尤金尼奥·德·蒙蒂若，导致这次计划彻底失败。虽然尤金尼奥·德·蒙蒂若希望得到一个英明正义的政府，但他大胆的举动非但没有获得认可，反倒被胆小者认为是疯狂之举，而尤金尼奥·德·蒙蒂若也被视为疯癫之人。

在法兰西皇帝拿破仑一世的军队中，欧仁妮皇后的父亲西普里亚诺·古兹曼·帕拉菲克斯·波托卡雷罗表现得英勇顽强。在西班牙，为了捍卫西班牙国王约瑟夫·波拿巴，普里亚诺·古兹曼·帕拉菲克斯·波托卡雷罗奋勇杀敌，表现杰出，并且曾多次受伤。1814年，西普里亚诺·古兹曼·帕拉菲克斯·波托卡雷罗被晋升为炮兵上校，并且被拿破仑一世安排守卫巴黎的诸要塞。后来，巴黎受到盟军威胁时，西普里亚诺·古兹曼·帕拉菲克斯·波托卡雷罗冲在最前面，带领理工学院的学生们保卫肖蒙高地。拿破仑一世倒台后，由于西普里亚诺·古兹曼·帕拉菲克斯·波托卡雷罗在战争中发挥的重要作用，费迪南七世下令逮捕并且监禁了他。此外，西普里亚诺·古兹曼·帕拉菲克斯·波托卡雷罗还是西班牙第一批进入参议院的贵族之一。总而言之，欧仁妮皇后的父亲不仅思想自由、精力充沛、极富教养，而且随时准备为别人服务。

1830年，法兰西大革命后，欧仁妮皇后的父母在巴黎定居，并且与许多显赫家族建立了亲密关系——特别是与旧友普罗斯佩·梅里米从小就认识的塞西尔·德莱塞茨。此外，还有些友谊始于西班牙。由于几乎每天都与这些家族打交道，欧仁妮皇后的父母与他们的关系愈发亲密。

1834年，尤金尼奥·德·蒙蒂若去世后，欧仁妮皇后的父亲西普里亚诺·古兹曼·帕拉菲克斯·波托卡雷罗继承了蒙蒂若家族的财产和爵位。这位帝国战争的

阿兰胡埃斯宫

费迪南七世

约瑟夫·波拿巴

老将虽然后来丧失了所有财富，但并未因此受到很大影响，也不在乎自己朴素的生活方式。西普里亚诺·古兹曼·帕拉菲克斯·波托卡雷罗有着自由主义和现代思想——他摒弃了旧时的习俗，并且希望自己的女儿们能够接受一种更优越、更现代的教育。虽然女儿们可能会贫穷，但西普里亚诺·古兹曼·帕拉菲克斯·波托卡雷罗期待看到她们长大。西普里亚诺·古兹曼·帕拉菲克斯·波托卡雷罗常说："贫困和磨难会让她们变得更坚强。"

虽然欧仁妮皇后的母亲——玛丽亚·马纽埃拉·基尔巴特里克的性格和观念和她的丈夫完全不同，但在女儿的教育方面，她对丈夫没有任何异议。欧仁妮皇后的母亲知识面广、精力充沛。无论是年老还是失明，玛丽亚·马纽埃拉·基尔巴特里克都渴望向前迈进，并且从不放松自己的意志。玛丽亚·马纽埃拉·基尔巴特里克急切地想要进一步完善对自己和家人有用的品格。无论在哪儿，玛丽亚·马纽埃拉·基尔巴特里克的身边总是聚集着一群优秀的人。玛丽亚·马纽埃拉·基尔巴特里克在文学界的一位朋友曾说，玛丽亚·马纽埃拉·基尔巴特里克不是想把朋友们"绑在她的车轮上"，也不是想让朋友们帮助她"改变命运"——她选择的朋友都是自己钦佩之人。第一次去西班牙时，普罗斯佩·梅里米就开始通过写作介入西班牙的复杂事务，而玛丽亚·马纽埃拉·基尔巴特里克对普罗斯佩·梅里米帮助很大。玛丽亚·马纽埃拉·基尔巴特里克曾对普罗斯佩·梅里米讲起一则轶事，而正是这则轶事让普罗斯佩·梅里米写出了《卡门》。后来，玛丽亚·马纽埃拉·基尔巴特里克还向旅行者、艺术爱好者和历史重建爱好者提出重建一个新的卡斯蒂尔国并且设立一位新的佩德罗国王的想法。普罗斯佩·梅里米急切地想找到权威资料，而为了帮助普罗斯佩·梅里米，玛丽亚·马纽埃拉·基尔巴特里克动员大批档案管理员和图书管理员，查阅了已经尘封几个世纪的史册。玛丽亚·马纽埃拉·基尔巴特里克对普罗斯佩·梅里米道出了关于佩德罗的历史的理论，对他的思想产生了极大的影响——实际上，普罗斯佩·梅里米不仅采纳了这一理论，而且巧妙地将它转变成了自己的一套完整的体系。

欧仁妮皇后的母亲接受了法兰西自由派学说的优点——自由派认同路易·菲利普一世的一些统治举措。对这些"天才统治者"，玛丽亚·马纽埃拉·基尔巴特里克不仅热情地赞扬，而且认为在不干扰人们生活的前提下，他们能够给人们带来幸福和美。毋庸置疑，伟大的拿破仑·波拿巴是玛丽亚·马纽埃拉·基尔巴特里克支持的目标。欧仁妮皇后的母亲所属的家族也有拿破仑党人。几年后，玛丽亚·马纽埃拉·基尔巴特里克得知有一位叫波拿巴的二十岁的王子居住在马德里。玛丽亚·马纽埃拉·基尔巴特里克想方设法见到他，并且细致深入地了解了王子——英俊潇洒、机智诙谐的王子虽然的确是波拿巴家族的人，但不是欧洲人期待的波拿巴。事实上，玛丽亚·马纽埃拉·基尔巴特里克还差点去拜访了另一位在哈姆监狱服刑的波拿巴。

拿破仑·波拿巴

在巴黎，欧仁妮皇后的母亲过着清静的生活，与一些知识分子打交道。普罗斯佩·梅里米向玛丽亚·马纽埃拉·基尔巴特里克介绍了几位作家——尤其是亨利·贝尔，即司汤达。亨利·贝尔是普罗斯佩·梅里米是的好朋友，不仅比普罗斯佩·梅里米年长二十岁，而且对普罗斯佩·梅里米产生了极大的影响。亨利·贝尔是玛丽亚·马纽埃拉·基尔巴特里克家中的常客，而玛丽亚·马纽埃拉·基尔巴特里克的两个女儿非常钦佩亨利·贝尔，并且爱听亨利·贝尔的故事。对孩子们来说，亨利·贝尔的每次来访都是愉快的日子。孩子们会很焦急地期待着亨利·贝尔带来的故事——他的故事不仅逗得她们无比开心，而且顺便也可以让她们比平时晚些上床睡觉。

亨利·贝尔（司汤达）

关于这些来访，普罗斯佩·梅里米曾给玛丽亚·马纽埃拉·基尔巴特里克写道：“你可以想象两个孩子或者坐在亨利·贝尔的膝盖上，或者坐在他身边低矮的椅子上，仔细聆听，眼睛睁大，张大嘴巴，仿佛在观看某种奇观。亨利·贝尔作为伟大历史事迹的歌颂者，赋予了这些历史故事鲜艳的色彩和勃勃生机。亨利·贝尔如数家珍地叙述着这些故事，仿佛他曾亲身经历。你可以想象，如果读到《帕尔马的天主教修女》一书中专门讨论滑铁卢的那一章时，这些描述是多么的生动、对生活多么了解，细节多么具有暗示性，感情多么真挚——这一切使司汤达的作品充满魅力。追忆往事时，两位小姑娘的父亲已经给她们讲过很多故事，而她们早已对帝国有着深深的敬畏。然而，从亨利·贝尔——这位无与伦比的故事讲述者口中，她们了解了一个更真实、更优秀的拿破仑。为了能让孩子们的记忆保留这位‘戴着小公帽和穿着灰色外套男人’的轮廓，为了激发她们的想象力，亨利·贝尔讲故事时画了很多图画，可以说是用图画在讲述故事。”欧仁妮皇后很早就有《奥斯特里茨之战》这本书，而书中的插画就出自司汤达之手。

我们在此见到的司汤达与他以往的形象大相径庭——为了让两位“小学生”理解历史，司汤达愿意做一个“讲故事的人”。普罗斯佩·梅里米曾坦言，在公众眼里，司汤达就像“不道德的怪物”，而司汤达对此倒毫不介意。然而，恰恰相反的是，我们发现了一个毫无傲气的司汤达——“两位小姑娘带着钦佩和热情来聆听司汤达的故事，”普罗斯佩·梅里米继续说，“这满足了他的虚荣心。两位小姑娘那漂亮眼睛中的专注之情让司汤达倍加愉快。”“长大之后，你要嫁给圣克鲁斯侯爵，”司汤达曾带着既愉悦又凝重的语气对未来的皇后说，“你会忘记我，而我也无须再关心你。”

普罗斯佩·梅里米虽然也会讲故事，但不如司汤达会讲战争故事。因为很喜欢孩子，普罗斯佩·梅里米很乐意照看两位小姑娘并且逗她们开心。我还记得，向他的朋友斯塔普费尔的女儿出生表达祝贺时，普罗斯佩·梅里米说自己完全能体会到做父亲的快乐——普罗斯佩·梅里米对曾经照顾小猫时体会到的快乐仍记忆犹新。普罗斯佩·梅里米打趣地说：“小猫在长大成年后就不那么可爱了，而人类，尤其是姑娘们，越长大越有魅力。”

普罗斯佩·梅里米总是很乐意逗乐小欧仁妮，经常带她去散步，游览巴黎的名胜，到糕点店去品尝美味。普罗斯佩·梅里米很喜欢听小欧仁妮说话，并且曾说：“我对小欧仁妮的话总是很感兴趣。”普罗斯佩·梅里米不仅经常批改小欧仁妮的法语练习功课，而且有时甚至还会给她上几节写作课。难怪欧仁妮皇后回忆起自己童年的这位朋友时，总是感到温暖舒心、记忆深刻。长大后的欧仁妮皇后不仅仍旧喜欢提到普罗斯佩·梅里米，而且像童年时那样，彬彬有礼地称呼他为“普罗斯佩·梅里米先生”。在《贡比涅、圣克卢、比亚里茨的回忆》一书中也经常可以看到普罗斯佩·梅里米的名字。就像司汤达让欧仁妮皇后知晓了真正的拿破仑一样，作为一名历史学家，普罗斯佩·梅里米极大地提高了欧仁妮皇后对历史的兴趣。欧仁妮皇后对自己的启蒙老师们非常尊敬。

普罗斯佩·梅里米非常喜欢小欧仁妮和她的姐姐。1839年，由于她们的父亲在马德里病得很厉害，而母亲已先行赶赴马德里，导致小欧仁妮和她的姐姐不得不离开巴黎去马德里和她们的母亲团聚时，这位“亲爱的法兰西朋友”——欧仁妮皇后一家总这么称呼普罗斯佩·梅里米——依依不舍。有一段时间，在巴黎陪着小姑娘们的只有她们的家庭教师，而普罗斯佩·梅里米则尽可能抽空陪伴她们。由于其中的一位姑娘对她们的家庭教师弗拉尔小姐有点粗鲁，弗拉尔小姐便罚她们干活。后来有人告诉我，普罗斯佩·梅里米对姊妹俩都进行了一番说教——说教的效果很好，以至于姊妹俩向塞西尔·德莱塞茨吐苦水。塞西尔·德莱塞茨很乐意听小姑娘们与法兰西作家普罗斯佩·梅里米的故事。普罗斯佩·梅里米曾写道：“你不会相信，看到孩子们离去，我感到多么悲伤。”

有这么一幅姊妹俩的画像：画中是两个十三四岁的小姑娘，穿着长裙，辫子垂在背上。普罗斯佩·梅里米在给姊妹俩的母亲的一封信中写道：“不知我下一次见到两个孩子时，她们会是什么样？她们是不是变成了高挑的年轻姑娘？她们是迷人的？轻蔑的？还是叛逆的？还会对她们的老教师有印象吗？当一个四十多岁、有着灰白头发的人恭维奉承她们时，她们会感到厌恶吗？这些，以及许多其他的问题在我和亨利·贝尔的脑海中闪过。我必须补充说，除了女人，亨利·贝尔对所有事情都持怀疑态度。虽然我喜欢用冷漠来伪装自己，但现在我的小伙伴们就要离开我的事实

奥洛隆

让我很忧郁，而我必须承认，我还抱有一些模糊的希望，希望能够再见到她们。”在最后一刻，普罗斯佩·梅里米几乎打算和姊妹俩一起出发了。姊妹俩和弗拉尔小姐答应写信给普罗斯佩·梅里米，而普罗斯佩·梅里米立刻给姊妹俩的母亲写了一张纸条：“安抵后，请寄给我一封信。”到达法兰西的比利牛斯省的奥洛隆后，由于天气恶劣，姑娘们不得不停止行程。小欧仁妮给普罗斯佩·梅里米寄去了一封“精致的信”——普罗斯佩·梅里米把这封信收藏了很长时间，并且有时会小心翼翼地展示这封信，向旁人炫耀这封信的作者已经成为法兰西皇后。

普罗斯佩·梅里米定期给欧仁妮皇后的母亲玛丽亚·马纽埃拉·基尔巴特里克写信。虽然早已对西班牙的政治不抱希望，但普罗斯佩·梅里米仍怀着极大的兴趣关注着西班牙政治。普罗斯佩·梅里米很高兴地得知，玛丽亚·马纽埃拉·基尔巴特里克成为西班牙女王玛丽亚·伊莎贝拉·路易莎·德·博尔冯的贵妇人①。1847年10月22日，在给玛丽亚·马纽埃拉·基尔巴特里克的信中，普罗斯佩·梅里米写道：“获得这个职

① 对“贵妇人”这个词，我要解说的是：当时，在女王或皇后的侍从班中，常常有贵妇陪同女王或皇后外出或处理一些事情，而欧仁妮皇后的母亲就是这样的一位贵妇人。——译者注（本书除原注外，均为译者注，不再另行说明）

位很难。你现在应该很开心吧。这让我也很高兴。你完全可以胜任这个职位，所以你有理由接受。无论说什么，你都是为战斗而生的。如果希望盖乌斯·儒略·恺撒过罗马二等公民的平静生活，那将荒谬至极。因为你，很多人在我面前溜须拍马。”

普罗斯佩·梅里米对玛丽亚·马纽埃拉·基尔巴特里克的安全不放心——尤其当听到她独自一人同玛丽亚·伊莎贝拉·路易莎·德·博尔冯女王出行时，普罗斯佩·梅里米感到很惊恐——有不少人正在密谋对付西班牙女王玛丽亚·伊莎贝拉·路易莎·德·博尔冯。幸好，这种焦虑未持续太久。由于未曾意识到随侍工作的艰难，被任命后仅仅三个月，玛丽亚·马纽埃拉·基尔巴特里克就自愿放弃了自己曾

玛丽亚·伊莎贝拉·路易莎·德·博尔冯女王

欣然接受的职位。玛丽亚·马纽埃拉·基尔巴特里克刚上任，就有人密谋破坏西班牙女王玛丽亚·伊莎贝拉·路易莎·德·博尔冯对她的信任。西班牙女王玛丽亚·伊莎贝拉·路易莎·德·博尔冯一直提防着玛丽亚·马纽埃拉·基尔巴特里克的智慧和影响力。因此，玛丽亚·马纽埃拉·基尔巴特里克果断辞职，并且对自己的决定毫不后悔——她不想向任何人妥协。

在这方面，虽然多多少少都有一些恭维之辞，但不妨在这里给出一位密友的私人见解："这位母亲的性格和行为常常在她的女儿们身上得到体现。她的女儿们更多地遗传了母亲的性格。当踏入法兰西第二帝国宫廷生活时，欧仁妮皇后在这方面已有很多经验——既有来自母亲的遗传，也有她在西班牙马德里宫廷里的所见、所闻和所思。尤其是在那些风雨如磐的日子里，西班牙的宫廷生活处处都遍布阴谋诡计，并且远超欧洲其他国家。从欧仁妮皇后的从容应对中不难发现，她具有一定的政治才能。"

摆脱了政治烦恼和宫廷的阴谋诡计后，玛丽亚·马纽埃拉·基尔巴特里克在马德里很快有了一定的影响力。玛丽亚·马纽埃拉·基尔巴特里克的那位法兰西朋友普罗斯佩·梅里米经常和她通信，并且让她知晓了许多政治和外交信息，而她在自己的沙龙中常常会用到这些信息。可以说，普罗斯佩·梅里米为玛丽亚·马纽埃拉·基尔巴特里克做了许多事。普罗斯佩·梅里米在外交部有很多朋友。利用交际手段，普罗斯佩·梅里米给在外交部的朋友寄去了长信，送去了大丽花、泡桐种子和户外节庆用的中国灯笼。普罗斯佩·梅里米毫不顾忌地给欧仁妮皇后年轻的姐姐——阿尔瓦公爵夫人送上绸缎鞋，以及当时有名的裁缝帕尔米拉制作的服装。虽然普罗斯佩·梅里米打算给外交大臣直接送去一辆敞篷四轮马车，但这一想法遭到了大臣的拒绝。

普罗斯佩·梅里米收到了玛丽亚·马纽埃拉·基尔巴特里克从马德里寄来的火柴——他曾随口说过"在巴黎这样的化工城"找不到适合他的火柴。由于觉得西班牙面包比法兰西面包更好吃，普罗斯佩·梅里米收到了寄来的面包，而在进行城镇走访时，普罗斯佩·梅里米也不忘记带上这些面包。塞西尔·德莱塞茨的夫人和她的朋友们让玛丽亚·马纽埃拉·基尔巴特里克给她们买女用小披风，而普罗斯佩·梅里米则应邀看她们的试穿效果。有一个件披风特别适合帕斯基耶尔侯爵夫人。为了弄清楚如何穿戴这件披风，帕斯基耶尔侯爵夫人仔细地研究了普罗斯佩·梅里米用铅笔画的小欧仁妮穿戴这种披风的素描。

普罗斯佩·梅里米和玛丽亚·马纽埃拉·基尔巴特里克没有把这种互通有无集中在一些琐事上——他们二人还互相介绍朋友。玛丽亚·马纽埃拉·基尔巴特里克给普罗斯佩·梅里米介绍西班牙政客和贵妇，而普罗斯佩·梅里米则向她推荐了文学界的朋友和同事。举个例子，查尔斯·德·马扎德不仅是马德里非常受欢迎的人物，而且曾在路易·菲利普一世的领导下，两次担任公共教育部大臣。在普罗斯佩·梅里米的建议下，玛丽亚·马纽埃拉·基尔巴特里克仔细阅读并修改了年轻的作家兼外交官阿尔伯特·德·布罗伊伯爵返回法兰西时发表的游记。在推荐阿尔伯特·德·布罗伊伯爵时，普罗斯佩·梅里米告诉玛丽亚·马纽埃拉·基尔巴特里克："这位年轻外交官的父亲给予了我很大恩惠。"然而，历史编年者们认为阿尔伯特·德·布罗伊伯爵与西班牙人之间存在很大误解——欧仁妮皇后曾说："阿尔伯特·德·布罗伊伯爵认为西班牙人很轻浮，而西班牙人认为他太忧郁。"

阿尔伯特·德·布罗伊伯爵

玛丽亚·马纽埃拉·基尔巴特里克与普罗斯佩·梅里米之间有趣的书信往来见证了当时许多外交官的外交活动，叙述了不少的政治事实，记录了许多社会事件。通过普罗斯佩·梅里米之笔，许多关于巴黎社会生活的故事得以呈现。可以说，在政治教育中，一位注定要分享王权的人应该具备这一重要经历。作为一名细心的旁观者，才华横溢的普罗斯佩·梅里米为在马德里的玛丽亚·马纽埃拉·基尔巴特里克一家分析了法兰西的男人、女人、礼仪和政治。多亏了普罗斯佩·梅里米——当嫁给拿破仑三世时，欧仁妮皇后十分了解法兰西，导致她的丈夫很奇怪："为什么这位年轻的女士对法兰西，以及法兰西的人民、艺术、政治、公众人物都了如指掌，甚至比法兰西本土的年轻人还了解呢？"

普罗斯佩·梅里米和欧仁妮皇后一家的友谊很早便开始了，甚至当拿破仑三世向欧仁妮皇后求婚时，普罗斯佩·梅里米不仅最早得知此消息，而且被推荐为起草

拿破仑三世

这场皇族婚约的最佳人选。虽然普罗斯佩•梅里米曾被授予总秘书的头衔，但这一荣誉似乎分量不足——欧仁妮皇后让自己的丈夫提名普罗斯佩•梅里米为参议员也不足为奇。

普罗斯佩•梅里米曾被问及接受这一荣誉时是否感到尴尬。毋庸置疑，就为欧仁妮皇后提供的历史知识而言，普罗斯佩•梅里米受此殊荣问心无愧，并且很大程度上还是因为他与曾经的小欧仁妮结下的忘年友谊使然。在这一方面，普罗斯佩•梅里米曾经对自己的朋友维伦博士说："你和我一样知道整个故事。这的确是命运使然。百无聊赖中，我去了西班牙。在那里，我遇到了一些善良的、和蔼可亲的人。他们欢迎我的到来，对我十分热心。其中有一个小女孩，我跟她讲故事，辅导她的功课。因为我从不过分溺爱孩子，所以她犯错误时，我会进行说教。有一天，那个小女孩告诉我她要嫁给拿破仑三世，而我恳求她让我发誓决不向她提出任何要求。经过一番讨论，她让我以最庄严的方式宣誓听从她的安排。应欧仁妮皇后的要求，拿破仑三世打算给我提供一个非常好的职位，而在这个职位上，我可以有所作为。我恳求拿破仑三世让我做自己喜欢的历史与考古研究——这样我会更自在。然后，欧仁妮皇后用西班牙语对我说：'如果你不接受这个职位，那么我们就再给你提供别的职位。别再讨价还价了，要不我可要与你为敌了。'这就是我失去自由的全部过程。"

一天早上，在卫生间洗漱时，普罗斯佩•梅里米收到了官方正式任命通知，而这让他觉得既惊喜又尴尬——一个钻研文学与科学的人接到了一个他从未要求过的恩惠。没有什么比这更奇怪了。然而，普罗斯佩•梅里米犯了一个错误，就是对此次任命缄默不言——实际上，公众通过《政府公报》已经知道了此事。因此有了这样的谣言：普罗斯佩•梅里米在会客间待了一整夜，讲了一些与帝国为敌的话语，用冷酷的措辞谈论拿破仑三世，并且对此次任命闭口不谈。当然，欧仁妮皇后从来没有听信这些流言蜚语——她只记得儿时的普罗斯佩•梅里米。在他经常混迹的奥尔良派的圈子中，这一任命或许也遭到了非议。然而，如果愿意忍受这些冷嘲热讽，那么普罗斯佩•梅里米大概就不会失去任何对他来说珍贵的友谊了。

拿破仑三世曾就这一点说过："这很有可能。普罗斯佩•梅里米虽然的确生性胆怯——当听到自己被提名时犹豫不决，但一切都变成铁板钉钉后，又变得勇敢——他不再保持沉默，并且在追求中找到了慰藉。有人告诉我，他不仅追求学术，而且逐渐适应了当下的形势。”

我毫不犹豫地抄写了一位好友写下的一段文字——他的言辞非常正确。就普罗斯佩·梅里米的这个插曲，我的这位终身支持法兰西第二帝国的好友曾写道：“任命普罗斯佩·梅里米到参议院这件事很好阐明了欧仁妮皇后的一个性格特点——她很珍重自己的朋友。欧仁妮皇后不会忘记别人的好，并且一直记着早年间那些曾经帮助过她的朋友，尤其是那些不经意间推动她到达最高地位的人。在这一方面，拿破仑三世与欧仁妮皇后一拍即合——拿破仑三世对自己在跌宕起伏的青年时代结识的朋友们同样很热心。在处理给予朋友的回馈这件事情上，欧仁妮皇后犯的错误可比她慷慨的丈夫少得多。这主要是因为拿破仑三世经历过非常艰难的时期，而他身边曾一度尽是一些无甚才华的人。然而，普罗斯佩·梅里米不同——他才华横溢，值得称赞——拿破仑三世和欧仁妮皇后都觉得尊重他是件很荣幸的事。”

我详细讲述欧仁妮皇后和普罗斯佩·梅里米的关系，一是因为两人之间的交往令人愉悦；二是因为普罗斯佩·梅里米对欧仁妮皇后的心理发展有巨大影响；三是因为世人对其中的细节不甚了解；最后是因为普罗斯佩·梅里米与欧仁妮皇后的婚姻有着直接或间接的联系——此处不宜深究。

与拿破仑三世的婚事确定后，欧仁妮皇后立即写了封信给当时在位的西班牙女王玛丽亚·伊莎贝拉·路易莎·德·博尔冯：“我将尽职尽责，奉上一腔热情，成为巩固两个伟大的国家和两个伟大君主友谊的纽带。”

西班牙女王玛丽亚·伊莎贝拉·路易莎·德·博尔冯的回信让拿破仑三世和欧仁妮皇后感到非常愉快——尤其是其中的这段：“我完全赞同你们的结合。你们的结合将美满辉煌。我真挚地祝愿你和皇帝幸福快乐，希望在上帝的引领下，你们让伟大的法兰西更加繁荣、更加美好。在即将踏上的这条艰险道路上，希望你永远跟随上帝的指引，保持对上帝至高无上的信仰，以及承担为皇帝和法兰西牺牲一切的责任——这是我作为女王的感言，也是爱你的玛丽亚·伊莎贝拉·路易莎·德·博尔冯提出的忠告。”

因为无论何时，同盟的或中立的西南边疆的每一个政体都是法兰西强大力量的源泉，欧仁妮皇后立即决定竭尽所能维持法兰西和西班牙的友好关系。然而，由于西班牙小觑了法兰西和普鲁士之间的一场冲突，导致这一美好愿景在1870年遗憾地崩塌了。当时，欧仁妮皇后尽全力去阻止这场灾难，而西班牙女王玛丽亚·伊莎贝拉·路易莎·德·博尔冯在巴黎过着流亡生活。在这场危机中，欧仁妮皇后早在1853年1月就提醒过西班牙女王玛丽亚·伊莎贝拉·路易莎·德·博尔冯："站在法兰西第二帝国本身的角度，我们需要共同努力避免西班牙将一位普鲁士王子推上您曾如此看重的王位——这种行为是极其不友好的。"玛丽亚·伊莎贝拉·路易莎·德·博尔冯女王立即回复道："我没有忘记昔日的事情。和你们一样，我在不断地努力阻止这场可怕的灾难。愿我们不懈的努力可以成功。"西班牙女王玛丽亚·伊莎贝拉·路易莎·德·博尔冯坚持着，并且最终阻止了这场可怕的灾难。讲起这件事时，拿破仑三世说道："在那些处理这起疯狂事件的外交官中，如果有一半能有像西班牙女王玛丽亚·伊莎贝拉·路易莎·德·博尔冯那样的才干和真诚，那么我们早就解决了此事——或许根本就不会有这场麻烦！"有人将这段评价转达给西班牙女王玛丽亚·伊莎贝拉·路易莎·德·博尔冯听时，她认真地说："我不知道自己有何才能，只知道在这场与霍亨索伦家族，即普鲁士王室的博弈中，我的内心是炙热的。"

第2章

政 变

关于1851年12月2日的那场政变已有大量描述，记载了夏尔-路易·拿破仑·波拿巴王子如何成为法兰西最高首脑并且在一年后当上了法兰西第二帝国皇帝。然而，就导致这一重大事件的过程和原因而言，总是有着各种说法，若在此给出一个官方版，就显得有些滑稽了。有的时候，即我在场时，拿破仑三世会对我或周围其他人谈及那次政变，谈到自己“合理当选，使法兰西步入法制化轨道”。我在下文所写的内容都是基于我和拿破仑三世之间的谈话、拿破仑三世与其他政变参与者的谈话，以及我在阅读材料时做的笔记——虽然我有限的记忆不断地在这些卷宗中被唤醒，但我不是仅凭这些记忆写下了这些文字。我知道一个人的记忆往往具有欺骗性。说到这里，我想起拿破仑三世经常说的一句话：“我经常发现自己被记忆欺骗。当读到或听到一些话语时，我总觉得似乎读过或听过——事实上，我根本就未曾接触过它们，也不知道它们是否正确。然而，当讲起这些话语时，我竟会毫不犹豫地相信它们是正确的。所以，就像不要信任你的妻子一样，不要信任你的记忆。”说完后，拿破仑三世一脸古怪地看着欧仁妮皇后——拿破仑三世总是喜欢开这样的玩笑和说些幽默的讽刺故意逗欧仁妮皇后。由于在公众场合表情严肃而淡漠，导致那些不太了解拿破仑三世的人认为他反应迟钝，而在亲信眼中，拿破仑三世阳光灿烂，富有魅力，也没有人比他拥有更多的朋友和更少的敌人。

1851年1月24日，立法议会选出全部成员后，内阁成立。这个内阁维持了三个月后，夏尔-路易·拿破仑·波拿巴——这位共和党的总统决定满足公众的舆论需求，从立法议会的成员中挑选人来组成新内阁，并且希望通过这种方式更加紧密地团结政府的行政和立法部门。1851年4月4日，夏尔-路易·拿破仑·波拿巴让老牌法兰西资产阶级自由主义者奥迪隆·巴罗担任首相并且负责新内阁的组建事务。夏尔-路易·拿破仑·波拿巴只为自己的朋友们保留了司法和财政部门相关的职务，把其他职位留给了其他人。然而，奥迪隆·巴罗最终失败了。奥迪隆·巴罗的朋友希望新内阁中不存在总统的支持者——虽然世人不知，但这才是事实的真相。因此，夏尔-路易·拿破仑·波拿巴决定组建一个新内阁。新内阁保留了上个内阁的一些成员，吸纳了一些有能力的新成员。1851年4月5日，后来成为法兰西第二帝国参议员的查

奥迪隆·巴罗

查尔斯·圣-佩韦

尔斯·圣-佩韦提议对总统投不信任票。然而，议会这些疯狂的行为只会给夏尔-路易·拿破仑·波拿巴增添力量——所有那些希望国家秩序井然的人都开始渐渐远离了议会中的骚乱分子，并且信任夏尔-路易·拿破仑·波拿巴。

在之后的岁月里，拿破仑三世经常与对自己忠心耿耿——特别是在那段时期帮助他实现抱负的朋友们交谈。有一次，拿破仑三世曾说道："阅读那些关于我和我的政策的文章、宣传单、演讲及各种各样的出版物后，人们可以获取很多信息，导

阿道夫·梯也尔

致说出的话和写出来的文字往往有很大矛盾。”拿破仑三世常常引用阿道夫·梯也尔的话——虽然阿道夫·梯也尔从来就不是他的朋友，但他的评价很客观——阿道夫·梯也尔说：“原本与议会关系亲密的夏尔-路易·拿破仑·波拿巴现在孤身作战，不仅没有议会的支持，而且反对议会。然而，与议会脱离关系既没有削弱夏尔-路易·拿破仑·波拿巴的实力，也没有让他感到羞愧，甚至没有使他生气。夏尔-路易·拿破仑·波拿巴有着超强的自制力、坚韧的毅力和独特的性格优势，而这使他获得了地位和朋友。没人会质疑这些话，因为这显而易见。”“阿道夫·梯也尔也不总是完全正确的。”回忆完这段时，拿破仑三世习惯性地露出微笑。

当时，人们普遍要求修改宪法，想要延长总统的任期。根据宪法，立宪议会可以在1851年5月28日受理延长总统任期这个问题。早在1850年，发表在《宪法报》的一系列文章就唤起了新闻界对这件事情的关注，而关于这个话题的民意也开始明确。“渐渐地，微弱的火光变成了大火苗。”拿破仑三世后来说道。赞成延长总统任期的请愿书开始遍布整个法兰西。事实上，运动如此激烈，导致内政大臣觉得亟须压制一下改革派的狂热。与此同时，虽然法兰西当局成立了一个部门专门负责收集请愿书，但很多请愿书都通过人民代表直接上交至立宪议会。极左派，或称“山岳派”，以违宪为由驳回了这些请愿书。然而，反对者们最后被迫在大势前让步。从1851年5月5日至1851年6月30日，上交至议会的请愿书不少于一万三千二百九十四份，共计一百一十二万三千六百二十五个名字。在这些签名请愿者中，有七十四万一千零一十人祈祷宪法得到修订，而另外三十八万两千六百二十四人毫不犹豫地要求修改宪法以便延长总统的任期。到1851年7月底，请愿书的数量已达到三十万份之多，并且只有五百二十六份请愿书反对修订宪法。由于某些计划受到公众干预修宪这一事件的影响，有些政党指责这是政府在故意施加压力。然而，1851年9月后，在八十五个政府部门中，有八十个部门通过其理事会或部门立法机构呼吁立宪议会进行宪法修订。智者们认识到这个国家确实要进行改革的事实——皮埃尔·安托万·贝里耶、朱尔·阿曼德·斯坦尼斯拉斯·杜弗尔、奥迪隆·巴罗及那些并非夏尔-路易·拿破仑·波拿巴朋友的人都承认人民想要夏尔-路易·拿破仑·波拿巴继续执政。每个人都意识到，如果法兰西要重建秩序、权威和政府，那么政府就急需改

皮埃尔·安托万·贝里耶

朱尔·阿曼德·斯坦尼斯拉斯·杜弗尔

革——无论是由议会议员来做，还是由行政机关来做，都必须通过有力的、坚定的手段使法兰西从复杂的形势中脱身。虽然对于改革的特点或实现手段的意见分歧很大，但各种计划实际上殊途同归，都违反了夏尔-路易·拿破仑·波拿巴在三年执政期间遵守的宪法。呼吁公众的这个主意非常合适，并且得到了阿道夫·梯也尔、法卢伯爵弗雷德里克·阿尔弗雷德·皮埃尔、查理·德·蒙塔朗贝尔、德·莫特马尔伯爵、尼古拉·安·德奥杜尔·尚加尼耶及路易·马修·莫莱伯爵等各方人士的支持。那些在几个月后批评夏尔-路易·拿破仑·波拿巴的人应该牢记这些事实。

第一个确切的建议来自尼古拉·安·德奥杜尔·尚加尼耶。1848年12月的民选几乎立即使夏尔-路易·拿破仑·波拿巴成为法兰西共和国总统，而尼古拉·安·德奥杜尔·尚加尼耶拒绝承认这是一场政变，宣称这只是为了增加宪法的声望，而不是摧毁宪法。此外，如果必要的话，尼古拉·安·德奥杜尔·尚加尼耶甚至准备在奥迪隆·巴罗的协助下解散立宪议会。在这些动荡的日子里，因为有骑兵第二团的支持，尼古拉·安·德奥杜尔·尚加尼耶走得比别人更远。作为大将军，尼古拉·安·德奥杜尔·尚加尼耶有必要谨慎行动。1849年1月，尼古拉·安·德奥杜尔·尚加尼耶自愿加入帝国的伟大军事力量的重建工作。1849年1月29日，巴黎陷入了极度的恐慌中——解散议会的提议在民兵和社会主义者中引起了躁动。1848年6月，遭到挫败的起义军想利用这次恐慌直接进行政变。然而，政府早有警觉，并且立即采取了措施——巴黎一夜之间就成了一个钢铁铸成的鸟巢。这个举措十分有威慑力。暴徒暂时不敢轻举妄动。作为此事的指挥者，尼古拉·安·德奥杜尔·尚加尼耶和某些人都想到——建立帝国会是建立稳固政府的最可靠的方式。如果建立了帝国，那么煽动者会得到遏制，而所有的法兰西人都会拥护新帝国。夏尔-路易·拿破仑·波拿巴虽然起初反对使用暴力手段，之后提及当时的事情时，他说道："我反对任何对法律机构的攻击，希望避免采用极端的手段。极端手段对拯救社会来说并不是必不可少的。"比起夏尔-路易·拿破仑·波拿巴的温和，尼古拉·安·德奥杜尔·尚加尼耶感到遗憾和惊讶，并且不止一次表示："夏尔-路易·拿破仑·波拿巴错过了一个拨乱反正的绝佳机会。他犯了一个错误——他再也不可能遇到这么好的机会了。"如果尼古拉·安·德奥杜尔·尚加尼耶说服了夏尔-路易·拿破仑·波拿巴，那么不仅法兰西第二帝国就能提前三年建立，而且尼古拉·安·德奥杜尔·尚加尼耶后来也不会对帝国另有看法。正如夏尔-路易·拿破仑·波拿巴后来所说："尼古拉·安·德奥杜尔·尚加尼耶很了解怎么在问题得到解决后让我生气。"因此，1851年的1月10日，尼古拉·安·德奥杜尔·尚加尼耶自然而然地被免职并且被剥夺了作为巴黎卫戍司令的指挥权。

为了重建强大的政府，另一位重要人物阿道夫·梯也尔同样支持修改宪法。像往常一样，夏尔-路易·拿破仑·波拿巴微笑着说："但他绝不是为了帝国主义政府。"夏尔-路易·拿破仑·波拿巴的言外之意是阿道夫·梯也尔只是在为自己考虑。阿道夫·梯也尔第一个违宪的想法就是把总统的任期年限延长至十年。夏尔-路易·拿破仑·波拿巴说："我们猜想，阿道夫·梯也尔先生将不断地推迟执行该计划，直到他当上领袖。就像其他很多人一样，阿道夫·梯也尔明白替换内阁可不是朝夕之事。"阿道夫·梯也尔的想法吓坏了议会团体，尤其是那些执政党人——他们一直以来都认为总统制会对共和国构成威胁。阿道夫·梯也尔常说，如果让夏尔-路易·拿破仑·波拿巴当十年总统，那么他就不会对权力再有欲望了。议会领袖们误以为夏尔-路易·拿破仑·波拿巴知晓这些计划。实际上，夏尔-路易·拿破仑·波拿巴解决政治弊病的想法与此不同——早在1849年10月31日，夏尔-路易·拿破仑·波拿巴就已明示了。当时，夏尔-路易·拿破仑·波拿巴清楚地表明是夏尔-路易·拿破仑·波拿巴——而不是议会——统治着这个国家。夏尔-路易·拿破仑·波拿巴的这个政策否定了修宪的建议，而阿道夫·梯也尔先生和他的朋友只好遵从。

路易·马修·莫莱伯爵也有过政变的念头。路易·马修·莫莱伯爵毫不犹豫地向那些愿意倾听的甚至那些不愿听取意见的人宣称：作为一个行政部门，议会根本无法建立一个稳固的政府。路易·马修·莫莱伯爵虽然在1851年曾强烈反对夏尔-路易·拿破仑·波拿巴的政策，但1850年，尤其是在共和党于巴黎的那次决定性的选举之后，似乎也坚信重建帝国的必要性。1850年3月，温和的党派们陷入了恐慌中。路易·马修·莫莱伯爵说："我们必须复辟帝国主义。只有这样，我们才能从混乱中挣脱出来。"在回忆时，拿破仑三世也曾提到这句话。

虽然为了使政府维护社会秩序，有人向夏尔-路易·拿破仑·波拿巴提出复辟帝

法卢伯爵弗雷德里克·阿尔弗雷德·皮埃尔

查理·德·蒙塔朗贝尔

尼古拉·安·德奥杜尔·尚加尼耶

路易·马修·莫莱伯爵

国，并且起草了计划，但这种同夏尔-路易·拿破仑·波拿巴团结一致的精神并没有持续很久。温和党派的一些领导人绝不会完全放弃他们之前的信念——他们和夏尔-路易·拿破仑·波拿巴团结一致是因为夏尔-路易·拿破仑·波拿巴处在社会大变革的中心位置。在路易·马修·莫莱伯爵主持的一场会议上，所有的不安达到了极点。1851年9月，在路易·马修·莫莱伯爵的查普莱觉克思城堡举行了一场会议。在查普莱觉克思城堡，与会人员虽然讨论了夏尔-路易·拿破仑·波拿巴的连任，设立两个立法机构，以及制订一些抵抗社会党的策略，但没有制订明确的执行方案。夏尔-路易·拿破仑·波拿巴虽然很欣赏这些先生们的良苦用心，但没有严肃对待——事实上，整个计划不久就支离破碎。

与此同时，行政部门和议会之间的竞争变得激烈起来。秩序党人比以往任何时候都慎重，仔细地考虑不与宪法相悖的最佳解决办法。大多数人在某种程度上都是支持政变的，只是关于政变应该采取何种形式想法不一。保皇党们希望通过以夏尔-路易·拿破仑·波拿巴指挥这场运动来达到他们的目的，而夏尔-路易·拿破仑·波拿巴在考虑一些细节性问题。夏尔-路易·拿破仑·波拿巴不仅知道自己可以指望议会的三百成员的帮助，而且心里明白一点——他不想被右翼分子欺骗。

报纸也加入了这场混战。民主派媒体反对任何形式的修宪，而保皇党杂志则表示，只要修宪对君主制有好处，保皇党就会接受。然而，保皇党中的奥尔良派反对修宪，认为修宪只可能对帝国主义者有益处。在所有的巴黎报纸中，《辩论》杂志坚决赞成修宪。难怪在这样的混乱中，拿破仑三世深切地感受到自己需要的是行动而非空谈。“我已经做了我所做的一切了。”——在那段时间里，拿破仑三世的谈话常以这句结束。

另一个修宪的大阻碍来自宪法的第三条规定，即任何修宪的行为必须有四分之三的议会成员投票赞成——在七百五十名议会成员中，如果有两百人反对，那么修宪就不能继续进行。“宪法修订方案将不会通过，”当时，共和党的一位重要编辑放话说，“因为我们党派在众议院的势力足够强大，完全可以阻止其发生。”事实证明，这位编辑是对的。

与此同时，夏尔-路易·拿破仑·波拿巴决定要在一系列公共演讲中和人民谈谈这个问题。这些演讲记录真实存在。下面的文字就是来自这些演讲记录，而不是当时的出版物——媒体的出版物不总是正确的。虽然这些记录揭示了夏尔-路易·拿破仑·波拿巴内心的真实想法，但即便有机会说，有一些想法似乎也总是对公众说不清道不明。

1851年6月1日，在法兰西的第戎，夏尔-路易·拿破仑·波拿巴的演讲中有这么一段："党派之间的钩心斗角、攻击和论战不符合当下的法兰西局势。法兰西人民既不希望回到旧政体——无论它以何种形式伪装自己，也不希望进行这样一个致命的、不切实际的、乌托邦式的尝试。因为我是这两种形式的天敌，所以国家信任我。如果不是这样，那么如何解释人们忽略所有恶意争论却对我如此善意呢？此外，我想说，当这些论战的矛头都指向我时，正是这种善意抚慰了我。如果我的政府没能完成我们希望的改革，那么就是因为一些党派让我们的议会和政府的努力都付之一炬。在过去的三年中，我一直都很赞成消除混乱。过去，当着手改变人们的命运时，我遇到的只有阻力。而现在，我们已经开启了政治时代的新阶段。法兰西上上下下都在签署要求修改宪法的请愿书，而我满怀信心地等待着国民的呼声和议会的行动——我确信这是出于对大众福祉的愿望。如果法兰西认为，不先问过其子民的投票，没有人有权力决定法兰西的命运，那么我想我做到了。事实已经证明，自从掌权以来，我总是把社会福祉置于个人利益之上，而最不公正并且暴力的攻击没有使我抓狂。无论国家赋予我什么样的责任，我都会忠实地执行——你们可以放心，法兰西不会在我手中灭亡。"

这番话，让不少被社会主义煽动分子进行的秘密活动搞得不胜其烦的省份心安了不少，也安抚了所有的守法公民，驱散了人们的噩梦。议会中那些意图掌权的人，绝对不会把权力交到夏尔-路易·拿破仑·波拿巴手中——他们都是在说谎。这些人做出了很多回应，而其中之一是1851年1月刚被撤去巴黎卫戍司令一职的尼古拉·安·德奥杜尔·尚加尼耶——1851年6月，也就是政变的前几个月，在某次公开演讲时，尼古拉·安·德奥杜尔·尚加尼耶说："军队和大家一样，不希望看到法兰西沦为暴政政府暴虐和耻辱的牺牲品或被暴政政府的执政官们主宰。没有人能让我们的士兵向议会发起进攻。无论是一排，一连，还是一营，都不可能受到诱导并且犯那样致命的错误，而那些试图影响他们并且让他们这样做的人会发现自己大错特错——我们的士兵只习惯于服从军人的责任与荣誉。法兰西代表们，继续你们的和平讨论！”

修宪的准备工作还在议会中进行着，而负责此事的是委员会主席亚利克西斯·德·托克维尔先生。1851年6月25日，亚利克西斯·德·托克维尔发表了一篇报告，并且于1851年7月中旬就此开展了一场辩论。在此期间，夏尔-路易·拿破仑·波拿巴不仅继续四处演讲，而且所到之处都很成功。这是1851年7月1日他的一篇演说的记录：“因为对这个国家的救赎符合并且自由地表达了人民的意愿，遵从了我们的宗教信仰，所以我敢毫不畏惧地展望这个国家的未来。在这个庄严的时刻，我殷切希望国家强大的声音压倒所有的反对声音，让大家团结一致。这场会动摇国家根基

亚利克西斯·德·托克维尔

女英雄珍妮·阿谢特的雕像

的革命如果既不能根除旧思想、旧麻烦和陋习，又会给国家留下一堆废墟，那么将让人非常难过。”

1851年7月6日，在博韦给女英雄珍妮·阿谢特的雕像揭幕时，夏尔-路易·拿破仑·波拿巴发表了一场演说。根据夏尔-路易·拿破仑·波拿巴的笔记记载，他曾说：“在国家的危急关头，天意往往会让一个人成为所有人得到救赎的工具。就像圣女贞德一样，珍妮·阿谢特只是给法兰西人展示了一条通往荣誉和责任的道路，并且让法兰西人踩在她的肩膀上前行。1806年，拿破仑一世恢复了早已被遗弃多年的庆祝博韦突出包围的旧俗，而这么做是因为在他看来，法兰西不是一个虚构的国度，不是诞生于昨日，不是仅维持一个时代，不是束缚于单一政党的国家。经历了十年的革命后，在这个国家持续了八百年的君主制依然强大，正在努力融合新旧制度，而其国民都为荣誉而不懈奋斗，无一例外。”

从此以后，夏尔-路易·拿破仑·波拿巴不仅决心继续，而且更乐意采用连任的方式做国家元首——这就必须修订禁止连任的宪法。议会的辩论进行数日之后，修改宪法的提议被否决了，而夏尔-路易·拿破仑·波拿巴也看到了自己不能以这种方式继续掌权。夏尔-路易·拿破仑·波拿巴也看到，宪法虽然没有被修改，但受到了致命一击。漫长的讨论清楚地表明，如果各个政党根据自己的意愿提出修订方案，那么宪法修订案将难以被表决通过。总而言之，虽然大部分的议员和国民希望修订宪法，但按要求，必须有四分之三的议员投票赞成才能通过修宪。这使问题得不到解决。“胜利者是那些反对延长任期的人，”有一天，夏尔-路易·拿破仑·波拿巴这样说道，“然而，我的敌人不满足于就此停手，依然紧咬着我不放。”事实上，议会通过了一项决议，谴责了政府批评请愿书的政事活动。“然而，”夏尔-路易·拿破仑·波拿巴接着说，“国家迅速对这个令人尴尬的谴责做出了冷静而庄重的回应——这让我印象深刻，久久不能忘怀。这对法兰西和其他国外公众的舆论也有很大影响。”1851年8月，此次投票表决后，总理事会——或称部门立法机关，举行了一个夏季会议。散会之前，总理事会中的大部分人通过了许多涉及当时的热点问题的解决方案。在八十五个理事会成员中，八十人站在夏尔-路易·拿破仑·波拿巴的立场，并且支持修订宪法，三个人对此不予考虑，而另外两个人持反对意见。在这八十人当中，只有一个人宣称修订宪法是为了共和党的利益。“如果这不是对建立一个帝国的鼓励，那还能是什么呢？”夏尔-路易·拿破仑·波拿巴做了这样的评价。这场受人欢迎的投票是总理事会成员此次行动的压轴部分——他们比议会更早接到通知。

议会中的斗争正在升温——演讲越来越频繁。似乎是因为夏天不仅提前到了，而且很热，所以议会停开任何会议，并且休会直到1851年11月初。然而，法兰西公众和总统的头脑没有做片刻休息。那时候，夏尔-路易·拿破仑·波拿巴开始为即将发动的政变做最后的准备。有一天，路易斯·朱托尔特·德·拉莫西埃对一位朋友说：

路易斯·朱托尔特·德·拉莫西埃

“夏尔-路易·拿破仑·波拿巴找到自己一直在寻找的那个人后，政变就要发生了。这个人无所畏惧，就在阿尔及利亚——如果你在陆军部看到圣阿诺德，那么政变即将到来。”这个预言很快就成为现实。

与此同时，骚动在不同的政党间蔓延。那些政党领袖们似乎没有察觉到议会在国民眼中的可信度下降和国民希望建立一个更集中、更强大的政府的事实，而且夏尔-路易·拿破仑·波拿巴越来越有威望，成了国民的希望。这些政党领袖们似乎也没有听到社会主义煽动分子四处散布的蛊惑人心的谣言——1852年将是属于掠夺和谋杀的年份。这些政党领袖们闭上眼睛、塞住耳朵，一心寻找总统候选人！虽然其中一些提名机构是认真的，但另一些则是幼稚的，甚至提出让一个瓦匠的副手马丁·纳多德来当总统候选人。最荒谬的是，法兰西著名的《公报》的主编投票选举出亨利·德·拉·伊尔扎克林为总统候选人，而亨利·德·拉·伊尔扎克林是法国大革命时期的旺代叛乱中的一个反共和派的将军的儿子。共和党推选出了卡诺——他的父亲是著名的法国大革命期间的战事大臣。尼古拉·安·德奥杜尔·尚加尼耶似乎怕被世人遗忘，提名自己为总统候选人，并且同时巴结正统派和奥尔良派，却最终两头落空。

一天，夏尔-路易·拿破仑·波拿巴说道："奥尔良派选择了茹安维尔亲王弗朗索瓦·德·奥尔良为候选人。正统派也没碰到一个好候选人，只能选择我。尼古拉·安·德奥杜尔·尚加尼耶意识到，自从和我分道扬镳后，他的影响力越来越小。和我在一起时，尼古拉·安·德奥杜尔·尚加尼耶扮演着至关重要的角色——做我的得力助手，并且在国家处于动荡无序状态的时候负责捍卫政府权威，而从不再

茹安维尔亲王弗朗索瓦·德·奥尔良

追随我那一刻起，他就不再被别人需要了。尼古拉•安•德奥杜尔•尚加尼耶成了一个反叛者、无事可做的将军，只能等着事情出现转机。”谈到茹安维尔亲王弗朗索瓦•德•奥尔良时，拿破仑三世这样说道：“首先，因为他曾被流放，所以这是违反宪法的。此外，这会引起波旁家族的又一次分裂，并且使奥尔良家族产生新的分支。他如果成功当选，那么就必须进行一场改革，而这场改革将会谴责他父亲曾经的政策和王位。如今，一家重要的媒体竟然报道了他的提名——这可真棒。难道没有必要矫正这一团糟的事情吗？”

议会又开始正常运作了。夏尔-路易•拿破仑•波拿巴和自己的追随者提出的第一项措施是废除选举法——这是一种受限的选举权——代之以普遍的男性选举权。经过一场漫长而激烈的讨论之后，最后的投票结果显示，七百五十人中的大多数反对这项措施。从此，夏尔-路易•拿破仑•波拿巴成为普选权的捍卫者，而共和党是其反对者！然而，这“大多数人”的错误并没有在这里终止。愚弄公众之后，“大多数人”也如法炮制地对待夏尔-路易•拿破仑•波拿巴。议会还提出一项决议：给予议会议长对军警的指挥权以便保护议会的安全——这将是压死骆驼的最后一根稻草！然而，这项决议没有被执行，导致夏尔-路易•拿破仑•波拿巴为此发动政变的打算也延期了——如果这项决议通过，夏尔-路易•拿破仑•波拿巴将立即发动政变。“这也许是最好的方法。”得知议案无效之后，夏尔-路易•拿破仑•波拿巴这么说道。

爱丽舍宫比以往任何时候都更加警觉。所有旁观者都清楚，这场权力之争即将达到高潮。议会的各个政党都想成为独裁者，而夏尔-路易•拿破仑•波拿巴已万事俱备，只等着决定哪一天采取行动。当然，夏尔-路易•拿破仑•波拿巴十分需要军队的支持——对此，他不仅已期盼许久，而且确信能得到军队的援助。因此，政变前的那个夏天，在凡尔赛附近的萨托里进行阅兵时，骑兵团实际上并不服从将军的命令——他们想要高呼“总统万岁”。自夏尔-路易•拿破仑•波拿巴担任总统以来，士兵们列队走过时形成了一个传统，那就是会高呼“拿破仑万岁”。因为议会指派尼古拉•安•德奥杜尔•尚加尼耶命令士兵们终止这种行为，所以在后来的阅兵中，尼古拉•安•德奥杜尔•尚加尼耶亲自上阵监督，而步兵团只好执行军令，默默地列队走过。刺刀兵团列队走过时挥舞手中的刀剑，向夏尔-路易·拿破仑·波拿巴示意。夏尔-路易·拿破仑·波拿巴故意装作不高兴，而尼古拉·安·德奥杜尔·尚加尼耶被调去了另一个军事部门——这次事件自然引起了尼古拉·安·德奥杜尔·尚加尼耶和夏尔-路易·拿破仑·波拿巴之间的摩擦。“此刻，我需要的不是将军，”夏尔-路易·拿破仑·波拿巴说，“我只想要得到普通士兵的支持，所以尼古拉·安·德奥杜尔·尚加尼耶的倒戈无法对我构成严重打击。”

那段时期，夏尔-路易·拿破仑·波拿巴不仅经常花很多时间在圣卢克宫附近骑马，而且频繁在乡间骑行。有一天，骑马回来后，夏尔-路易·拿破仑·波拿巴面带微笑，向官员叙述了一件趣事：“一些领主如果今天和我在一起，那么将会对他们政党的未来感到无比忧虑——骑马走在葡萄园间的一条陡峭的小路上时，我遇见了一个工人。那个工人显然是一个椅子修理工。我打马靠边，并且让那个工人先过。那个工人放下担子，跟我打招呼道，‘请稍等，先生，我要告诉您一些事。我听说，议会那边的议员们不欢迎您，但我们欢迎。我们知道您爱护工人。那些议员们必须记

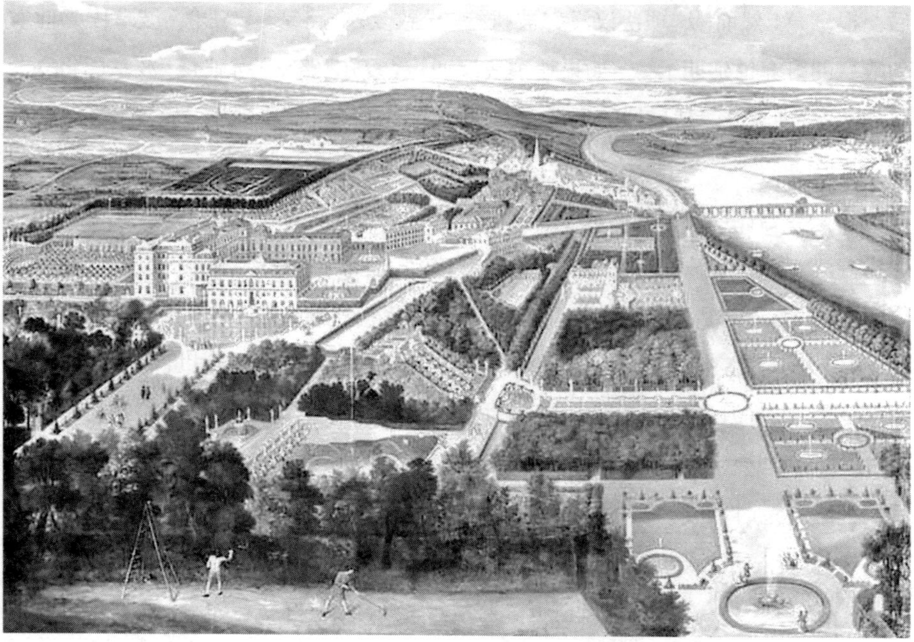

圣卢克宫

尤金·卡瓦尼亚克

住，我们选了你。应该有人去告诉他们，第一眼看见您的时候，我们的怀抱和胸襟都为您打开了。’为了强调这些话，那个工人用力地把拳头放在我的膝盖上。当我经过时，那个工人大喊：‘您可以信赖我们！’事实上，我一路上遇见的所有普通人都停下来向我脱帽致敬。那些领主们如果觉得他们能赢过我就大错特错了。可惜的是，当那些领主意识到的时候，一切都为时已晚。”

很早之前，夏尔-路易·拿破仑·波拿巴就深受法兰西下层民众欢迎。夏尔-路易·拿破仑·波拿巴常常喜欢讲发生在1848年7月26日，即休战期间的一个小插曲——那时，在尤金·卡瓦尼亚克的默许下，发生了一场暴乱：“当一个想阻止这场暴乱的女人跟我打招呼的时候，我正和朋友穿过圣安东尼奥城郊的路障。‘看您衣着华丽，戴着浅色手套，拄着手杖，与其在这里漫无目的地闲逛，还不如帮我们把这面白旗立起来。’她说。‘你说得很对，女士。我来看看自己是否能帮上忙，让一切重新井然有序。如果我能帮上忙，那么我将会很高兴。’于是，我脱下手套，把手杖交给朋友，将倒下的旗子捡起来重新插入洞中，并且用四捧沙土把它夯实。然后，我戴上手套，拿回手杖，在那位女士的欢呼和赞美声中继续前行。”

确保政变成功的不是夏尔-路易·拿破仑·波拿巴广受普通人民群众的爱戴，也不是军队里普通士兵的支持——虽然这些确实功不可没，但给这位谨慎的夏尔-路易·拿破仑·波拿巴勇气，让他将政变付诸行动并且获得胜利的，是他一众能力超群、英勇忠诚的朋友。而在这些朋友中，圣阿诺德应放在首位。圣阿诺德在此次政变中的卓越表现，很好地解释了当初夏尔-路易·拿破仑·波拿巴为何全力以赴地争取他的帮助。

弗勒里是夏尔-路易·拿破仑·波拿巴手下一名忠心耿耿的陆军少校。弗勒里在阿尔及利亚服了十四年兵役，清楚地知道每一名对夏尔-路易·拿破仑·波拿巴发动政变有用的官员。弗勒里曾在圣阿诺德手下任职，而当时圣阿诺德并不看好夏尔-路易·拿破仑·波拿巴。于是，弗勒里被派往非洲，并且肩负着改变身在非洲军队的圣阿诺德的立场，确保夏尔-路易·拿破仑·波拿巴发动政变时圣阿诺德能提供强有力支持的特殊使命。弗勒里建议夏尔-路易·拿破仑·波拿巴派遣圣阿诺德对一些反抗的部落发起远征——一来可以给圣阿诺德一次脱颖而出的机会，二来好向圣阿诺德说明夏尔-路易·拿破仑·波拿巴的心思。弗勒里还被派去会见军政大臣雅克·路易·兰登。雅克·路易·兰登很乐意退位让贤，并且对弗勒里说道：“请转告王子，圣阿诺德取代我的位置后，我不想再回来搅这趟浑水，只想回到阿尔及利亚担任总督。”这正合夏尔-路易·拿破仑·波拿巴的意——他本来也没打算让雅克·路易·兰登参与接下来的政变。之后，弗勒里匆匆赶往非洲，而不久之后，卡拜尔远征就开始了。圣阿诺德担任指挥官，而弗勒里被命令随军前行并且受到了圣阿诺德的热情迎接。一开始，弗勒里虽然没有提及自己的真正目的，但会时不时地提一下议会和行政机构的矛盾，而一旦时机成熟，他定会向圣阿诺德说明夏尔-路易·拿破仑·波拿巴是遭到保守派反对的总统候选人，此外，夏尔-路易·拿破仑·波拿巴唯一能胜出的机会就是得到军队的支持。吃饭的时候，弗勒里也不忘提及这个话题以便观察圣阿诺德的夫人的反应。一开始，弗勒里感到焦急——这位婚前姓德特拉塞格涅斯、与比利时最显赫家族关系不浅的夫人不仅似乎倾向于保皇党，而且对圣阿诺德的政治主张影响不大。后来，弗勒里发现自己的认识是错误的——这位对自己的丈夫无比忠贞的夫人希望将来也能分享丈夫的军功章。圣阿诺德的夫人对弗勒里说她愿意帮忙说服自己的丈夫。“需要我帮助的时候，你尽管开口。”有一天，圣阿诺德的夫人如此说道，并且安排了弗勒里与圣阿诺德见面。圣阿诺德欣然说道：“让夏尔-路易·拿破仑·波拿巴任命我做将军，而其他的都交给我就行。我们还得挑个闲暇时间好好商议商议。”

在圣阿诺德的交际圈子里，弗勒里遇见了许多英勇的军官，包括德·普雷斯、德·塞勒科特、艾梅·加斯帕德·德·克莱蒙特·唐纳雷、布瓦耶和德·查瓦瑞尔等。这些军官都由衷地想加入效忠于夏尔-路易·拿破仑·波拿巴的队伍。在康斯坦丁，

艾梅·加斯帕德·德·克莱蒙特·唐纳雷

弗勒里再次遇见了旧相识博斯凯。在回忆那段人生时，弗勒里写道："我刚认识博斯凯时，他才刚从理工学校毕业。博斯凯虽然有着坚定的共和观念，但因为野心勃勃，所以他的政治主张总是被忽视。我迅速觉察到他的尴尬处境，并且做了这样的打算——我如果劝说圣阿诺德失败，就向博斯凯伸出橄榄枝。事后，我也了解到，博斯凯十分乐意跟我们合作。事实上，博斯凯对没有加入我们深感遗憾。谈到时局时，博斯凯不仅曾毫不犹豫地放言'混乱的时局唯有靠利剑来扫平'，而且十分乐意由自己来当这把利剑。"

远征军迅速出击，不到两个月就降服了抵抗部落。在此期间，弗勒里不离圣阿诺德左右，并且总是不断地提及自己的使命，而圣阿诺德也对他做出了承诺。弗勒里圆满完成任务，并且回到法兰西向夏尔-路易·拿破仑·波拿巴汇报。之后，夏尔-路易·拿破仑·波拿巴迅速褒奖了圣阿诺德在远征中的英勇表现，提拔他为总督，并且公告不久后将在巴黎表彰其功绩，而首都每日的新闻也不断提及圣阿诺德和他在非洲立下的功勋。抵达巴黎时，圣阿诺德引起了极大的轰动。在爱丽舍宫为他举办的庆功宴上，圣阿诺德成了众人瞩目的焦点。当夏尔-路易·拿破仑·波拿巴带他去剧院时，圣阿诺德比剧院的演出更加引人注目。不久，圣阿诺德便被任命为军政大臣。为了进一步提高圣阿诺德的威信，非洲军队中的许多优秀将领都被召回，包括弗朗索瓦·马塞兰·德·康罗贝尔、德·阿布若威尔、德·洛梅尔、查尔斯-玛利-埃斯普里特-埃斯皮纳斯、雅各布·弗朗索瓦·门如拉兹、雷诺和其他英勇的将领，都成为拿破仑三世身边忠诚的人。在回忆人生的这个阶段时，拿破仑三世说："后来，我发现，在关键时刻，军事首脑可以被委以重任。"

现在把目光转向夏尔-路易·拿破仑·波拿巴身边的人。首先是德·佩尔西尼伯爵让-吉尔伯特·维克托·菲林——他是夏尔-路易·拿破仑·波拿巴在伦敦流亡和布洛涅惨案等人生低谷时期最信任的朋友。夏尔-路易·拿破仑·波拿巴简洁地概括了德·佩尔西尼伯爵让-吉尔伯特·维克托·菲林的性格："德·佩尔西尼伯爵让-吉尔伯特·维克托·菲林很热情——可能还有些狂热和不稳重，然而，毋庸置疑，他一生都忠于我和我的事业。如果所提的建议没有被采纳，德·佩尔西尼伯爵让-吉尔伯特·维克托·菲林会坦率直言或直接向我抱怨。"

弗勒里和德·佩尔西尼伯爵让-吉尔伯特·维克托·菲林引起了夏尔-路易·拿破仑·波拿巴对查理·德·莫尼伯爵的注意。查理·德·莫尼伯爵是荷兰王后奥尔唐斯·德·博阿尔内和查尔斯·约瑟夫的私生子——这是一个公开的秘密。查理·德·莫尼伯爵非常聪明，有进取心并且精力充沛，曾经踏足外交界，也经过商。就政治上而言，查理·德·莫尼伯爵虽然有波拿巴主义倾向，但当时与奥尔良的王子们及其精神领袖弗朗索瓦·皮埃尔·纪尧姆·谷佐特先生相处和睦。1848年的革命使查理·德·莫尼伯爵倾家荡产，而正当他犹豫何去何从时，夏尔-路易·拿破仑·波拿巴的势力开始兴起。1849年，查理·德·莫尼伯爵决定进入素不相识的夏尔-路易·拿破仑·波拿巴的交际圈。对夏尔-路易·拿破仑·波拿巴而言，查理·德·莫尼伯爵在政治上与上流社会的地位非常有用——他们二人都察觉到了这一点。在第一次和查理·德·莫尼伯爵见面时，夏尔-路易·拿破仑·波拿巴和蔼热情，却也仅限于握握手而已。虽然查理·德·莫尼伯爵希望夏尔-路易·拿破仑·波拿巴能更放开些，但不仅夏尔-路易·拿破仑·波拿巴还不确定是否应该与他深交，而且查理·德·莫尼伯爵犯了一个错误——对夏尔-路易·拿破仑·波拿巴的出身刨根问底。我们应该记住，夏尔-路易·拿破仑·波拿巴从来没有承认查理·德·莫尼伯爵是他同母异父的兄弟。尽管如此，两兄弟还是很快了解了彼此，建立了稳固的“政治亲密关系”，结为同盟并且保持着对彼此的忠诚直到他们二人去世。夏尔-路易·拿破仑·波拿巴和查理·德·莫尼伯爵开始细心地互相了解。

夏尔-路易·拿破仑·波拿巴的矜持性格总是让他不能敞开心扉。听取建议时，夏尔-路易·拿破仑·波拿巴从不做任何承诺——他喜欢平衡，并且很少完全受一个人的影响。夏尔-路易·拿破仑·波拿巴会从几个或者善意的或者有用的或者巧妙的主意中寻找适合自己的，并且根据自己的风格加以改变。查理·德·莫尼伯爵发现夏尔-路易·拿破仑·波拿巴不仅很欢迎自己，而且有问题经常咨询自己，便梦想着把自己的意愿施加给夏尔-路易·拿破仑·波拿巴。然而，这是不可能的——夏尔-路易·拿破仑·波拿巴不喜欢屈服于任何形式的压力。查理·德·莫尼伯爵是一流的政客，知道如何等待机会——如果等待是必要的。查理·德·莫尼伯爵充分意识到做事太急切或者建议太激进就是在拿自己的影响力冒险。查理·德·莫尼伯爵从夏尔-

弗朗索瓦·马塞兰·德·康罗贝尔

查尔斯－玛利－埃斯普里特－埃斯皮纳斯

德·佩尔西尼伯爵让－吉尔伯特·维克托·菲林

查理·德·莫尼伯爵

路易·拿破仑·波拿巴周围的人，如德·佩尔西尼伯爵让-吉尔伯特·维克托·菲林，弗勒里，埃德加·内伊伯爵等人那儿得到暗示——这些人都对这位未来的大臣很友好，并且因此比任何人都更了解夏尔-路易·拿破仑·波拿巴在现实中的处境，明白采用什么有技巧的、聪明的手段可以赢得夏尔-路易·拿破仑·波拿巴的信任。这个计划非常有用——夏尔-路易·拿破仑·波拿巴逐渐向查理·德·莫尼伯爵敞开了心扉，之前从来没有这样做过。查理·德·莫尼伯爵也感受到了夏尔-路易·拿破仑·波拿巴的魅力。查理·德·莫尼伯爵成了夏尔-路易·拿破仑·波拿巴亲密的朋友和忠实的追随者，而不再只是一个狡猾、八面玲珑的政客。夏尔-路易·拿破仑·波拿巴不仅手里又有了一张王牌，而且比以往任何时候都更加确定自己会在即将开始的重要游戏中更胜一筹。

议员们也亮出了自己的王牌——由于预感到政变即将发生，议员们策划了许多反对“危险的王子”的计划。通过秘密渠道，夏尔-路易·拿破仑·波拿巴得知以阿道夫·梯也尔为首，尼古拉·安·德奥杜尔·尚加尼耶为军事指挥的一帮人正在酝酿一场阴谋。当时，夏尔-路易·拿破仑·波拿巴对马姆斯伯里勋爵说：“他们想要抓住我，把我关进文森斯地牢里。”后来，他还曾对欧仁妮皇后说：“在这场危机中，我更喜欢主动出击，而不是无力地被议会推着走。关于1851年政变的大部分讨论纯粹只是宣泄一些无聊的情绪。当安抚措施失效后，政府总是采取这些极端措施。没有人会忘记公约带来的暴行，盟国与路易十八的严厉措施[①]，1830年和1848年的革命，以及法兰西第二共和国议会把军事权移交给夏尔-路易·拿破仑·波拿巴的提议。即使是在新生的不发达国家，这些也不是政变的全部。丧失国土时，人们会因失去自由而大声疾呼。然而，这正是人们都想要做的。1851年的事情是一个障碍赛，我第一个进入，而其他人根本就没有进入！这就是他们和我的区别。1793年，联邦制在各省取得胜利，而公约就是一个罪犯，是个人自由的敌人，它将允许通过采取非法手段获得权利。查理十世如果当时没有流亡，就会迫使这个国家去接受这些公约。然后，查理十世会被指控煽动叛乱，而他的大臣们会被关进哈姆堡垒里。相反，他

① 在联军的保护下，进入巴黎的路易十八恢复了波旁王朝的统治。卷土重来的封建反动势力在法兰西国土上实行了白色恐怖统治——仅军事法庭就政治案件做出的有罪判决就多达一万件。

查理十世

们不会将错误归咎于那些引起暴乱的人——雄心勃勃的《国家日报》副主编，以及假装不在乎名誉却打算伺机从他堂弟那里谋得王位的第二十代奥尔良公爵菲利普。1870年9月4日，如果左派代表遇到了来自捍卫皇权者的阻力，或者人们已经意识到了喀提林事件[1]给我们带来的耻辱，我们难道不会认为这些成功者就是叛乱分子、

① 喀提林事件指罗马共和国末期，路西乌斯·塞尔吉乌斯·喀提林组织没落贵族和以前的苏拉手下的士兵发动武装政变，企图夺取政权。

坏公民和叛徒吗？然而，这些人的努力却成功了——帝国政府本应该被捍卫的人支持，却被宣布为有罪的。按照这个规则，1852年12月2日的行动只是当时情况的自然结果。”

虽然一些历史学家告诉读者政变轻而易举就获得了成功，但事实并非如此。夏尔-路易·拿破仑·波拿巴表现出来的耐心、毅力和勇气说明他的品格不总是得到尊重。当人们认为所有的行动都准备好了，只需要等待时机——而且是最关键的时机时，圣阿诺德似乎会让夏尔-路易·拿破仑·波拿巴和他的支持者失望。这是政变事件的最初情况，也与大家知晓的不同。事实上，历史学家根本就没有对公众提及某些细节——整个计划仿佛故意被小心谨慎地推迟，并且推迟了很长时间。

整个计划本定在1852年9月17日完成。正式同意承担和执行任务后，圣阿诺德请求休假几天以便拜访居住在波尔多附近的母亲。由于夏尔-路易·拿破仑·波拿巴要在1852年9月4日于爱丽舍宫召见他，圣阿诺德答应在这天之前回来。圣阿诺德虽然如约、准时回来了，但没有去爱丽舍宫，而是给夏尔-路易·拿破仑·波拿巴寄了一封信。在信中，圣阿诺德要求夏尔-路易·拿破仑·波拿巴放弃他们两人之间的承诺，并且恳请夏尔-路易·拿破仑·波拿巴不要再指望他。爱丽舍宫自然怒不可遏。德·佩尔西尼伯爵让-吉尔伯特·维克托·菲林和查理·德·莫尼伯爵清楚地表明他们被激怒了，而弗勒里也心烦意乱。虽然受这次打击影响最大的是夏尔-路易·拿破仑·波拿巴，但他尽量让自己看起来不那么失望。“我很确定最终会发生什么，”后来，夏尔-路易·拿破仑·波拿巴多次说，“我觉得这只不过是推迟了不可避免的事情。事后证明我没有错。”

后来，一位当时的参与者在私人文件中说：“我们担心一切都要重来。如果有轻率的举止，那么一切都可能失败。虽然议会仍在休会，但常设委员会代表了这个委员会。这个常设委员会由尼古拉·安·德奥杜尔·尚加尼耶把控，而他可能知晓一切情况。巴黎警察局局长卡莱尔来到爱丽舍宫，说话时非常谨慎——显然，他已经放弃了这个计划。在巴黎指挥部队的本纳德·皮埃尔·马格南摇摆不定，声称如果没有圣阿诺德的帮助，他就不会采取行动。为了打消公众的疑虑，当天晚上，在德·佩尔西尼伯爵让-吉尔伯特·维克托·菲林和弗勒里的陪同下，夏尔-路易·拿破仑·波拿

本纳德·皮埃尔·马格南

巴去了法兰西剧院。夏尔-路易·拿破仑·波拿巴虽然内向，但非常冷静，并且通过发表有力的讲话表达了自己的想法。夏尔-路易·拿破仑·波拿巴虽然对圣阿诺德的态度非常严厉，但并不像对自己的随从那么严厉。”

“这是叛国罪！”德·佩尔西尼伯爵让-吉尔伯特·维克托·菲林大声说。

“虽然他们放弃了我，”夏尔-路易·拿破仑·波拿巴回答说，“但没有他们，我也会独自骑马去见部队。”

“不，这是不可以的。”包厢里的一个人说，“您虽然很有个人威望，但千万不可以这么做。”

“有两件事要做，”另一个人说道，“把军政大臣的办公室交给巴拉盖·海耶

博尼法斯·德·卡斯特拉

尔负责，然后派博尼法斯·德·卡斯特拉指挥巴黎部队——这两位军官对你都很友善。如果他们拒绝提议，那么你就去圣克卢宫，并且假装什么也没有发生，等待一个更有利的时机。”

巴拉盖·海耶尔和博尼法斯·德·卡斯特拉的确拒绝了提议，并且给出了充足的理由。失望的夏尔-路易·拿破仑·波拿巴决定在1852年9月15日隐退到圣克卢宫。然而，在隐退之前，夏尔-路易·拿破仑·波拿巴请弗勒里去见圣阿诺德，并且与他坦率地交谈。

“我认为离开圣阿诺德是一个错误，”夏尔-路易·拿破仑·波拿巴很理智地分析道，“就好像我们已经和他决裂了。莱夫洛、尤金·卡瓦尼亚克及玛利-阿方斯·贝多等对我有敌意的人可能会把圣阿诺德拉到他们身边——当然，他们只能做到这一点。”

与圣阿诺德几分钟的交谈打消了所有这些恐惧。

“我与夏尔-路易·拿破仑·波拿巴解除承诺的意思是这样的，”圣阿诺德说，“在我看来，行动的时间尚未到来——议会正在休会，而这个国家很安静。如果现在行动，我很担心法兰西的各个部门都会反抗。”

“常设委员会正在监视全国。政变正在酝酿之中。”弗勒里回答说，“议会休会结束后，采取行动也不会那么容易。”

“我不这样认为。”圣阿诺德立即说道。圣阿诺德承认在访问波尔多时，他的母亲给他指出了很多危险。谈话快结束时，圣阿诺德这样说道：“告诉夏尔-路易·拿破仑·波拿巴，不仅在政变的必要性方面，我的想法没有任何的改变，而且我对夏尔-路易·拿破仑·波拿巴的感情也没有任何改变——我们只不过是在行动的时间方面有一些分歧而已。当你要求某个人从屋顶跳下时，你必须让他选择如何跳下及何时跳下。”

回到爱丽舍宫后，弗勒里立即向夏尔-路易·拿破仑·波拿巴重复了这次对话。几个小时之后，圣阿诺德和夏尔-路易·拿破仑·波拿巴开始进行深度交谈。谈话的结果是，夏尔-路易·拿破仑·波拿巴承诺把圣阿诺德放在战局的首要位置，而圣阿诺德承诺在政变发生时绝不失败。然后，夏尔-路易·拿破仑·波拿巴隐退去了圣克卢宫，并且在那里接待了许多政界朋友，改善了城堡和附近园子的状况。夏尔-路易·拿破仑·波拿巴平静的脸上没有丝毫忧虑，极好地体现了他的自控能力。与政变的准备工作相比，夏尔-路易·拿破仑·波拿巴的这种性格更加重要。

我们一直认为政变的五个主要行动者是：查理·德·莫尼伯爵、德·佩尔西尼伯爵让-吉尔伯特·维克托·菲林、毛帕斯、弗勒里和圣阿诺德。众所周知，1852年12月1日夜晚，爱丽舍宫举行了一个招待会，然而，大家都不知道夏尔-路易·拿破仑·波拿巴比客人们想象的还要紧张——夏尔-路易·拿破仑·波拿巴必须尽力隐藏自己的顾虑。当然，夏尔-路易·拿破仑·波拿巴友好、热情地接待了许多来访者，而他这次的外向表现经常被人们提及。夏尔-路易·拿破仑·波拿巴说：“安静有时比好动更让我厌烦。”在他的人生中，这方面的例子不胜枚举。

客人离开后，夏尔-路易·拿破仑·波拿巴和自己的朋友们举行了最后的会议，然后才下达了“继续前进”的命令。在这次会议上，夏尔-路易·拿破仑·波拿巴并没有像以前那样占据主导地位。虽然夏尔-路易·拿破仑·波拿巴的个人生活节奏不快，但事件的进度很快，而他早就觉得政变即将来临。“我要做的就是坐下来，耐心等待，”夏尔-路易·拿破仑·波拿巴说，“或者至少，我不应该加速——不应该加速让关键时刻来临。”因此，在这个最后的会议上，夏尔-路易·拿破仑·波拿巴是这个圈子里最沉默的人。从朋友们的话中，夏尔-路易·拿破仑·波拿巴觉察到，他们相信时机已至并且已经准备好采取行动。后来的拿破仑三世，即夏尔-路易·拿破仑·波拿巴曾就此事说：“那时，我相信可以下令发动政变。”

1852年12月2日上午，得知事态进展时，在位于阿尔杰街的家中，拿破仑·热罗姆对自己的邻居加维尼先生讲了一些泼凉水的话。“我对我的堂弟——热罗姆·波拿巴之子拿破仑·热罗姆做的事感到愤怒。”夏尔-路易·拿破仑·波拿巴用十分粗鲁的言

拿破仑·热罗姆

热罗姆·波拿巴

辞向所遇之人表达了这个观点。波拿巴家族的这位成员虽然有才干，但不善于控制自己。拿破仑·热罗姆好奇心强，天赋极佳，本可能对未来的皇帝有很大的帮助。有人曾对我说："他与伟大的拿破仑一世长相相似。""是的，"夏尔-路易·拿破仑·波拿巴补充说，"但我的堂弟常喜欢'做鬼脸'，而这让他们看起来不那么相像。"

夏尔-路易·拿破仑·波拿巴的叔叔，即年老的前威斯特伐利亚国王热罗姆·波拿巴的行为则截然不同。听到发生的事后，住在荣军院的热罗姆·波拿巴穿上制服，骑马去了爱丽舍宫。在爱丽舍宫，热罗姆·波拿巴受到了自己的侄子的热烈迎接。1852年12月2日10时，夏尔-路易·拿破仑·波拿巴驱车从爱丽舍宫出发。夏尔-路易·拿破仑·波拿巴的左侧是热罗姆·波拿巴，而后面跟了很多随行人员。夏尔-路易·拿破仑·波拿巴一行到达部队，并且受到了热烈欢迎。夏尔-路易·拿破仑·波拿巴曾说："我特别感谢我尊敬的叔叔热罗姆·波拿巴——特别是在无法预见事情结果的情况下，他总是给予我及时的支持。热罗姆·波拿巴会毫不犹豫地为了我的事业而牺牲自己的生命，是真正的拿破仑。总之，热罗姆·波拿巴竭尽全力帮助我恢复帝国。1860年，热罗姆·波拿巴去世了——这是我遭受的最艰难的打击之一。我感到自己和热罗姆·波拿巴之间的所有联系都不复存在了。从那一刻起，我似乎开始有了一些道德方面的缺陷，而这在一定程度上影响了我的行为。必须记住的是，我总是从热罗姆·波拿巴的思想和行为中得到一些感悟——他当时已经病了好几个月了，即将去世。后来，热罗姆·波拿巴的去世给人们留下了很深的印象。随着第二帝国的到来，我向热罗姆·波拿巴展示了我所有的荣誉。我经常去热罗姆·波拿巴在巴黎皇家宫殿举行的招待会，那里有个优雅精致的小院子。欧仁妮皇后喜欢热罗姆·波拿巴的陪伴——他的生活经历丰富，谈吐非常有趣。"

拿破仑三世曾说欧仁妮皇后很享受热罗姆·波拿巴的陪伴，而这样的话让热罗姆·波拿巴感到高兴。欧仁妮皇后不仅相信这个长辈，而且也信任他的儿子拿破仑·热罗姆。然而，我在这本书的其他地方也谈到了这一点：拿破仑·热罗姆的脾气非常坏，不仅在政治和宗教事务上比较鲁莽，而且野心勃勃，不止一次地表现出对欧仁妮皇后的敌意——拿破仑·热罗姆对自己不再是王位继承人而感到非常恼火。

值得一提的是，关于欧仁妮皇后与热罗姆·波拿巴的关系，许多陈述都不属实。一些编年史专家说，因为对参议院主席、荣军院院长和一大笔养老金不满意、没有得到政府的要职，以及当拿破仑三世临时离开法兰西时没有让他摄政，热罗姆·波拿巴对拿破仑三世心生怨意。还有人表示，令热罗姆·波拿巴特别失望的是，拿破仑三世在意大利指挥战役时，摄政权被委托给了欧仁妮皇后——热罗姆·波拿巴对此公开表示了不满。也有人说，当意识到自己"提的建议没有被采纳"时，热罗姆·波拿巴发现"他的侄子劝自己的妻子和大臣不要理会他的建议"，导致这种不满更多了。毫无疑问，这一切都是错误的。1859年5月16日，热罗姆·波拿巴给自己的侄子拿破仑三世写了一封信，击碎了这些闲言碎语，而这在很久以前就是公开的秘密了。可以说，不仅欧仁妮皇后一直和热罗姆·波拿巴有着最愉快的关系，而且我从来没有听说过热罗姆·波拿巴抱怨过拿破仑三世、欧仁妮皇后或者政府——他们都很尊敬热罗姆•波拿巴。这是因为热罗姆•波拿巴不仅有自己的优点，而且是伟大的拿破仑三世的叔叔，也是两届帝国之间唯一的直接联系。

关于此次政变，夏尔-路易•拿破仑•波拿巴留下了亲笔写的备忘录：

“我的敌人宣布，在我消灭他们的那一刻，他们就会消灭我——他们以为老百姓是站在他们一边的。在去监狱的路上，敌人的领导人希望通过向‘街上的平民’发表演讲来激起他们的同情。然而，他们发现这些平民百姓完全毫无反应——我确信情况就是如此。虽然他们认为自己比我更了解实情，但事实表明，我比他们更了解法兰西的真实情况。由于得到了这些明理公民的赞同，法兰西推翻了这个可恶的政权。

“1852年12月2日，正在准备商店开业时，圣安东尼郊区的工人们看到一些政治犯经过。工人们虽然表现出了一些好奇心，但仅此而已，没有企图进行营救，而一些乐观的囚犯认为平民们会这样做。事实上，议会已经非常不受大众欢迎。右派代表和共和党想联手来对付我，却欺骗不了任何人。他们虽然想推翻我，公开策划反对我的计划，但不敢付诸行动。我主动采取了行动，并且先发制人。他们认为没有人敢大胆地向议会下令，而如果有这样的命令，那么士兵们也不会服从——他们又一次做出了错误的判断。事实表明，在军中，没有人不服从我的命令。敌人断言全体法兰西人民将团结一致维护宪法。不幸的是，他们仍然判断错误。

“巴黎人民确实没有以同样的精神阅读我的宣言——下层阶级和上层阶级对这一事件的看法是不一致的。大多数劳动人民不仅认为我的宣言是重建普选权，而且很少关注后来被各方领导人抨击的‘违反合法性’一词。这些劳动人民被议会的绝大多数人视为敌人，而其中大部分被剥夺了选举权。他们发现右派反对自己的意愿和想法，并且相信右派正在策划君主复辟，然而，由于认为我已经折断了右派的羽翼，他们对此并不担心。此外，巴黎人民对中产阶级十分怨恨。巴黎人民认为这些中产阶级对他们毫无怜悯之心，并且没有必要担心我和‘那些无情的中产阶级之间’的争吵。巴黎人民的总体意见在拉格朗日代表的话语中得到了很好的总结。1852年12月2日早晨，被下层人民视为敌人的阿道夫•梯也尔、尼古拉•安•德奥杜尔•尚加尼耶等人被捕，而拉格朗日民众大声高呼：‘真是太棒了！’

“所谓的‘共和派资产阶级’用暴力抗议了我的行为纯属无稽之谈。恰恰相反，保守派的资产阶级不仅在政变中兑现了保证政府安全的承诺，而且没有对发生的事情感到不满。然而，那个假装把共和国视为政治自由保证的‘自由党’却担心专政落入其他党派而不是自己手中。总而言之，整个情况是非常混乱的。我做这些事是因为我有责任这么做，并且有必要为这个四分五裂的国家而做。虽然有一些人可以轻而易举地找到责怪我的理由，但如果我把主动权交给其他党派，那么有何证据能够证明他们为国家做的会有我这么多、这么好吗？没有！”

第3章

玛蒂尔德·波拿巴公主

玛蒂尔德·波拿巴公主是拿破仑三世的政变取得成功的因素——至少是间接因素之一，而本章将着重关注这位杰出的女性。随着新的政权出现，玛蒂尔德·波拿巴公主的努力没有停止。在整个第二帝国期间和直到生命结束的那一天，玛蒂尔德·波拿巴公主都是波拿巴主义的坚强支柱。如果波拿巴家族的一些男性成员拥有玛蒂尔德·波拿巴公主的能力和良好的判断力，那么这个家族的历史便不会那么令人遗憾。

玛蒂尔德·波拿巴公主是拿破仑三世的堂妹，居住在巴黎城外的她对文学界和艺术界有非常大的影响。从法兰西第二帝国时期到1904年1月以八十四岁高龄去世前，玛蒂尔德·波拿巴公主掌握着一个非常辉煌的沙龙。这个沙龙起初在鲁代库尔瑟莱，后来在鲁代贝里的美丽豪宅里举办——现在，鲁代贝里的豪宅已经成为比利时公使馆。玛蒂尔德·波拿巴公主的沙龙不仅有各行各业的名人光顾，而且不谈政治——至少在第三共和国期间是如此。

玛蒂尔德·波拿巴公主的父亲热罗姆·波拿巴不仅是伟大的拿破仑一世的幼弟，而且在法兰西第一帝国期间曾短暂地统治过威斯特伐利亚。当夏尔-路易·拿破仑·波拿巴登基时，甚至更早，即上一章提到的政变时期，热罗姆·波拿巴以各种可能的方式支持了自己的侄子。热罗姆·波拿巴甚至勇敢地与未来的皇帝走上林荫大道，坚定地站在他的身旁。由于被这种慷慨的行为感动，后来，拿破仑三世将热罗姆·波拿巴晋升为法兰西元帅并且让他担任荣军院院长。热罗姆·波拿巴对这些荣誉感到非常满意，并且总是小心翼翼地行事，避免干扰拿破仑三世的统治。因此，1860年去世时，热罗姆·波拿巴的葬礼非常隆重，给每个人都留下了深刻的印象。拿破仑三世喜欢谈论热罗姆·波拿巴，并且曾说："热罗姆·波拿巴带我走近了伟大的拿破仑一世——我不能忘记热罗姆·波拿巴在滑铁卢的英勇表现和给予我的支持。然而，在这方面，波拿巴家族的其他成员可不像他。"

热罗姆·波拿巴的儿子拿破仑·热罗姆，即玛蒂尔德·波拿巴公主的兄弟，虽然也有着拿破仑家族的典型相貌，但对拿破仑三世的态度大不相同——拿破仑·热罗姆总是敌视自己的堂兄。无论是哄骗、摆道理，还是给予荣誉，都不能改变拿破仑·热罗姆喜欢乱批判、耍阴谋的习惯。拿破仑·热罗姆不仅身边集聚了很多对第二帝国不友好的人，而且对欧仁妮皇后极其不友好。拿破仑·热罗姆认为欧仁妮皇后诞下子嗣就是对他的冒犯——皇太子的降生会导致他不再是第二帝国的皇位继承人。拿破仑·热罗姆是如此过分，甚至在欧仁妮皇后的一个生日派对上，拒绝祝贺欧仁妮皇后身体健康——拿破仑三世对此十分愤怒。

玛蒂尔德·波拿巴公主的母亲是符腾堡的凯瑟琳·弗雷德丽卡公主，也是一位真正令人敬佩、值得赞美的女人。热罗姆·波拿巴曾经说过，二十年来，他虽然一直试图找到妻子的缺点，但未能发现。凯瑟琳·弗雷德丽卡公主对自己的丈夫热罗姆·波拿巴在威斯特伐利亚统治期间表现出的英勇行为非常赞赏。1814年，在拿破仑·热罗姆处于逆境时，凯瑟琳·弗雷德丽卡公主的父亲要求凯瑟琳·弗雷德丽卡公主放弃丈夫。然而，凯瑟琳·弗雷德丽卡不仅拒绝了身为符腾堡国王的父亲，而且给父亲写了一封令人敬佩的信。凯瑟琳·弗雷德丽卡公主的父亲被激怒了，甚至一度把他的女婿和女儿囚禁在伊凡根城堡。1815年，凯瑟琳·弗雷德丽卡公主和丈夫被赶出符腾堡，并且开始了在不同地方流浪寄居的生活。

玛蒂尔德·波拿巴公主接受了良好的教育——先是母亲，然后是雷丁男爵夫人教育了她，直到雷丁男爵去世前，她一直与雷丁男爵保持着联系。玛蒂尔德·波拿巴公主从小就对知识和文艺有浓厚的兴趣。十六岁时，玛蒂尔德·波拿巴公主已出落得

玛蒂尔德·波拿巴公主

符腾堡的凯瑟琳·弗雷德丽卡公主

美丽大方，并且在心理和身体上已经是一位成熟女性了。拿破仑三世曾这样评论玛蒂尔德·波拿巴公主的美丽：“玛蒂尔德·波拿巴公主拥有波拿巴的美丽——在她周围散布着一种赢得所有人心的魅力。”

与欧仁妮大婚后，拿破仑三世曾好几次坦率地对欧仁妮皇后谈到他对这位堂妹的爱慕。“虽然我的母亲，即荷兰的奥尔唐斯·德·博阿尔内王后赞同我们的婚事，但斯特拉斯堡惨败毁了一切。我失败了，并且遭到了家族的嘲笑，被彻底抛弃。流亡美国的时候，我完全忘记了这件事。然而，1851年，我还是回来了——很幸运，一切都挺过来了，”拿破仑三世笑着补充说，“此外，我在原则上是反对堂兄弟姊妹之间的婚姻的。”

后来，玛蒂尔德·波拿巴公主与自己的丈夫圣多纳托亲王，即阿纳托利·德米多夫伯爵分居了——他们无法幸福地生活在一起。沙皇尼古拉一世同意了玛蒂尔德·波拿巴公主的选择，并且要求富有的阿纳托利·德米多夫伯爵给予玛蒂尔德·波

阿纳托利 · 德米多夫伯爵

拿巴公主一笔可观的补偿。玛蒂尔德·波拿巴公主再次使用了娘家的姓氏，完全独立了。当时的离婚是非法的——从宗教和文明层面上来说，取消婚姻几乎是不可能的，所以实际上，双方就是分开过而已。分居后的玛蒂尔德·波拿巴公主不仅十分富有，而且身边有着一群知识分子朋友——他们的陪伴令玛蒂尔德·波拿巴公主十分快乐。玛蒂尔德·波拿巴公主想继续当自己的行动和心灵的主人，并且从来没有想过再次结婚。然而，玛蒂尔德·波拿巴公主不仅一直是夏尔-路易·拿破仑·波拿巴的忠实朋友，而且把她的沙龙向夏尔-路易·拿破仑·波拿巴带来的政客敞开。就像拒绝年轻的尚博尔伯爵亨利一样，玛蒂尔德·波拿巴公主拒绝了夏尔-路易·拿破仑·波拿巴的表白。有一次，著名的评论家朱尔斯·雅南向弗朗索瓦·皮埃尔·纪尧姆·谷佐特先生提出了一个建议，想促成玛蒂尔德·波拿巴公主和第十八代奥尔良公爵斐迪南·菲利普之间的婚姻，而玛蒂尔德·波拿巴公主说："哦，我已经嫁给了三个自以为是的人！"比起法兰西王位带来的荣耀，玛蒂尔德·波拿巴公主更喜欢自己在鲁代贝里的艺术之家——这样的决定显示了她那非凡的文化修养和真正的哲学智慧。

玛蒂尔德·波拿巴公主常常会谈到自己与第十八代奥尔良公爵斐迪南·菲利普之间的故事，而我是从朱尔斯·雅南那听来的。1837年，朱尔斯·雅南去拜访弗朗索瓦·皮埃尔·纪尧姆·谷佐特先生时，他们正谈到路易·菲利普一世一世的长子，即第十八代奥尔良公爵斐迪南·菲利普的婚事。这让朱尔斯·雅南想起了玛蒂尔德·波拿巴公主漂亮的外表，以及显赫的家庭背景——波拿巴比任何姓氏都更加有价值。路易·菲利普一世听后，静静地说："她没有嫁妆！"虽然弗朗索瓦·皮埃尔·纪尧姆·谷佐特先生向路易·菲利普一世保证内阁愿意为玛蒂尔德·波拿巴公主拨款置办嫁妆，但这件事后来没有了下文。1870年，朱尔斯·雅南进入了学会，与弗朗索瓦·皮埃尔·纪尧姆·谷佐特先生成为同事，并且再次提及此事——他们都认为如果能坚持促成，那么此桩婚事将令人羡慕。

因此，玛蒂尔德·波拿巴公主没有嫁给任何一位法兰西王子，而是嫁给了上文提到的阿纳托利·德米多夫伯爵，并且共同在意大利生活了一段时间。随着波拿巴家族的热罗姆·波拿巴分支得到允许回到法兰西和奥尔良君主的出现，玛蒂尔

尚博尔伯爵亨利

朱尔斯·雅南

路易·菲利普一世

第十八代奥尔良公爵斐迪南·菲利普

德·波拿巴公主虽然有时候会去巴黎，但从不去杜伊勒里宫——即使她知道年轻的第十八代奥尔良公爵斐迪南·菲利普很友好。1852年，奥尔良君主垮台后，国家颁布了法令，没收了路易·菲利普一世留给子女的部分财产——玛蒂尔德·波拿巴公主大概忘记了自己的家族在1815年也因为古老的波旁王朝而有相似的遭遇。玛蒂尔德·波拿巴公主与温和党派站在一边，公开支持第十八代奥尔良公爵斐迪南·菲利普全力维护他们拥有的财富。

直到法兰西第二帝国衰落，玛蒂尔德·波拿巴公主都没有再见到第十八代奥尔良公爵斐迪南·菲利普。1891年，拿破仑·热罗姆死后，玛蒂尔德·波拿巴公主才又开始与末代奥马勒公爵，即路易·菲利普一世的第五个儿子亨利·尤金·菲利普·路

亨利·尤金·菲利普·路易·德·奥尔良

易·德·奥尔良打交道。在此期间，这两个著名的法兰西皇室的成员之间互相拜访，非常友好。在尚蒂伊，玛蒂尔德·波拿巴公主与正在参观鲁代贝里的末代奥马勒公爵亨利·尤金·菲利普·路易·德·奥尔良一起吃午饭，并且出席了为他举行的晚宴。在晚宴上，末代奥马勒公爵亨利·尤金·菲利普·路易·德·奥尔良见到了众多的文学家和艺术家——公主、王子和伯爵给予这些人资助，喜爱与他们交往。

放逐或者政党的倒台往往能够促成在政治上有分歧的人之间达成和解。我来举个例子——这个例子总是唤醒我的美好回忆。末代奥马勒公爵亨利·尤金·菲利普·路易·德·奥尔良去世前，欧仁妮皇后在埃斯灵女公爵安妮·德贝尔及其丈夫弗朗索瓦·维克托·马塞纳的陪伴下去西西里岛旅游，而在他们正要经过末代奥马勒公爵亨利·尤金·菲利普·路易·德·奥尔良在意大利的房产时，末代奥马勒公爵亨利·尤金·菲利普·路易·德·奥尔良听闻欧仁妮皇后就在附近，立刻乘快艇去见她，以示尊敬。下午，他们不仅驱车去意大利最美的地方游览了很长时间，而且气氛非常愉悦。毫不夸张地说，这次交往比风景还美，并且让欧仁妮皇后难以忘怀。

玛蒂尔德·波拿巴公主很高兴再次见到末代奥马勒公爵亨利·尤金·菲利普·路易·德·奥尔良。提到这次的老友邂逅，玛蒂尔德·波拿巴公主说："这次相遇唤醒了我们年轻时候的快乐记忆。"玛蒂尔德·波拿巴公主经常跟画家邦纳特提起这件事——邦纳特促成了玛蒂尔德·波拿巴公主和末代奥马勒公爵亨利·尤金·菲利普·路易·德·奥尔良第一次和后来的多次会面。1891年，玛蒂尔德·波拿巴公主在自己遗嘱中加了一个附约。当时，玛蒂尔德·波拿巴公主正和维克多·波拿巴王子争论不休，并且因此在遗嘱中遗忘了自己的一个侄子。然而，玛蒂尔德·波拿巴公主不仅记得末代奥马勒公爵亨利·尤金·菲利普·路易·德·奥尔良，而且打算遗赠他让-马克纳蒂埃画的孔代王子肖像。末代奥马勒公爵亨利·尤金·菲利普·路易·德·奥尔良死后，玛蒂尔德·波拿巴公主修改了遗嘱，把这幅画像遗赠给了沙特尔公爵罗伯特·菲利普·路易斯·尤金·费迪南德。

这个简单的行为会让我们想到什么呢？欧仁妮皇后就此说了这么一番话："两个王朝已经争吵了许多年，而它们的党羽本是死敌。这种行为让两派渐渐忘记了过去——波拿巴主义者和奥尔良派的代表开始会晤，并且友好地交流和问候彼此。

1861年，一本标题为《法兰西的历史》的小册子引起了很大的轰动，而它现在已被人们遗忘——与这本小册子一同被遗忘的还有拿破仑·热罗姆和末代奥马勒公爵亨利·尤金·菲利普·路易·德·奥尔良一触即发的决斗。当然，拿破仑·热罗姆和末代奥马勒公爵亨利·尤金·菲利普·路易·德·奥尔良和解前，拿破仑·热罗姆就去世了。起初，波拿巴主义者和奥尔良派的党羽都不能理解这样的改变。共和党当权时，失败的党派彼此孤立，而现在，各党派又逐渐重新走到一起——这些保守分子没有理由不融合——尤其是许多法兰西公民前所未有地对政治运动充耳不闻时，孤立不会产生任何的政治优势。自1870年起，玛蒂尔德·波拿巴公主和末代奥马勒公爵亨利·尤金·菲利普·路易·德·奥尔良对法兰西政治局势都持这种看法。”

玛蒂尔德·波拿巴公主很早就受到了有着非凡品位的埃米利安努斯·德·纽韦凯尔克伯爵的影响。埃米利安努斯·德·纽韦凯尔克伯爵是一名雕塑家，不仅鼓励了玛蒂尔德·波拿巴公主的艺术创作，而且介绍了许多艺术家们去她的沙龙。

埃米利安努斯·德·纽韦凯尔克伯爵

安托万·奥古斯特·厄内斯特·赫伯特

还是个孩子的时候，玛蒂尔德·波拿巴公主的画就很有品位，而从后来的日子里直到生命的最后，玛蒂尔德·波拿巴公主在工作室一待就是几个小时或整天。玛蒂尔德·波拿巴公主结识了很多有才华的人——除了埃米利安努斯·德·纽韦凯尔克伯爵，还有基罗茨夫妇、卡米尔·杜赛特、安托万·奥古斯特·厄内斯特·赫伯特和克劳迪乌斯·波佩林等。玛蒂尔德·波拿巴公主不仅在巴黎的会客厅里挂满了现代绘画作品和早期绘画大师的优秀油画，而且甚至公开展示了一些自己的作品。在法兰西第二帝国的时候，埃米利安努斯·德·纽韦凯尔克伯爵不仅被任命为艺术总监，而且是玛蒂尔德·波拿巴公主的会客厅中最重要的人物。在许多方面，埃米利安努斯·德·纽韦凯尔克伯爵都是一位可敬的导师。甚至直到埃米利安努斯·德·纽韦凯尔克伯爵死后很久，玛蒂尔德·波拿巴公主的沙龙的风格仍来自他的建议。

不幸的是，玛蒂尔德·波拿巴公主不仅会被住在巴黎皇宫中的哥哥拿破仑·热罗姆影响，并且偶尔还得在自己的会客厅里忍受他那吹毛求疵的话语。因为倾向于自由思考，所以在反教会方面，玛蒂尔德·波拿巴公主的态度很积极。在玛蒂尔德·波拿巴公主位于鲁代库尔瑟莱的豪宅中不仅有很多才华横溢的人，而且有对帝国持批评态度的人，而这些人每周都会见两次面。拿破仑三世把这栋豪宅称为“八言庙”。有时，玛蒂尔德·波拿巴公主的亲密朋友会模仿巴黎宫廷中盛行的讲话调子。然而，我还得补充一句，虽然这些情况还是比较少的，但拿破仑三世对此很苦恼，只不过并没有表现出来并且假装不在乎。那些既去过杜伊勒里宫又去过鲁代库尔瑟莱豪宅的人，对能够在玛蒂尔德·波拿巴公主的宅邸中听到如此自由的言论而感到惊讶。这一说法已不再受到质疑——在日记中，有才华的作家们记录了在公主会客厅里听到的措辞激烈的谈话。虽然欧仁妮皇后曾一度认为应该对此进行批判和制止，但她的主张经常遭到拒绝。我们应该记住，不是女主人，而是客人犯了这种语言不检点的罪行。

玛蒂尔德·波拿巴公主的沙龙中的编年史专家贺拉斯·德·维尔·卡斯特伯爵因他的恶劣言论而臭名昭著。贺拉斯·德·维尔·卡斯特伯爵以一种非常刻薄的语气来表达想说的内容，批判并且惹怒了每个人。起初，贺拉斯·德·维尔·卡斯特伯爵被埃米利安努斯·德·纽韦凯尔克伯爵护着，而后来，因为随意批判自己的赞助人，甚至对玛蒂尔德·波拿巴公主和埃米利安努斯·德·纽韦凯尔克伯爵也出言不逊，贺拉斯·德·维尔·卡斯特伯爵被驱逐了。有一次，拿破仑三世和欧仁妮皇后正在玛蒂尔德·波拿巴公主的会客厅里谈话，而贺拉斯·德·维尔·卡斯特伯爵听到后，对他们的谈话内容添油加醋，并且做了不符合事实的评价。许多人没有想到，贺拉斯·德·维尔·卡斯特伯爵的毒笔不仅记载了他们的讲话，而且故意歪曲事实。在日记中，龚古尔兄弟指出了贺拉斯·德·维尔·卡斯特伯爵的文字中的恶毒假话，并且让大家不要相信他。

然而，在玛蒂尔德·波拿巴公主的沙龙里，这一切都没有让艺术家和文学家们觉得很扫兴——他们仍旧很喜欢光顾，并且通过玛蒂尔德·波拿巴公主向拿破仑三世传达他们的诉求。事实上，由于对拿破仑三世有一定的影响力，玛蒂尔德·波拿巴公主为这些艺术家和文学家争取到了很多恩赐——由于这个沙龙无关政治，拿破仑三世同意玛蒂尔德·波拿巴公主的要求也无大碍。

对皇太子全身心的付出是玛蒂尔德·波拿巴公主在杜伊勒里宫取得影响力的一个重要原因。玛蒂尔德·波拿巴公主非常喜欢小孩，尤其喜爱这位帝国未来的小

贺拉斯·德·维尔·卡斯特伯爵

继承人。在帝国中期，玛蒂尔德·波拿巴公主曾特意为皇太子举办了一次儿童派对。在儿童派对上，洛克罗伊“校长”和一些人物分别由索姆拉德的女儿约瑟芬·普里莫莉、朱尔·埃斯皮纳斯和皇太子的其他朋友扮演，而派对中的一支舞蹈则由玛丽·阿巴图奇小姐领舞。此外，花园里还藏了复活节彩蛋。这场派对不仅为孩子们提供了很多娱乐游戏，令他们度过了从未有过的美好时光，而且让孩子们的父母感到高兴，也自然使玛蒂尔德·波拿巴公主变得很受欢迎。拿破仑三世和欧仁妮皇后看到了皇太子的喜悦——皇太子久久都无法让自己从兴奋中平静下来。皇太子的老师请他回去，而皇太子兴奋地大叫：“我找不到我的帽子了。”其实，是拿破仑三世故意藏起来了——这样好让皇太子多玩会儿。

玛蒂尔德·波拿巴公主经常去杜伊勒里宫、圣克卢宫、枫丹白露宫和贡比涅宫。

枫丹白露宫

贡比涅宫

她不仅会参加皇宫的所有仪式，而且尽力承担作为拿破仑三世的堂妹应尽的义务。然而，玛蒂尔德·波拿巴公主最喜欢的还是自己的家。每天晚上，无须去宫廷的时候，玛蒂尔德·波拿巴公主就会举办沙龙活动——除非法兰西剧院碰巧有她喜爱的节目，否则，这就是她最喜欢的消遣之一。拿破仑三世不禁说："玛蒂尔德如果不是公主，那么一定会成为剧院的管理者——如果真是如此，那么她的房子会比法兰西剧院还大。"

玛蒂尔德·波拿巴公主的会客厅十分有趣，吸引了外交官、文学家、各种艺术家和形形色色的政客。在这些文人中，玛蒂尔德·波拿巴公主有一定的偏爱——首先是福楼拜，其次是莫泊桑，随后是伊波利特·泰纳。1856年，玛蒂尔德·波拿巴公主曾为伊波利特·泰纳做媒。第二帝国沦陷之后，玛蒂尔德·波拿巴公主一直与伊波利特·泰纳有联系——直到伊波利特·泰纳画了一张拿破仑一世的刺目肖像画，想以此取宠于巴黎的文学界和政治界。因此，玛蒂尔德·波拿巴公主断绝了与伊波利特·泰纳的关系。刚刚声名鹊起时，弗朗索瓦·柯比也曾来到玛蒂尔德·波拿巴公主的会客厅。还有一位忠实的记者——查尔斯·圣-佩韦，然而，出于某些政治考虑，1869年，玛蒂尔德·波拿巴公主不再与查尔斯·圣-佩韦联系。普罗斯佩·梅里米、戈蒂埃、阿米蒂·皮切特、亚雷特、纪尧姆·维克托·埃米勒·奥吉尔、莱昂纳尔·西尔万·朱利安·桑多和奥克塔夫·菲弗莱等最著名的法兰西作家都经常到鲁代库尔瑟莱探访。后来，这些作家中的许多人也去了鲁代贝里。古怪的法裔美国学者亨利·哈里斯曾经给哥伦比亚劳工讲过会客厅中的趣事。龚古尔兄弟也经常在会客厅里，并且视自己为圣哲，观察、判断发生的一切，勤勉地收集那些智慧的言论。与此同时，这些人也是圣格拉蒂安的客人——圣格拉蒂安是位于恩戈恩湖附近的一处房产，最早属于卡特尼特，而玛蒂尔德·波拿巴公主从德·卡斯丁侯爵手中买下了这处房产。在不同的时代，玛蒂尔德·波拿巴公主总是竭尽所能地维持家族内的团结和友谊。

玛蒂尔德·波拿巴公主虽然不是十分喜欢音乐，但始终为自己的客人们准备好音乐。在玛蒂尔德·波拿巴公主的客厅里，所有当时伟大的作曲家和声乐明星的音乐都能被听到。在这个圈子里，我想起了阿尔博尼——她的身材比较胖——玛蒂尔德·波拿巴公主给她取了个绰号："一头吞下夜莺的大象"。亨利·朱尔·巴塔耶将军的夫人和康诺女士也经常来鲁代贝里唱歌。

玛蒂尔德·波拿巴公主以极大的热情鼓励了各种文学创作。许多作家经常光顾玛蒂尔德·波拿巴公主家，并且将自己的手稿读给她听——这对作家和他们的作品都有好处。由于学习过历史，政治，以及诸多与艺术和文学有关的东西，玛蒂尔德·波拿巴公主不仅极有头脑和学问，而且富有教养。拿破仑三世说得很好："她了解作家的多样性，对作家们给予了慷慨而有效的保护，是纳瓦拉的真正的玛格丽特。"

除了一些关于查尔斯·圣-佩韦的写作，玛蒂尔德·波拿巴公主很少书写自己对人和事物的印象。虽然查尔斯·圣-佩韦给玛蒂尔德·波拿巴公主写的信已经出版，但玛蒂尔德·波拿巴公主写给查尔斯·圣-佩韦的信仍未经过编辑。然而，我已经看过了其中一些信。1866年，《狮子恋人》取得了巨大的成功后，玛蒂尔德·波拿巴公主给查尔斯·圣-佩韦寄了一封特殊的信，并且在其中表达了爱国主义和自由主义情感。以下是玛蒂尔德·波拿巴公主的信函的一个样本。

"弗朗索瓦·庞萨德的作品使我感到高兴。首先，说法语的人物唤醒了法兰西爱国主义热情；其次，由于人物表演得非常好，这个作品重新点燃了我昔日的共和主义情结——我感到自己想与共和党人一起消灭那些不配做法兰西人的保皇党人！剧中的那名年轻女士受到了一位共和国将军的影响，而年轻女士不顾一切地嫁给了这位将军。这位年轻女士的父亲是一位早期移民，具有自由主义思想并且告诉女儿：'来吧，我的女儿，让我们去看看英格兰吧。'听了这句话，我真想对他说：'嘘，小声点！'我对自己很满意。我发现自己的内心很强大，具有强烈的爱国情怀。我虽然不高贵——不比那些上了断头台的人高贵，但支持革命，理解革命。这是我的可取之处。同时，我对革命的弊端是宽容的。我希望看到每个法兰西人都能意识到革命的伟大，并且捍卫革命。"

在评论这封信时，拿破仑三世曾经说过："玛蒂尔德·波拿巴公主如实地道出了自己的性格——她一直拥有自由主义和爱国主义情感，而这令保皇党人不快。有时，她甚至会夸大自己的自由主义思想。"

在宗教问题上，玛蒂尔德·波拿巴公主公开反对教权主义。在第二帝国时期，宗教问题令众多党派四分五裂。有时，玛蒂尔德·波拿巴公主的批判不仅十分严厉，而且甚至有些不公正。拿破仑三世和欧仁妮皇后都认为，在对罗马问题的处理上，政府

弗朗索瓦·柯比

纪尧姆·维克托·埃米勒·奥吉尔

莱昂纳尔·西尔万·朱利安·桑多

奥克塔夫·菲弗莱

费尽心思，克服了重重困难。在玛蒂尔德·波拿巴公主的招待会上，人们经常可以听到有关这个问题的反思。朱莉·波拿巴公主嫁给了罗卡西奥维奇侯爵，而在她的家中也经常发生同样的事情。针对这一点，拿破仑三世曾经说过："波拿巴家族的王子和公主们常常有很多奇怪的想法——他们不知道自己的评论与他们之间的分歧可能会导致的后果。他们允许自己的客人发表不理智的自由言论，而这会对我们的共同事业造成巨大危害。我的那些亲戚们肆无忌惮的言论最容易削弱我的地位。"

在剧院里，玛蒂尔德·波拿巴公主不仅为弗朗索瓦·庞萨德，而且还为龚古尔兄弟鼓掌。1865年冬，弗朗索瓦·庞萨德与龚古尔兄弟的三幕剧《亨利特·玛丽查尔》上演了多个晚上。当时，虽然玛蒂尔德·波拿巴公主和她的朋友们付出了很大的努力，但因为该剧中的现实主义被认为是不合常理的，所以这部戏剧还是失败了。令玛蒂尔德·波拿巴公主高兴的是，大约二十年后，《亨利特·玛丽查尔》在奥德翁流行了起来。然而，这部戏剧只能算成功了一半——时代变了，导致作品能够发挥的力量十分有限。关于玛蒂尔德·波拿巴公主在戏剧方面的活动的文章数量不少。"她应该成为一名剧作家，"玛蒂尔德·波拿巴公主的堂兄拿破仑三世曾经说过，"只有这样，她才不可能去支持别人的戏剧。看到一部优秀戏剧的时候，她希望让别人也看到——她经常能够成功完成这个艰巨的任务。"

在玛蒂尔德·波拿巴公主的家里，艺术家们比文学家们感到更加自在。玛蒂尔德·波拿巴公主不仅是艺术家们的伙伴，不嫉妒他们的才能，而且对他们很友好。无论艺术家们何时需要经济支持，玛蒂尔德·波拿巴公主都会慷慨地资助他们。一些画家几乎就在玛蒂尔德·波拿巴公主的房子里安顿下来——跟随他们一起来的还有那令人熟悉却该受谴责的言行方式。画家们偶尔也会开一些玩笑。法兰西第二帝国时期的一个星期天下午，画家们就搞了一场恶作剧。一个画家装扮成玛蒂尔德·波拿巴公主的丈夫阿纳托利·德米多夫伯爵，走进宴会厅——那正举行着宴请埃米利安努斯·德·纽韦凯尔克伯爵的宴会。因此，其他客人都惊慌逃走了，留下玛蒂尔德·波拿巴公主和自己的假丈夫单独在一起。玛蒂尔德·波拿巴公主认为，在这种情况下，她能做的只有开怀大笑。这个故事后来传至国外并且引起了很大震动。国外的一些人觉得，在这种情况下，玛蒂尔德·波拿巴公主应该严厉地批评这种行为。然而，因为玛蒂尔德·波拿巴公主时而也会开些小玩笑，所以她没有生气。例如，有一次，玛蒂尔德·波拿巴公主对性格温和甚至有些胆小怕事的作家兼外交官德·拉·哥罗尼子爵开了个戏谑的玩笑——玛蒂尔德·波拿巴公主指着德·拉·哥罗尼子爵，故意一脸严肃地说："你真是个老好人——从不想伤害大家的感情，足见你见风使舵的本领可真不小。"

玛蒂尔德·波拿巴公主如果觉得有人对她缺乏尊重就会非常生气。有一天，爱德蒙在餐前说错了话，而玛蒂尔德·波拿巴公主没有动怒，命令爱德蒙带上刀叉并且离开餐桌。爱德蒙知道玛蒂尔德·波拿巴公主的意思，乖乖接受了惩罚，并且之后也得到了玛蒂尔德·波拿巴公主的宽恕。然而，后来，爱德蒙在政治领域表现出了错误的倾向，导致玛蒂尔德·波拿巴公主暗示他不要再回来了——这也是著名的建筑大师维奥尔特的命运。维奥尔特曾修复过皮耶枫城堡等著名建筑，拿破仑三世和政府对他很有好感，并且给予了他很多帮助与支持，而维奥尔特对此毫不感激。正如人们所见，玛蒂尔德·波拿巴公主也没有原谅伊波利特·泰纳——玛蒂尔德·波拿巴公主不会原谅伊波利特·泰纳对拿破仑一世的严厉批评。同样的还有查尔斯·圣-佩韦——他曾经同意加入一个文人组织，而这个组织写了一篇对帝国非常不利的文章。玛蒂尔德·波拿巴公主专门去了查尔斯·圣-佩韦在鲁蒙帕纳斯街的简陋住宅，并且责备了他的这一行为。此后，玛蒂尔德·波拿巴公主与查尔斯·圣-佩韦未再见过面。虽然查尔斯·圣-佩韦曾给玛蒂尔德·波拿巴公主去过信，但玛蒂尔德·波拿巴公主没有回复他。几年后，查尔斯·圣-佩韦去世，而玛蒂尔德·波拿巴公主也不再记恨他。1869年，欧仁妮皇后在埃及参加苏伊士运河的落成仪式时，玛蒂尔德·波拿巴公主不得不留在贡比涅宫，帮助拿破仑三世接待许多来访的客人，并且无法分身去参加查尔斯·圣-佩韦的葬礼。因此，玛蒂尔德·波拿巴公主能做的就是让泽勒教授带去了她写的悼词。在悼词中，玛蒂尔德·波拿巴公主宽恕了查尔斯·圣-佩韦。这就是玛蒂尔德·波拿巴公主的性格——她虽然会记恨和生气，但不会将自己的愤怒带到坟墓中去。

法兰西第二帝国灭亡后，虽然玛蒂尔德·波拿巴公主住进了鲁代贝里一家相对简朴的宾馆，但她的社会地位丝毫没有减弱。玛蒂尔德·波拿巴公主的沙龙一直是文学和艺术领域的杰出人物的聚会场所。第三共和国时期，玛蒂尔德·波拿巴公主没有参政，仅仅充当文学和艺术界的保护者。贵族们、大使们、学者们和各个党派的政客们都习惯定期在玛蒂尔德·波拿巴公主的会客厅里聚会。玛蒂尔德·波拿巴公主总是心情愉快，戴着名贵的珍珠项链，坐在棕榈树下的拿破仑一世的大理石半身像旁边。

如前所述，玛蒂尔德·波拿巴公主有个和自己长得很像的亲弟弟拿破仑·热罗姆。1891年，拿破仑·热罗姆死于罗马，而在他弥留之际，玛蒂尔德·波拿巴公主火速赶到了他的床边。看着拿破仑·热罗姆，玛蒂尔德·波拿巴公主对自己的弟妹萨伏伊的玛丽亚·克洛蒂德公主心生怜悯。在那里，玛蒂尔德·波拿巴公主遇到了维克多·波拿巴王子——自从维克多·波拿巴王子和自己的父亲拿破仑·热罗姆争吵后，她就再也没有见过维克多·波拿巴王子。拿破仑·热罗姆去世后，家族内的分歧也随之而去，烟消云散。不难想象，看见玛蒂尔德·波拿巴公主靠在她的侄子维克多·波拿巴的胳膊上时，忘却了往日的争吵。玛蒂尔德·波拿巴公主为什么不把自己立的那份旧遗嘱撕掉呢？据玛蒂尔德·波拿巴公主的朋友们说，玛蒂尔德·波拿巴公主只不过没有想到这一点而已。1904年，玛蒂尔德·波拿巴公主去世后，人们发现，玛蒂尔德·波拿巴公主只给自己的朋友们和维克多·波拿巴王子留了一些小艺术品——她几乎将所有的财富都留给了另一个侄子，即维克多·波拿巴王子的弟弟路易·波拿巴王子。有人告诉我，路易·波拿巴王子卖掉了所有的东西，并且得到了五六百万法郎。

至少，拿破仑·热罗姆的死使欧仁妮皇后和玛蒂尔德·波拿巴公主完全和解了。欧仁妮皇后永远也不能完全忘记拿破仑·热罗姆对她的态度，而欧仁妮皇后与拿破仑·热罗姆关系冷淡自然会导致她与玛蒂尔德·波拿巴公主关系冷淡。拿破仑·热罗姆几乎一直都是欧仁妮皇后的公开对手。皇太子还活着的时候，拿破仑·热罗姆经常挖空心思扰乱国家政策。1879年，皇太子去世后，拿破仑·热罗姆又扮演持有激进观念的左派角色，导致皇家分成两派：一派跟随父亲拿破仑·热罗姆，而另一派跟随他的儿子维克多·波拿巴王子——这令人感到非常遗憾。欧仁妮皇后表面上没有偏袒，但内心还是偏爱维克多·波拿巴王子，并且对他十分关心。欧仁妮皇后虽然对两位王子断绝关系感到十分可惜，但对维克多·波拿巴王子的同情自然要比其父亲大得多。正如在回忆录中曾多次提及的，欧仁妮皇后虽然努力去

拿破仑·热罗姆与萨伏伊的玛丽亚·克洛蒂德公主

维克多·波拿巴

理解拿破仑·热罗姆，但还是无法与他相处或交往。1882年，在未经许可的情况下，拿破仑·热罗姆返回法兰西并且遭到了逮捕。欧仁妮皇后专程到巴黎监狱看望拿破仑·热罗姆。欧仁妮皇后虽然不能忘记拿破仑·热罗姆在皇太子的葬礼和其他行为上的怪异之处，以及他对拿破仑三世和没落政权的不友好，但因为与拿破仑·热罗姆的姐姐玛蒂尔德·波拿巴公主之间越来越融洽，所以最后还是原谅了他。在玛蒂尔德·波拿巴公主生命的最后几年里，欧仁妮皇后路过巴黎时都会去看望她。然后，她们会互致问候，交谈许久。在玛蒂尔德·波拿巴公主位于鲁代贝里的住宅里，欧仁妮皇后和玛蒂尔德·波拿巴公主用过好几次餐。这两位女士之间亲密无间，消弭了玛蒂尔德·波拿巴公主与第二帝国的关系的那些争吵，以及政治分歧和宗教异议，那些全都荡然无存。晚年的玛蒂尔德·波拿巴公主更加温柔，小心翼翼地避开那些可能会使欧仁妮皇后不高兴的话题。同样，欧仁妮皇后也希望与自己丈夫的这位堂妹友好相处。在玛蒂尔德·波拿巴公主人生的最后几个月里，欧仁妮皇后不仅经常与萨伏伊的玛丽亚·克洛蒂德公主到圣格莱蒂恩去看望玛蒂尔德·波拿巴公主，而且常常在玛蒂尔德·波拿巴公主的病床边一待就是一整天。当死亡最终到来时，欧仁妮皇后十分伤心，百感交集，并且回想起昔日的事情——许多令人流连忘返的美好回忆也和拿破仑一世的这位高贵的侄女一同进入了坟墓。

第4章

皇太子的出生和洗礼

如果身体状况允许，那么欧仁妮皇后会在巴黎参加各种活动。1856年5月的第一个星期，有人看见欧仁妮皇后穿过圣安东尼街区去参观她最近创办的女工学校。当天晚些时候，欧仁妮皇后和拿破仑三世走上林荫大道，身边没有任何护卫——他们要去检查位于鲁维维恩街上的米伊·费利茜的店里的新生儿衣被。几天后，欧仁妮皇后打消了离开杜伊勒里宫的想法。大主教要求教区为欧仁妮皇后做祷告——欧仁妮皇后可能即将诞下一个万众瞩目的孩子。

“法兰西之子”的住所已经安排妥当。布吕阿夫人——一位著名海军将领的遗孀，答应离开自己的隐居之所并且接受保姆一职。自从从克里米亚回来的丈夫去世后，布吕阿夫人就一直待在自己的隐居之所。比佐夫人和布兰希恩夫人分别是在克里米亚被杀的将军和上校的遗孀，被选为保姆助手。

早在1856年3月13日至14日，由巴黎市政府提供的摇篮就已经在市政府展出了。这个摇篮由紫檀木制成，状如一只小船。“船尾”雕刻着代表全市人民数量的数据，而数据上面是皇太子的王冠。摇篮有天蓝色的缎子帷幕，帷幕下部有带着褶皱的阿郎松蕾丝。此外，帷幕上还绣着两个会保护熟睡的孩子的守护神。“船头”由一只展翅的鹰支撑着。缠绕着麦子和橄榄枝的小圆柱构成摇篮的底座。摇篮的两边还有代表着正义、审慎、警惕和力量的塞夫勒奖章。

由于来观看这件艺术品的人数众多，当局宣称展出将延续一天。令人失望的是，1856年3月15日早晨，御座厅没有向公众开放。据悉，摇篮突然被运送去了杜伊勒里宫——那里更需要这个摇篮。一整天，人们都在期盼着，期盼着皇太子的降生；法兰西各大机构都在等待着，等待皇宫中使节的到来。巴黎荣军院的士兵们手中握着枪，准备为皇太子的诞生鸣枪。威尼斯桅杆匆忙升起，而旗帜已经从市政大楼里飘了出来。直到午夜，巴黎人还在等着听第一声炮响。慢慢地，人群从杜伊勒里宫周围散去，并且消失在夜色中——只有一小群人还待在杜伊勒里宫周围，焦急地等待着皇太子的降临。

拿破仑三世和欧仁妮皇后的母亲玛丽亚·马纽埃拉·基尔巴特里克陪在欧仁妮皇后身边。休息套房里有埃斯灵女公爵安妮·德贝尔、巴萨诺公爵夫人波林·德·巴萨诺和布吕阿夫人，而拿破仑·热罗姆、玛蒂尔德·波拿巴公主和其他皇室成员在拿破仑书房附近的格林沙龙里。政府的首席官员们，其他的二十个大人物，以及宫廷夫人都聚集在会客厅。

巴萨诺公爵夫人波林·德·巴萨诺

欧仁妮皇后与皇太子

终于，1856年3月16日3时30分，皇太子来到了这个世界。布吕阿夫人先让拿破仑三世看过了这个孩子，接着是欧仁妮皇后，然后依次是拿破仑·热罗姆、吕西安·缪拉王子，最后是两位大臣，即阿基里斯·富尔德和查尔斯·阿坝图斯——他们被选中见证皇太子的出生。法兰西的一家主流杂志写道："一百零一门大炮鸣响。这是巴黎人民的喜讯——让巴黎人醒来就感到欣喜的喜讯。"1856年3月17日，欧仁妮皇后读了这篇报道。

通常而言，皇室成员降生后，不仅会有很多的报道，而且必须在证人在场的情况下，举行诸多庆生仪式。过去，普通百姓可以蜂拥去皇宫的婴儿室参观，而这可能

玛丽·安托瓦内特

给刚分娩的母亲和刚出生的皇室宝宝造成因缺氧而窒息的危险——前法兰西王后玛丽·安托瓦内特第一次做母亲时就是如此。幸运的是，现在没有这种情况了。

法兰西和欧洲各处都有祝福皇太子的大合唱，甚至有来自巴黎市场的女商贩按时到达宫殿外，庆祝皇太子的降生。1856年3月23日，皇太子诞生的消息传到了塞瓦斯托波尔，法兰西军队及同盟军发射大炮以示庆祝。奇怪的是，俄罗斯人也亮起了明灯以示庆祝——自英克曼开始，欧洲全线亮灯。虽然拿破仑三世试图抓住这个普天同庆的机会为新政权赢得民心，但一些倔强的法兰西人仍然拒绝接受第二帝国。因此，1856年3月20日，在1848年和1851年事件[①]后被驱逐出法兰西国境的所有人

① 1848年的事件是指1848年12月10日拿破仑三世依靠农民的选票当选为法兰西第二共和国总统。1851年的事件指1851年12月2日拿破仑三世发动了政变，调动七万大军占领了巴黎，解散了立法议会，并且恢复了普选，即由人民投票决定是否赋予总统更持久的权力及修改宪法的权力。1851年的事件导致全国三十二个省宣布戒严，而仅巴黎一地的被捕者就达两万六千多人，包括社会主义者、民主共和派和波拿巴主义的一切政敌均被驱逐出境。

都被给予了大赦——唯一的条件是他们必须接受帝国政府，并且对帝国政府忠心耿耿。虽然许多流亡者表示同意，但少数人不仅拒绝忘记过去，而且至死都对第二帝国政府持不友好态度。此外，对于公众的祝福，欧仁妮皇后宣布："只要向有关当局提出请求，凡在3月16日出生的孩子都可以把皇帝和皇后作为'教母'和'教父'"。当局收到了许多这样的请求，并且全部许可了。

1856年3月30日，一百零一门大炮的响声再次响彻了巴黎，宣布了法兰西和俄国签署条约的喜讯。由于这个双方彼此尊重的条约给两国人民带来了和平，所有人都为之高兴。华灯点亮了巴黎，而巴黎的欢乐气氛不仅弥漫至全国，而且远远超过了法兰西边界——法兰西收到了来自欧洲各地对皇太子的祝福。这些祝福令欧仁妮皇后十分欣喜，而1856年3月是她自成为皇后以来最幸福的时光。

与此同时，不仅欧仁妮皇后恢复得很快，而且皇太子也健康又结实。皇太子收到了很多的馈赠品——其中很多来自各国国王。1856年4月13日，第十五代阿尔瓦公爵雅各布•路易斯•菲茨-詹姆斯•斯图亚特-本提米格利亚打开了馈赠清单，并且给皇太子展示了由西班牙女王玛丽亚•伊莎贝拉•路易莎•德•博尔冯赠予的金羊毛。在短暂的一生里，皇太子不断地收到各种各样的馈赠，接受各种各样的荣誉。1856年4月28日是和平条约正式颁布的第一天。近卫步兵第一团的登记册中将皇太子题写为"军队的孩子"——的确，皇太子不仅很早就开始了自己的军事训练，对此非常热衷，而且最终在军旅生活中丧失了生命。

来到巴黎的外交使团和符腾堡国王威廉一世住在马桑馆里。在欧仁妮皇后身体恢复的次日，他们去杜伊勒里宫表达了对欧仁妮皇后的敬意。应他们的要求，欧仁妮皇后让他们看望了襁褓中的皇太子。这一做法在第二帝国整个时期延续了下来——所有访问杜伊勒里宫的伟大人物都会去看望皇太子。这不仅将使皇太子从小就结识欧洲的主流统治者和重要公众人物，而且便于他日后成为杰出统治者。

从恢复健康的第一天起，欧仁妮皇后便对皇太子开始了知识与道德两方面的教育——这是她关心皇太子的第一步。"我们决心要使他成为一个有价值的人，一个有价值的王子，而皇后对王子的教育特别有兴趣，"拿破仑三世在对诸多贺信的回复中写道，"当皇后全身心地投入某件事时，她定会成功。因此，可以肯定的是，我们年轻的王子如果身体健康长寿，那么将不负他那伟大的名字。他如果继承我的王位，那么不仅将应付自如，而且知道如何完成始于他的父亲和爷爷的伟业。”

皇太子出生于1856年3月16日，而那天是棕枝主日——象征欢乐的日子。谁能预见到皇太子短暂的生命将在何处的磨难中结束？诞下皇太子不仅使欧仁妮皇后深受人民的欢迎，而且一种善意的精神也似乎进入了每一个地方。1856年3月底，由于签署了与俄国的和平协议，法兰西的所有政党显然都把对君权的敌意暂时搁置了。至少在表面上，一切都风平浪静。罗马教廷和杜伊勒里宫携手共进——法兰西军队保护教会地区，而教皇庇护九世将成为皇太子的教父。此举令欧仁妮皇后十分开心——她不仅总是看重所有的宗教情感，而且一直忠于教廷。

教皇庇护九世

教皇庇护九世曾给拿破仑三世写了封信，清楚地表明了自己对皇室家族的友好：“陛下，我将带上上帝给予我的美好希望，并且相信上帝将会让仁爱降临在您的身上。陛下，您出生在上帝的庇护下。感谢您履行了协议，支持和保护了教会。我的言辞和祷告没有别的目的，唯有带来上帝的荣耀、灵魂的拯救、信仰的传播和天主教王子们的荣誉。陛下，请收下吧——请收下我内心对陛下，对皇后，对那个她抱在怀里的令人敬畏的婴儿和所有的法兰西人民的真心祝福。”

皇太子诞生的消息传到罗马时，教皇庇护九世在棕枝主日当天于圣彼得的巴西利卡举行了大规模的庆祝活动。教皇庇护九世不仅命令圣天使城堡鸣响了一百零一门大炮，而且对聚集在罗马的群众宣布了这一消息。每个人都看到了这一事件的重要政治意义——梵蒂冈自然也意识到这是另一条连接法兰西和罗马教廷的强有力的纽带。这是这一事件的宗教意义和政治意义，而宗教意义和政治意义同等重要。

通过一位在罗马的法兰西大使，即阿方斯•德•雷尼瓦尔伯爵之口，教皇庇护九世感谢了拿破仑三世在官方发言中高兴地提及他在皇太子出生时赠予的祝福。同时，阿方斯•德•雷尼瓦尔伯爵告诉了欧仁妮皇后一个令她愉快的消息：教皇决定把自己每年庆祝四旬节的金玫瑰送给欧仁妮皇后——虽然四旬节的起源不为人知，但当经历了共和革命并且于1849年从罗马回到自己的国家后，为感谢在流亡途中于加埃塔和波蒂奇受到的盛情款待，教皇庇护九世曾将金玫瑰赠予两西西里王国的王后玛丽亚•特蕾西亚•伊莎贝拉。

对一个虔诚的天主教徒来说，没有什么礼物比金玫瑰更令人愉悦了。因为欧仁妮皇后对罗马教廷“无比虔诚”，所以人们认为她理应得到金玫瑰。正如拿破仑三世曾经说过的一样——金玫瑰让欧仁妮皇后更加信赖罗马教廷。每当梵蒂冈和杜伊勒里宫之间的关系变得不明朗时，无论从宗教还是政治立场，欧仁妮皇后都积极地发挥着自己在和平与调解方面的作用——欧仁妮皇后不仅在对待由意大利问题带来的考验时变得更加耐心，而且在对付教皇的对手时也表现得更直率、更坚定。虽然第二帝国关于罗马的政策经常受到一些天主教徒的谴责，但千万不要忘记，18世纪中期的欧洲局势和现在并不一样——法兰西教会在宗教事务上很强大，而罗马教会在宗教和政治事务上也很强大。欧仁妮皇后是虔诚的天主教徒，深受周围天主教势力的强烈影响，因此，她与梵蒂冈关系密切自然不是出于个人原因，而是为了法兰西的利益。欧仁妮皇后认为，不仅与宗教结盟时，政治总是会变得更加稳固，而且教皇给予的道义上的支持是不容忽视的——这是欧仁妮皇后当时的观点，而她一直如此认为。虽然当时的欧仁妮皇后不仅因与梵蒂冈关系密切而受指责，而且从那时起便一直备受指责，但我表明了皇后的立场——我希望这些回忆录能够让光线照进历史的昏暗角落，而后人也应该了解杜伊勒里宫和梵蒂冈之间有关的一切事情。

皇太子出生带来的喜悦没有局限于公众——例如，有些诗人也为庆祝这一事件而尽了自己的一分力量。卡米尔·杜赛特创作了《三月十六》，而贝尔蒙泰创作了《拿破仑四世》——他们的诗歌可谓应时之作。泰奥菲尔·高杰的诗令拿破仑三世和欧仁妮皇后感触最深：

泰奥菲尔·高杰

一份衷心的祝福，
熟睡的帝国王子，
白皙如西班牙白色的花，
发色如金色的蜂蜜，
……
在无数个太阳的中心，
在帝国之星的天空下寻找着，
一片他为你而留下的田野，
这是受人欢迎又具有影响力的礼物，
你的摇篮，变成了小船，
在纪念物的海洋里！

有一位友人牢记着这些诗句。1879年夏天，在给欧仁妮皇后的信中，这位友人写道：

1856年，谁能预见，一个孩子长大成人后，为了帝国的荣耀，航海去了国外，而回来时，竟成了用树皮包裹着的英雄！

整个欧洲似乎都和法兰西诗人一样，对这位法兰西第二帝国的男继承人的到来感到兴奋。法兰西政府捐赠了一百万法郎给慈善机构，而拿破仑三世和欧仁妮皇后不仅表示愿意成为所有于1856年3月16日合法出生的孩子的教父和教母，而且自费请巴黎的剧场于1856年3月17日举办了一个下午的露天演出。

巴黎人民喜欢各种各样的户外游行和典礼。为了不让巴黎人民失望，拿破仑三世决定继续举行一些庆祝活动，而首先便是小王子的洗礼。我将详细地描述这场万众期待的洗礼——它揭示了第二帝国时期为何频繁地进行庆祝活动。

皇太子应于1856年6月14日接受洗礼。巴黎人民焦急地等待着这个好日子。然而，不仅巴黎人民渴望这个好日子快点到来，而且还有三十万多人从法兰西各地甚

巴黎圣母院

至国外赶到巴黎。当这个伟大的日子最终到来时，游行队伍走过的街道上人头攒动。巴黎圣母院前开阔的广场上竖立着高高的桅杆，而桅杆上飘扬着代表帝国军队的旗帜。地面上覆盖着一层光滑、干净的细沙。繁花和各类绿色植物将这单调刻板的广场点缀成了仙境般的花园。许多侯爵夫人身姿笔直地站立在大教堂前。

仪式将于1856年6月14日18时举行，但早些时候已经有四千位客人聚集在了大教堂里。多亏了在大教堂附近开辟了道路，人群的聚集才能有条不紊。拿破仑三世和欧仁妮皇后从杜伊勒里宫的窗户望出去，看到群众个个身着华服、面带笑容、眼中满是自豪。一想到一切都是为了给他们的宝贝儿子庆祝，拿破仑三世和欧仁妮皇后热泪盈眶。

当时，杜伊勒里宫附近酒店的套房里住着一位夫人。这位夫人给外地的一位朋友写了一封信。这封信从未公开。在信里，她这样描述当时的场景：

“有人倚靠着码头房屋的窗口边；有人站在公路沿线的栈桥上；有人站在塞纳河边的护栏旁；有人站在桥梁的拱门上——甚至还有站在屋顶上、烟囱上的人。每个角落都是人。人们虽然摩肩接踵，但没有感到不适。百姓们好奇而友善，交头接耳，像一群嗡嗡的蜜蜂——他们渴望看到壮丽的游行与典礼。

“华光照亮了巴黎圣母院内部。由于天色越来越晚，这栋巨大的建筑内也变得光影交错。大教堂高大的柱子上垂着各种各样的旗帜——它们代表了法兰西所有的主要城镇。最令人瞩目的是红色天鹅绒窗帘，而聚集在墙边、穿着鲜艳衣服的先生们和女士们显得不大引人注目。女士们都穿着晚礼服，蕾丝面纱紧贴着她们的头发。成千上万的蜡烛在大教堂正厅之中闪闪发光——烛光中部是一个看台，而盛装的大主教和法兰西主教就坐在这个看台上。

“枢机主教帕特里奇·纳罗从杜伊勒里宫乘着一辆八匹马拉的马车而来。作为教皇庇护八世的代表，他也享受了教皇庇护八世的接待仪式。巴黎的主教和圣职团等待着帕特里奇·纳罗到达圣母院门口，而他一到达，大教堂里便唱起了一首完整的合唱赞美诗——《你是彼得鲁》。

“与此同时，杜伊勒里宫至巴黎圣母院前广场的沿途布有骑兵——一边是国家卫队，另一边是皇家卫队。1856年6月14日17时，突然响起一阵喧闹声，而人们兴奋地四处张望着。军乐队开始演奏乐曲。游行队伍开始离开卢浮宫的时钟馆去巴黎圣母院，途中经过了杜伊勒里宫的花园、里沃利大街、城市公馆广场、阿尔考桥和阿尔考街，最后到达了巴黎圣母院前的广场。

“游行队伍的带领者包括号手，第一骑兵乐队，科尔特和他的参谋人员，以及其他几个团的军官。带领者身后是八辆由六匹马拉的马车，而每一辆马车都配有两个男仆。头六辆马车载着掌管欧仁妮皇后家务的贵夫人和侍女，以及政府的首席官员。然后，我们看到玛蒂尔德·波拿巴公主乘坐的第七辆马车——四个车夫坐在前面，左边是警卫上校，右边是公主的骑士，而巴登的玛丽公主也一同随行。第八辆马车里坐着巴登大公和拿破仑·热罗姆。

玛丽·路易莎

“欢呼声越来越响亮，并且在两辆金碧辉煌的马车隆隆驶过时达到了高潮。这两辆马车都由八匹马拉、六个车夫驾驶。第一辆马车便是拿破仑一世和他的第二任妻子玛丽·路易莎结婚用的车，而通过透明的玻璃可以看到法兰西之子的保姆布吕阿夫人——一件貂皮大衣半掩着在她怀里的皇太子。同一辆马车上还有比佐夫人和布兰希恩夫人，以及皇太子的家庭教师和护士。弗朗索瓦·马塞兰·德·康罗贝尔和一名武官侍从在马车右边骑行，而博斯凯和一名军官在马车左边骑行。马车的后面还跟着一些骑着马的武官侍从，以及步行的男仆。

“八匹枣红色的骏马——被认为是欧洲所有帝国或王室的马厩中最优秀的马——拉着第二辆马车。坐在这辆马车里的是拿破仑三世和欧仁妮皇后。这辆马车是法兰西国王查理十世加冕典礼时的第一辆马车，不仅车厢本身设计得非常具有艺术性，而且车轮是镀金的。

“穿着将军制服、丝袜和短膝马裤的拿破仑三世虽然看上去有点焦虑，但对民众很亲切。欧仁妮皇后穿着白色的衣服，头戴镶着钻石的王冠，满脸笑容，看上去很美丽——有这样的皇后，我们感到很骄傲。第二辆八匹马拉着的马车的旁边骑行着巴拉盖•海耶尔、博尼法斯•德•卡斯特拉，德•拉奥斯泰因、弗勒里和雷恩•德•安吉利。所有的这些杰出军官都身着华服，场面非常壮观。

雷恩·德·安吉利

“在皇家马车后，许多男仆小跑行进。男仆身后，许多副官、军械官骑马随行。在各自的上校和乐队的带领下，卫队的两个骑兵中队、两个炮弹中队和第二骑兵队的两个中队在行进着。行进着的部队和军乐队的奏乐为这个场面更添了一分隆重。

“1856年6月14日18时，大炮轰鸣，钟声响起。游行队伍到达了大教堂门口，被许多的神职人员簇拥着的莱布尔主教接见了君主们。然而，在这之前，发生了一点小小的意外。由于广场上的沙子有点厚，以及八匹马拉的车厢有点沉重，马车陷入沙中，并且无法前行。因此，仆人们不得不推着车厢去巴黎圣母院门口。

“大主教为君主们献上了圣水，而君主们亲吻了大教堂，并且走进了他们的祈祷台。然后，一位牧师把‘荣誉’分给那些注定要承担这些荣誉的女士们。德·蒙特贝罗伯爵夫人拿着蜡烛；德·马雷拉特男爵夫人拿着圣油；马尔堡公爵夫人拿着盐——荣誉属于这些围绕在皇太子身边的人。德·索利夫人拿着毛巾，阿方斯·德·雷尼瓦尔伯爵夫人拿着水壶——这是教母和教父授予的殊荣。

“大教堂的中央有一个被栏杆围着的平台，平台的入口朝向中殿的一侧。在那个平台的入口处有一个上三层台阶即可到达的祭坛。拿破仑三世和欧仁妮皇后的宝座在祭坛的对面——同样，上三层台阶即可登上。洗礼瓶在宝座和祭坛的中间。这个瓶是铜制的，经过千锤百炼，由圣路易从圣地带来。

“教堂里所有的这些安排都经过欧仁妮皇后的仔细检查。整个教堂气势恢宏、辉煌壮丽，与教堂外的场景相得益彰。

“帕特里奇·纳罗坐在拿破仑三世和欧仁妮皇后对面，而平台周围有巴黎的枢机主教和大教堂的教士。为了皇太子的洗礼，神职人员都穿上了自己最华丽的长袍。其他的座位是为抱着皇太子的布吕阿夫人、巴登大公夫人、奥斯卡王子，以及皇帝家族的王子和公主们准备的。我仅列举了一些在场的重要人物——这份名单太长，无法全部提供。

“一切就绪后，拿破仑三世和欧仁妮皇后在祈祷台上祈祷。使节们离开座位，走到圣坛下，为《万能的造物主》这首圣歌起了个头后，唱诗班开始共同吟唱。同时，一些德高望重的女士们把一些物品放在圣坛边的桌上，为皇太子祈福。

“《万能的造物主》唱完后，开始为皇太子洗礼。洗礼一结束，皇太子的保姆就把皇太子放入皇帝的怀里。然后，一位司仪走到过道前面，喊了三声‘皇太子万岁！’拿破仑三世把自己的儿子高高举起，不仅眼中满是对他的关爱，而且脸上洋溢着快乐的神情。拿破仑三世把皇太子抱到公众前，欧仁妮皇后则显得和蔼又激动。随后，为罗马国王洗礼而谱写的圣歌《欢呼》响起。宏伟的音乐响彻了教堂，人群中也响起了欢呼声。拿破仑三世和欧仁妮皇后十分感动——眼泪从他们的脸颊上流下来。

“帕特里奇·纳罗吟诵了一节圣诗，然后，送上了教皇的祝福。在圣日耳曼神职人员的簇拥下，巴黎大主教奉上了洗礼册，拿破仑三世和欧仁妮皇后签上了字。庄严神圣的仪式结束了。

“皇太子乘坐八匹马拉的马车返回杜伊勒里宫。马车由一个中队开路，后面有众多骑兵护卫。在整个漫长的仪式过程中，皇太子表现得非常好。皇太子离开后，巴黎大主教把拿破仑三世和欧仁妮皇后送到了大教堂门口。皇帝和皇后登上了华丽的马车，通过阿尔考桥并且去了市政厅。市政厅的大会客厅正举行着盛大晚宴，同时，还进行着精彩的音乐会。四百多位客人聚集在此。拿破仑三世带着欧仁妮皇后与波拿巴家族的王子和公主们就座于同一张餐桌。欧仁妮皇后虽然经历了一天的疲劳，但仍面带微笑、容光焕发，并且在宴会后继续陪同在拿破仑三世身边。宴会结束不久后，拿破仑三世邀请豪斯曼男爵夫人共舞，而欧仁妮皇后也受到了一位男伯爵的邀请——舞会开始了。拿破仑三世和欧仁妮皇后都很高兴，对今天的一切都感到满意。在舞会开始后，教皇的使节便离开了。

“舞会结束后，拿破仑三世和欧仁妮皇后很快返回了杜伊勒里宫，但没有乘坐当天早些时候使用的大马车。拿破仑三世和欧仁妮皇后经过了灯火辉煌、到处悬挂着旗帜和横幅的街道，身边时常传来欢呼声。事实上，不仅巴黎人民会铭记这一天，而且这一天在欧仁妮皇后的记忆中也尤其深刻。”

群众的欢庆和庆祝活动持续了几天。政府不仅向公立学校的儿童分发了大量的纪念奖章和糖果包，而且对民事和军事囚犯给予了多次赦免。事实上，通过洗礼仪式，拿破仑三世做了一件大事。多年后，拿破仑三世感慨道：“这是法兰西帝国的伟大日子——庆祝活动经过了精心的准备，并且场面都很壮观。”巴黎市民似乎总是

阿道夫·伊冯

特别喜欢看到皇太子乘坐马车出游，导致必须由士兵们保护他的安全。皇太子四岁时，拿破仑三世让他加入了掷弹兵团，并且常常带他观看杜伊勒里宫的阅兵仪式。一位才华横溢的军事生活画家阿道夫·伊冯留下了一幅油画：画中的孩子身穿制服，站在三个向他敬礼的掷弹兵面前。过了一段时间，皇太子成了一名下士，并且与自己的小伙伴——路易·康诺和朱尔·埃斯皮纳斯一起练习剑术。路易·康诺的父亲是一位医生，后来曾帮助拿破仑三世逃离了汉墨。比皇太子大一点的朱尔·埃斯皮纳斯的父亲是一名将军，战死在马真塔。

“受洗周”的某个晚上，立法机构的宫殿前曾进行了一场盛大的烟火表演。烟火表演的开始指令由欧仁妮皇后下达，而杜伊勒里宫的花园也灯火辉煌。许多人都观看了烟火表演——有的从海军部的窗户观看，有的站在广场上观看。广场上人山人海，无法通行，导致立法机构的人只好等到当天23时才离开大楼。市政厅周围的灯火辉煌了三天三夜。维多利亚大街被打造成了一个花园，这个花园不仅有来自世界各国的鲜花，在1856年6月16日的市政舞会那天简直美如仙境。

在这些宴会上，以及拿破仑三世和欧仁妮皇后所到之处，迎接他们的只有掌声和欢呼声。人们几近狂欢。拿破仑三世和欧仁妮皇后对持续了一周的狂欢感到有点疲惫，在圣克卢宫做了短暂休息与调整。1856年6月19日，星期四，圣克卢宫举行了一个有趣的金玫瑰馈赠仪式。在帕特里奇·纳罗主持的弥撒中，金玫瑰被放在祭坛上放置书信的位置，使节坐在拿破仑三世和欧仁妮皇后对面。一位高级教士宣读了教皇的书面意旨，授予帕特里奇·纳罗赠送金玫瑰的权力。于是，欧仁妮皇后走上前去，而帕特里奇·纳罗按照既定的仪式，将金玫瑰赠予了欧仁妮皇后。教皇的礼物是一棵放在金制花盆里的金玫瑰。花盆下有青金石底座，底座有两个浮雕展现了

帕特里奇·纳罗

圣母玛利亚的诞生和圣殿中的圣母形象，两边还雕刻着教皇庇护九世和拿破仑三世二人的手臂的图案。

仪式结束后，帕特里奇·纳罗的使节向皇帝赠送了一件珍贵的马赛克镶嵌画，这幅画描绘的是施洗者圣约翰。皇太子也随拿破仑三世和欧仁妮皇后来到了教堂。教皇庇护九世送给皇太子一个珐琅制的遗物箱——里面装着圣女的遗物。

那时的法兰西正处于繁荣与和平之中，1856年的夏天似乎充满了希望，而且法兰西第二帝国很受人民欢迎。不幸的是，三年后，与奥地利之间的战争破坏了国内的和平。在刚刚描述的仪式上，巴黎人民的热情体现了他们对帝国的拥护。拿破仑三世从全国各地得到许多公开和私下的证据，证明了除首都巴黎外的各省对新政权都很忠诚，并且给予了很大支持。在一片光明和晴朗中，年幼的皇太子开始慢慢成长，欧仁妮皇后一直觉得这也许是自己人生中最快乐的一段时光。

第5章

皇太子的年幼时光

忆及皇太子的年幼时光，有太多的美好而又珍贵的回忆。皇太子的宗教知识教育事务由阿贝·德古里负责。阿贝·德古里是一位学识渊博、德高望重的主教，讲话文雅并且有说服力。年轻而有朝气的皇太子虽然专心聆听阿贝·德古里主教的教导，但有时也会质疑自己的宗教导师，而阿贝·德古里主教不得不耐心地讲解并且告诉皇太子：就好像人们不能掌握所有的数学知识一样，心灵也不能掌握未来生活的所有奥秘。一天，虔诚的阿贝·德古里主教给皇太子讲解了耶稣受难和圣母承受痛苦的故事，自己也被故事深深打动了。皇太子虽然很专心，但似乎并没有受到和预期一样大的影响。因此，阿贝·德古里主教对皇太子说："我们难道还有比为了上帝还大的理由流泪吗？""当然不是，阿贝·德古里主教，"皇太子回答道，"但您教我说上帝看到、知道并且能做一切。因此，上帝一定是想让基督和圣母受苦。这种想法阻止了我哭泣。"虽然皇太子很想讨论一些自己不明白的事情，但他的宗教信仰无疑是虔诚的——他随时准备着接受自己的世俗思想无法理解的东西。在阿贝·德古里主教的用心指导下，皇太子不仅仔细研究了基督教的主张和信条，而且对上帝更加虔诚了。后来谈到自己的幼年时，皇太子曾对他的母亲欧仁妮皇后说："我充分认识到自己的榜样作用和宗教职责。那时的我甚至意识到信念对人类的意义，以及政府是多么巨大的力量源泉。我可能是未来的国家的领导人，而这可以让我成为一个更加虔诚的基督徒。"

1868年5月7日，皇太子在杜伊勒里宫小教堂里第一次接受圣餐礼。教堂里装饰着饰有金边的深红色天鹅绒帷幔，并且散发着花朵的香味，而这种香味在欧仁妮皇后的记忆中挥之不去——从那时起，乘车穿过美丽的英格兰乡村小路或驻足在公共大厅与私人客厅时，同样或类似的香味会立即让欧仁妮皇后想起那天在杜伊勒里宫小教堂的场景。那天，拿破仑三世、波拿巴家族所有的王子和公主都在场。教堂的里边坐着拿破仑·热罗姆的长子和皇太子的同伴。在圣所中心，皇太子低头坐着，两眼盯着祭坛，庄严而肃穆，而他的家庭教师和阿贝·德古里主教在他旁边。当时，乔治斯·达尔博伊主教的布道雄辩而感人，令我终生难忘。在布道时，乔治斯·达尔

乔治斯·达尔博伊主教

查尔斯·奥古斯特·弗罗萨尔

博伊主教曾停住以便皇太子接受阿德雷斯主教的祝福。皇太子走上祭坛，虔诚地跪下。在两个牧师的帮助下，若阿基姆·缪拉和查尔斯·奥古斯特·弗罗萨尔开始于皇太子面前分发圣餐礼时用的餐巾。心地善良的皇太子开始哭泣——后来，几乎所有在场的人都开始哭泣。欧仁妮皇后深受感动。1868年5月7日17时，在这个隆重的仪式上，在所有参加仪式的人面前，皇太子接受了乔治斯·达尔博伊主教的圣餐。在皇太子的精神生活中，这是一个重要的日子。在短暂而高尚的一生中，主教阐述的教义自始至终都是皇太子的指导思想。

一位高级教士认为，在皇太子接受圣餐礼之际，布道是非常适宜的。然而，这

奥尔良主教费利克斯·安托万·菲利斯·杜潘卢普

位教士不仅曾干预皇族的政治事务，而且立场有失偏颇。此外，奥尔良主教费利克斯·安托万·菲利斯·杜潘卢普对波拿巴家族及其政权的态度也很不公正。杜伊勒里宫小教堂的仪式结束后不久，欧仁妮皇后去奥尔良参加纪念圣女贞德的活动，而费利克斯·安托万·菲利斯·杜潘卢普主教抓住这个机会赞扬了她和皇太子。当时和后来——尤其是后来，费利克斯·安托万·菲利斯·杜潘卢普主教的话引起了人们的诸多评论。毫无疑问，虽然说自己希望“皇后所流之泪都是虔诚之泪”时，费利克斯·安托万·菲利斯·杜潘卢普主教是真诚的，但要使他对上帝做的祈祷有利于王位继承人的确有些困难——费利克斯·安托万·菲利斯·杜潘卢普主教对第二帝国、第二帝国领导人和第二帝国政策有些敌意。欧仁妮皇后因为明白教会的权利和主张是主教考虑的首要问题，所以在某种程度上能够理解费利克斯·安托万·菲利斯·杜潘卢普主教对帝国政府的某些行为，如对罗马问题的不满情绪。然而，费利克斯·安托万·菲利斯·杜潘卢普主教为什么不加入帝国的敌人之列并且与那些人一起摧毁帝国呢？有一天，拿破仑三世说了一句公允的话："我可以公平地说，费利克斯•安托万•菲利斯•杜潘卢普主教的政治行为是多种多样、让人捉摸不透的。有人早已这样评论过，费利克斯•安托万•菲利斯•杜潘卢普主教的观点就像杂技演员的行为，能够敏捷地从一端跳至很远的另一端。我不得不佩服他的才能和勇气。虽然他的许多想法是公允的，但他的一些说教不仅不能听，而且对人们而言是危险的——那会导致国家分裂，而不是为国家带来和谐。"

指导年轻的皇太子准备第一次圣餐礼时，阿贝•德古里主教不知不觉地也为皇太子准备了一条皈依之路。马德兰教区的牧师给皇太子上课时，肖娜小姐也在场。肖娜小姐是皇太子忠实的女家庭教师，虽然是一位英国圣公会教徒，但总是竭尽全力帮助皇太子完成他的宗教，特别是日常祈祷事务。圣餐礼后的两天，肖娜小姐去找了马德兰教区的牧师说自己不仅希望成为一名天主教徒，而且已经很认真地思考过这个问题。欧仁妮皇后对肖娜小姐的这个行为感到非常高兴——她比以往任何时候都更加需要这位优秀的女士。肖娜小姐不仅尽心尽力辅导皇太子的英语，而且在此后还帮助皇太子坚定宗教信仰。在成为一名拥护基督教教义的坚定信徒的道路上，皇太子根本不受政治或王朝的影响。皇太子具有很好的思考能力——甚至在年幼时期，他就谈及了生命的伟大奥妙，并且宣称只有在耶稣的神圣启示下才能找到答案。

至于年轻皇太子在杜伊勒里宫的生活情景，请容我在此简短描述，而您也许会觉得很有趣。平日里，皇太子在一个金白相间的大厅里上课，并且在星期四和星期天会接待他的朋友。透过大厅的窗户可以看到哨兵的刺刀尖和执勤警察头盔的白色马尾，以及远处的卡鲁索广场、凯旋门和卢浮宫广场。大厅的地板上铺着一条柔软的白色花纹地毯，墙上挂着温特哈尔特皇后的肖像画、拿破仑三世的石版画、欧仁妮皇后的母亲玛丽亚•马纽埃拉•基尔巴特里克的雕刻画、拿破仑三世的骏马的照片、皇太子的小马布顿•德奥尔和西班牙小猎犬的照片。壁炉台上面有一个圆形的钟，左边是一架钢琴。如果在雨天，皇太子不能和自己的同伴们一起出门的时候，他们四点钟吃完饭后就会在这里玩耍。欧仁妮皇后通常会来看望皇太子和他的朋友们。肖娜小姐记得，有时，欧仁妮皇后会用手摸摸皇太子的夹克的衣领，说：

卡鲁索广场

凯旋门

“路易，你身上真暖和。现在保持安静，否则你一定会感冒的。”年幼的皇太子非常有活力，并且常常玩得有点过度兴奋。

大厅里还有个小书橱，而书橱里面的书虽然没有被精装过，也没有镀金的书边，但都经过精心整理。皇太子学习十分认真，常常翻阅这些书籍——有些书被翻得有些破损，甚至颜色也变黄了。墨水瓶两边分别有两个小金盒，以及两个拿破仑三世和欧仁妮皇后的象牙微缩模型。

童年时代的皇太子

皇太子的卧室墙上挂着淡蓝色缎子，天花板上印有一副壁画。卧室的一角挂着一张雨果•默尔的画作，其中体现了对儿童的保护——这是查理•德•莫尼伯爵送给皇太子的礼物。教皇赐福的一根棕榈枝被系在镜框上。床用镀金的青铜制作而成，内侧贴着几幅圣像画，一个银十字架，以及一枚圣母的金奖章。我常常想起这些圣像——这些圣像犹如皇太子的护身符。此外，房间的墙上还挂着一些皇太子朋友的照片。

卧室旁边有一间游戏室。游戏室里满是各种玩具，包括摇摆木马、号筒、小鼓，来自中国的两个微型大炮、锡兵和中国兵人偶，以及一个魔术灯笼。这些玩具给皇太子带来了很多的乐趣。

皇太子的起居经过精心安排。皇太子7时起床，而穿好衣服，拿着巧克力后，他会去欧仁妮皇后的房间，并且在那里待一会儿，谈论当天的安排。接下来，皇太子会去和自己的父亲说早上好。然后，皇太子会在杜伊勒里宫的私人花园里散步，再学习整整两个小时。午餐时间是11时30分。午饭后直到晚餐，皇太子和自己的导师学习体操、击剑和骑马。弗兰西斯•莫尼尔先生曾经对我说："皇太子坚持不懈地学习——他喜爱学习，喜欢探究、沉思和讨论。他的思想非常坚定，而娱乐、游戏和锻炼能够让他放松自己紧张的情绪。"晚饭时，皇太子又可以见到自己的父亲和母亲。

星期四和星期日是皇太子的休息日，而他通常会在圣克卢宫的橙色露台上进行激烈的比赛，或是散步锻炼。皇太子的伙伴们包括路易•康诺、朱尔•埃斯皮纳斯、若阿基姆•缪拉、我和我的哥哥、让•德•佩尔西尼、贝都因和波埃泽。我们常常陪伴皇太子度过一整天。孩子们一起学习和玩耍，而在下午茶前，弗兰西斯•莫尼尔先生经常会给我们布置听写练习。在圣克卢宫一楼的餐厅里，皇太子经常和自己的小伙伴们共进晚餐。晚餐的食谱很简单，包括汤、烤土豆、烤鸡、菠菜或莴苣，以及炖水果或布丁。

稍微长大一些后，皇太子有了一个管家和侍从。星期四和星期五，拿破仑三世和欧仁妮皇后会陪同皇太子和他的伙伴们共进晚餐。晚餐过后，这些孩子们便在宫殿里玩耍。过去，拿破仑三世常常对孩子们玩的游戏很感兴趣，而欧仁妮皇后看见皇太子玩得大汗淋漓又兴致高昂，免不了担心起来，担心皇太子玩得停不下来而影响休息。通常，到了21时左右，皇太子会回到自己的房间睡觉。

被任命为皇太子的教学方面事务的负责人时，查尔斯·奥古斯特·弗罗萨尔改变了整个教学系统。皮埃尔·玛利·奥古斯丁·菲隆先生虽然接手了弗兰西斯·莫尼尔先生的事务，但不会亲自授课，而是挑选各个课程的老师来授课。皇太子在皇宫学习国立学校的课程，而他的各个课程的教师都是从学校挑选来的。有些人，比如厄内斯特·拉维斯先生虽然本来只是教授皇太子历史课的一个法兰西科学院的成员，但之后就变得很有名了。皮埃尔·玛利·奥古斯丁·菲隆先生不仅与皇太子相处时间很久，而且得到了巨大的益处——皮埃尔·玛利·奥古斯丁·菲隆先生很快便得到了皇太子的信任。皮埃尔·玛利·奥古斯丁·菲隆先生年纪不大，仪表堂堂，在这个皇室家庭很受喜爱。此外，皇太子有时会和自己的伙伴们参加一些庆典和其他活动。

厄内斯特·拉维斯

这一时期，皇太子开始养成慷慨、宽厚和仁慈的品质，而皮埃尔·玛利·奥古斯丁·菲隆先生则积极并且进一步地塑造了皇太子的这些可贵品质。当时，皮埃尔·玛利·奥古斯丁·菲隆先生常常会做一件事，即时不时地给皇太子一小笔钱，而皇太子通常会把这些钱存起来以便捐给慈善机构。皇太子对贫苦人民给予善心的例子不胜枚举。我记得，有一天，皇太子和自己的伙伴们在御花园里玩耍，而当透过栅栏看见街上的一个独臂老兵时，皇太子立即取来自己存的钱并且将其全部倒进老兵的口袋里。还有一次，在贡比涅宫，皇太子听说林子里有一个老妇人捡枯木来生火。由于存的钱花光了，皇太子便拿了一个盒子在城堡里的一群宾客中传递，希望宾客们能筹一些善款。当然，金币不断被投入盒中——每位宾客都准备好了捐款。募捐还在继续时，拿破仑三世和欧仁妮皇后进入了客厅，并且客气地终止了募捐活动，给皇太子解释了宾客们不应该帮助主人做慈善。很快，皇太子便意识到了自己无礼的行为，并且把捐款都退还给了宾客们。为了让皇太子尽自己的善心，拿破仑三世和欧仁妮皇后给了他一笔更多的钱。还是个孩子的时候，皇太子就表现出了惊人的勇气和镇定。1870年的普法战争爆发之前，欧仁妮皇后带着皇太子和我们在比亚里茨旅居。一天，我们打算从沙穆瓦去佛特拉比亚，然后在返回时于圣让德卢斯做停顿，最后驱车去欧仁妮皇后的别墅。虽然旅程最开始时的天气十分宜人，但我们要离开西班牙海岸时，突然刮起了大风，海水也咆哮起来——小船不断地被大浪拍回，只能缓缓地前行。我们到达圣让德卢斯时，天色已经很晚了，小船怎么也开不进港口。大家都认为最好留宿在船上直到第二天早晨。然而，由于知道拿破仑三世一定会很担心我们，欧仁妮皇后坚持当晚上岸。因此，我们放下两艘敞篷小划船——虽然海浪很猛烈，但载着一些随从的第一艘船没费多大劲就上岸了，而第二艘载着欧仁妮皇后、皇太子和德·拉·格拉维埃的小船在上岸时猛地撞到了石头，导致领航员掉进了海里。大家因为担心这艘不结实的船随时会沉入海中，所以快速展开了行动。德·拉·格拉维埃抓住皇太子的手，大声喊道："我们现在必须跳到那块石头上！"欧仁妮皇后很害怕，担心皇太子会失足落水，被海水冲走。然而，皇太子勇敢地大声说："妈妈，我不怕——我可是拿破仑！"德·拉·格拉维埃和皇太子两人都安全地跳到了石头上后，欧仁妮皇后松了一口气。渐渐地，海面稍微变得平静起来。最

比亚里茨

佛特拉比亚

后，全体船员将欧仁妮皇后成功送上了岸。最终到达别墅时，我们发现整个别墅里的人都面带焦虑。晚上，由于没有保证好皇太子的安全，拿破仑三世不仅批评了欧仁妮皇后，而且惩罚了德·拉·格拉维埃。

1866年，整个国家都充斥着皇太子身体健康不佳的谣言。这种谣言先是神秘地出现在宫殿外面的路上，然后是反对派的报纸的编辑室里，一些保皇派的客厅里，以及一些议会团体中。谣言说皇太子染上了淋巴结核病、佝偻病或是某种遗传病，而这标志着一个垂死家族的堕落。得知皇太子因病躺在床上几个月时，反对派可谓竭尽所能地到处散布谣言，夸大事实。反对派没有调查皇太子为何生病，并且嘲笑有关王位继承的宪法。然而，反对派不知道的是，国家有着优秀的宪法，而皇太子也能恢复健康——他不仅生活在干净的环境中，而且是个爱运动的孩子。

在运动方面，皇太子敏捷又机灵。皇太子是一个很优秀的骑士，不仅在障碍赛中的表现勇敢无畏，而且很喜欢跟着贡比涅的猎人骑马打猎。皇太子的骑术老师贝肯先生是一位十分精通骑术的加斯科涅人。贝肯先生不仅能让孩子们认识到骑术

骑在马上的皇太子

中的困难，而且可以让他们感到愉快。由于年轻的皇太子勇敢无畏，贝肯先生无须教他骑士之勇——皇太子不仅似乎有这种天性，而且由衷地喜爱军事活动。此外，皇太子还很擅长剑术，并且喜欢体操。有一次，在吊架上训练时，皇太子差点危及生命——对此，很多人暗地里指指点点，说皇太子淘气。

从皇太子训练的体育馆可以看见圣克卢宫的旧公园，而旧公园的不远处有个小小的马戏团。那时，这个位于荫蔽处的马戏团已被改建成娱乐消遣的场所。皇太子如果没有足够的时间去圣克卢公园玩耍，就会和自己的伙伴们在这个地方玩——他们会兴冲冲地跑到这里玩射箭，并且射在人造鸽子或其他东西上。有时，皇太子和自己的伙伴们也会玩那些小铁路模型。

顺便说一下这个铁路模型。这个直径大于六码的铁路模型不仅以数字八的形状摆在地上，而且具备完整铁路线路所有的东西，比如指示牌和道路岔口，甚至还有乘客和货运站。这列制作得非常富有艺术性的火车是仿照皇家火车做的，由火车头和几节车厢组成——火车头有着一根非常强劲的发条，而车厢包括客厅、餐厅和卧室。火车上最值得注意的就是车轴——车轴被安装在滑动的轴颈上以便转短弯。因为皇太子和他的伙伴们认为，上紧发条最好的办法就是坐在火车头上并且让它往后运作，所以发条经常被弄坏或拉得过紧。

炎热的夏季的一天，午宴过后不久，皇太子的家庭教师弗兰西斯•莫尼尔先生坐在离皇太子不远处看书并且完全沉浸在书中，而皇太子在一个人玩吊架。弗兰西斯•莫尼尔先生的疏忽大意给皇太子带来了危险。皇太子这次虽然没受大伤，但摔得很重。

还有一个皇太子胆大冒失的例子。一天，弗兰西斯•莫尼尔先生和另一个人谈话时，皇太子骑马返回了杜伊勒里宫的庭院，从马上下来，并且突然想爬上宫殿的阳台——仅仅靠踩着那些凸出来的石头贴着墙往上爬。幸运的是，弗兰西斯•莫尼尔先生看了一眼皇太子并且意识到了危险。弗兰西斯•莫尼尔先生连忙轻轻地叫皇太子下来，告诉他不仅警卫在看着他，而且这种行为很不得体。

然而，造成皇太子生病的原因不是老师和仆人疏于照看。有一次，皇太子站在秋千上轻轻地摇晃，当看到欧仁妮皇后骑着小马过来时，他叫道：“妈妈！妈妈！看我在秋千上多厉害！”与此同时，皇太子放开了原本抓着绳索的双手，仅仅靠脚踩着秋千板的两端。突然，皇太子滑了下来并且头朝下摔到了地上。欧仁妮皇后十分惊恐。看到皇太子没有站起来，随从们急忙奔过去，发现他已经失去了知觉。“发生什么了？”我们都十分焦虑地问道，是由于消化不良，肌肉拉伤，还是骨折、脑出血呢？然而，问题显然并不严重——当时，欧仁妮皇后立即请了让-尼古拉斯·科维沙医生，而让-尼古拉斯·科维沙医生赶到时，皇太子已经恢复了意识，并且告诉大家他不仅没有骨折，而且也不痛。然而，皇太子虽然表面上没有受伤，但体内有伤。1866年3月，皇太子再也忍不住痛了，走路也一瘸一拐。由于不想惊动父母，皇太子强迫自己表现得比平常更加开心，并且只承认有一点痛。然而，内伤越来越重，导致皇太子最终再也无法承受。欧仁妮皇后警觉了起来，立即让皇太子躺在床上，并且请来了奥古斯特·奈拉顿医生和巴特医生诊病。医生们发现，一个又大又深的脓肿已经形成了，而外科手术势在必行。随后，官方对外宣布皇太子身体状况好转。接下来的几天，城堡北边的特罗卡德罗花园的工人们开始布置花园，准备于1866年3月16日迎接皇太子的生日，而杜伊勒里宫宣布将推迟为皇太子庆生的儿童舞会。因此，1866年3月16日，发现在特罗卡德罗举办的庆生会上只有皇帝夫妇却没有皇太子时，公众普遍开始焦虑。工人们列队走过并且呼喊“皇太子万岁！”时，这对夫妇尽力掩盖着对皇太子身体的担心。

由于皇太子的第一次手术没有完全成功，医生们决定再做一次手术。事实上，皇太子已经忘了自己的痛苦，心中想着自己的母亲最近过得如此焦虑，并且因此祈求瞒着她进行这场外科手术。皇太子拒绝了氯仿麻醉——这个才刚刚十岁的男孩表现出的镇定和勇敢令外科医生惊讶万分。

与此同时，对当局不友好的谣言在人群中传播开来——险况减轻的时候，皇太子的病情反而被夸大了。欧仁妮皇后坚持让公众了解实情，并且在媒体上发表了公告，抚慰了公众不安的心情。1867年4月1日，巴黎世界博览会开幕时，皇太子虽然已经痊愈了，但仍没有足够的体力陪父母出席巴黎世界博览会。

在这场事件中，共和党和第二帝国的其他敌对党派都没有错过这次捞取政治资本的机会。这些无耻的煽动者知道，如果拿破仑三世没有继承人，或是只有一个病重的孩子，那么在公众中，甚至在整个世界的威望就会大大减弱——尤其是在法兰西，一个坚实的政府对贸易和工业的发展进程十分重要。因此，我们一直对皇太子关怀备至——这不仅是因为我们本来就爱他，而且是为了整个国家的利益。如果当上法兰西皇帝，皇太子一定会用强有力和开明的法规来重建这个世界。

1867年初夏，拿破仑三世和欧仁妮皇后决定将皇太子送往圣克卢宫——那儿的空气比杜伊勒里宫的花园的空气更清新。因此，拿破仑三世和欧仁妮皇后陪同皇太子去了圣克卢宫。皇太子被安置在圣克卢宫二楼的套房中——这里更有益于皇太子的健康，而不是他之前所在的一楼。欧仁妮皇后几乎每天都会从巴黎过来看皇太子，觉得这个小病人需要母亲的呵护。在圣克卢宫，皇太子不仅恢复得很快，而且能听到为欢迎参观巴黎世界博览会的外国君主而举行的盛典的声音——那是皇太子最喜欢的消遣方式之一。一直以来，皇太子都记得自己在圣克卢宫遇到的显贵名流，而无论是在去凡尔赛宫的路上，还是从凡尔赛宫返回时，拿破仑三世的宾客们都会在圣克卢宫停留。

1867年6月，在尽心尽力地陪同普鲁士国王威廉一世和沙皇亚历山大二世几天后，皇帝夫妇去了圣克卢宫。我还记得，他们将要乘坐的驿站马车停在展览馆前，拿破仑三世、威廉一世和亚历山大二世坐在前排的座位上，而欧仁妮皇后、奥托•冯•俾斯麦和一个宫女坐在后面。他们很快就到了圣克卢宫。马匹被安置在拿破仑三世的马厩里，而查尔斯•奥古斯特•弗罗萨尔带皇太子见了这些尊贵的客人。皇太子一瘸一拐走来，而沙皇亚历山大二世弯下腰将皇太子抱起，深情地亲吻了他的双颊。普鲁士国王威廉一世则略显矜持，只是跟皇太子握了握手。亚历山大二世又一次将皇太子抱起来，让皇太子能够亲吻到欧仁妮皇后。欧仁妮皇后被这场景深深地感动了，并且一直铭记在心。之后，普鲁士国王威廉一世扫视着整个宫殿，而奥托•冯•俾斯麦也仔细地打量起皇太子。奥托•冯•俾斯麦微笑着——他的嘴唇都带着笑意，觉得这位皇太子身上潜藏着一股能够给法兰西人民带来幸福的巨大能量。

几天后，查尔斯•奥古斯特•弗罗萨尔对欧仁妮皇后说道："会面结束后，我陪同皇太子回房间时，他非常认真地对我说，'看到这些伟大的统治者时，我觉得

巴黎世界博览会场馆鸟瞰

威廉一世

亚历山大二世

自己还有很多事情要做。你认为我以后会有足够的能力来管理这样一个伟大的国家吗？’‘为什么要这样问？你当然可以。为什么你会没有这样的能力？’我回答道。‘因为他们一定懂得很多。’‘然而，多年后，你阅读的书籍能让你懂得像他们一样多。’‘我将会全身心地投入到书中，成为像他们一样优秀的统治者。’事实上，自从谈话后，皇太子不仅学习劲头很足，而且非常认真。”

令人惋惜的是，不久后，查尔斯·奥古斯特·弗罗萨尔就去世了。

第6章

皇太子的“炮火洗礼”

第二帝国的敌人经常说，法兰西政府制造了1870年的冲突，而其目的是为皇室家族赢得新的荣耀和为皇太子的继任铺平道路。当然，这种可耻的断言是没有道理的。实际上，这场不幸的战争开始后，拿破仑三世和欧仁妮皇后希望年轻的皇太子参与其中，而这一想法很快就实现了。

1870年，在圣克卢的军队离开后，后方只剩下一支长矛骑兵中队和一个轻骑兵营。上前线的前几天，在盖-维克多•迪佩雷的陪同下，皇太子去了军营。快到晚上的时候，士兵们把皇太子和盖-维克多•迪佩雷的马擦洗干净了。在皇太子的要求下，巴约勒赫带他去了士兵宿舍和马厩。年轻的皇太子戴着一顶高帽子，穿着一件带白色高领的黑色短外套。皇太子对所见都很感兴趣。皇太子坦率地告诉众人，他对即将奔赴前线感到自豪。皇太子对军需官大喊：“你知道吗？我要和你们同行！”这句话满载着一个孩子的愉悦之情，并且令皇太子感到很满足。然而，士兵们听后并没有感到惊讶。

由于早已接到皇太子要来参观的指示，轻骑兵们站起来，热情地迎接了皇太子。每个人都站在宿舍的床边，将帽子拿在手里，穿着带有黄色镶缀的束腰外衣。走进有一排排轻型马匹和长矛的庭院时，皇太子受到了士兵热烈的欢呼——他所到之处都是热烈的欢呼声。我仍记得，得知皇太子受到士兵们的欢呼并且显得男子气概十足时，欧仁妮皇后是多么高兴。然而，我不得不承认，皇太子要上前线时，欧仁妮皇后非常伤心——她知道自己的孩子可能会有生命危险。

出发去前线之前，皇太子受到的欢呼可谓此起彼伏。离开之前，皇太子为圣克卢的所有驻防部队和塞弗尔的卫队分队举办了午餐宴会。饭桌就摆在兵营的院子里，而所有人都为皇太子的健康举杯庆祝——这个十四岁的年轻人颇受士兵们喜爱。然后，穿着少尉制服从队伍中穿过时，皇太子自豪地举起手中的剑，而勋章在他的胸前闪闪发光，导致很多人看着这一幕泪眼模糊。这一幕令我伤心却倍加珍视——这个年轻的小伙子是如此有责任感。不仅人群大声欢呼，而且每个人心中都怀着胜利的希望，以及对未来的信心！

宴会后的第二天，拿破仑三世和皇太子带着部队去了前线。圣克卢公园的一个隐蔽处——这个隐蔽处现在仍然存在。这个隐蔽处的外观像蘑菇，房顶用茅草盖

青年时代的皇太子

身着军装的拿破仑三世

着，周围围上了铁栏杆，离塞弗尔到蒙特勒的铁路很近。这个隐蔽处被人们称作“皇帝站”——要乘坐火车从圣克卢离开时，拿破仑三世通常会从这里出发。

1870年7月28日早晨，圣克卢宫十分热闹。在这个美丽的夏日，玛蒂尔德·波拿巴公主、拿破仑·热罗姆和玛丽亚·克洛蒂尔德公主、若阿基姆·缪拉和安娜·缪拉、波拿巴家族的其他王子和公主们、政府高官们、皇宫的大使们、女士们和官员们，以及一些亲密的友人，受邀聚集在宫殿，参加了这个送别会。

1870年7月28日10时左右，马车开始陆陆续续地进入宫殿。拿破仑三世换上将军制服，带着欧仁妮皇后和皇太子一起从韦尔内大厅进入正厅。拿破仑三世很镇定地对在场的所有宾客发表了讲话。穿着少尉军服的皇太子走入人群、与人们交谈时，欧仁妮皇后虽然很感动，但极力掩饰自己的情感。眼前这个十四岁的孩子即将离开母亲——他真挚，也脆弱，而欧仁妮皇后心里充满了犹豫和不舍。

在走廊的尽头，拿破仑三世和皇太子坐进了马车。然后，其他官员、大使和友人也纷纷坐进了马车，有一些受邀的宾客步行。很快，所有人都来到了那个蘑菇屋形状的隐蔽处——分离的时刻终于到来了。拿破仑三世和一些人登上了火车。除了副官和勤务兵，陪同拿破仑三世的军人们还有埃德蒙·勒伯夫、费利克斯·杜埃、勒布伦、德·费利、查尔斯-丹尼斯·布尔巴基和费罗萨尔。“为什么要难过？这不过就是军队开拔而已。”拿破仑三世尽力挤出一个笑容，对欧仁妮皇后大声说道。

一个朋友写过这样一段话：

“百感交集的欧仁妮皇后站在月台上故作镇定，努力掩饰着自己作为一位母亲和妻子与儿子和丈夫分离的痛苦。此情此景，或许作为一个留守人，欧仁妮皇后想到了皇位继承人可能无法承受这沉重的皇冠，这不仅触动了她，而且冲击了她。欧仁妮皇后再次亲吻了拿破仑三世和皇太子。皇太子给了欧仁妮皇后最后一个充满爱的、紧紧的拥抱，然后转身和周围的人挥手告别。这时，拿破仑三世仔细地看向周围，唯恐会忽视任何一个人。拿破仑三世察觉到似乎漏了自己的管家，便大声对他说，‘哦！马洛尔管家，我还没有对你说再见呢！”

这是拿破仑三世在圣克卢最后说的话。随着火车响亮的鸣笛声，他们即将出发。“尽到你的责任！”这时，欧仁妮皇后用哽咽的声音再三叮嘱道。与此同时，每个人都再也无法掩饰自己的心情，大声高呼道：“拿破仑三世万岁！”这也是在圣克卢最后一次爆发出这样声势浩大的呼喊。

拿破仑三世从火车窗户探出头来，向一动不动的欧仁妮皇后做了告别和亲吻的手势。欧仁妮皇后的眼睛湿润了——她的皇帝和年轻的孩子要离开她了，而他们都要去参加战斗。直到火车即将到达加入主线军队的车站时，拿破仑三世还是面露伤心却又不乏慈祥的表情。拿破仑三世走到车厢的另一边，朝蒙特勒的居民们鞠了个躬。蒙特勒的居民聚集在此为拿破仑三世欢呼，拿破仑三世与他们挥手告别。

“在火车就要消失的前一刻，从车窗户里飘下来一张手帕——那是皇太子在向自己的母亲和整个法兰西说最后的再见。然后，整辆火车消失在了人们的视野

埃德蒙·勒伯夫

查尔斯－丹尼斯·布尔巴基

中。欧仁妮皇后挥了挥自己已经麻木的手，朝马车走去。欧仁妮皇后将头埋在手帕里，痛苦地抽泣着，发泄着自己的情感。不仅分离时令人伤心，而且分离后伤心还要继续。”

1870年8月2日，拿破仑三世出现在萨尔布吕肯的交战处，而皇太子就在他身边。对于皇太子去前线，帝国的敌人嘲讽这就是皇太子的“炮火洗礼”。拿破仑三世迅速向欧仁妮皇后拍了电报，表示自己已经到达目的地。欧仁妮皇后虽然因为和自己的孩子分离而非常担忧和悲痛，但还是认为，在这种情况下，皇太子陪在拿破仑三世身边是正确的选择。

在那场毫无意义的小胜之后，接二连三都是令人丧气的坏消息——一系列的灾难接踵而至。最初的焦虑逐渐变成了现在的阴暗和痛苦。希望虽然出现过，但最终只会破灭。1870年8月14日，拿破仑三世和皇太子离开梅茨，并且在1870年8月15日于格拉韦洛特的一个不大的旅馆过了夜。1870年8月15日4时，拿破仑三世和皇太子乘上一辆四轮马车继续赶路，并且只带着两个随从，由一排护卫护送，而一些军事家庭出身的军官们乘坐着随行的另外两辆四轮马车。

萨尔布吕肯战役

离开之前，拿破仑三世和弗朗索瓦·阿希尔·巴赞进行了一番谈话。弗朗索瓦·阿希尔·巴赞有一个要求，即希望自己能和拿破仑三世暂时分开。因此，弗朗索瓦·阿希尔·巴赞命令军队降低向凡尔登的行军速度。虽然弗朗索瓦·阿希尔·巴赞对帝国、拿破仑三世和皇太子有着极强的责任感，但如果不分开，那么弗朗索瓦·阿希尔·巴赞将会很难指挥战役。

如前所述，在护卫队的保护下，拿破仑三世、皇太子和同行的一些军官乘坐四轮马车向凡尔登进发。一到东库尔，护卫队就被让-奥古斯特·玛圭特麾下的非洲军队取代，并且由加利费侯爵加斯顿·亚历山大·奥古斯特指挥。加利费侯爵加斯顿·亚历山大·奥古斯特总是在护卫队的前方，保证拿破仑三世不仅时刻都在护卫队中间，而且不用担心自己和皇太子的安全，令拿破仑三世非常满意和放心。

然而，路上免不了危险——敌军即将到来。在刺刀兵返回扎营地的路上，德意志童子军对他们进行了一场突袭。在几英里①外的艾坦，敌军已经袭来，导致拿破仑三世和他的护卫队差点被俘。1870年8月21日21时左右，拿破仑三世最终安全到达了凡尔登。事态刻不容缓——为了能让帕里斯特·德·麦克马洪的部队与其他像弗朗索瓦·阿希尔·巴赞率领的这样的军队会合以摆脱困境，拿破仑三世必须尽可能快地到达查隆斯。1870年8月21日23时，拿破仑三世和皇太子乘火车出发，并且在黎明时分到达了查隆斯。士兵们虽然不仅不知道皇太子的军衔，而且不断收到战场上传来的坏消息，但还是在皇太子巡视扎营地期间热烈地欢迎了他。在查隆斯受到的热烈欢迎是皇太子在那段时光中最后的愉悦回忆。后来在英格兰流放期间，皇太子常常谈到这段日子。

1870年8月22日21时，拿破仑三世到达了临近兰斯的库尔瑟莱。1870年8月16日21时，拿破仑三世接到了欧仁·鲁埃和帕里斯特·德·麦克马洪的觐见请求，而拿破仑三世和他们讨论了许多应对未来事态的方案。1870年8月23日，欧仁·鲁埃离开几分钟之后，皇太子去了勒泰勒。在勒泰勒，皇太子住在地方长官的官邸中。为了表示尊敬，当地官员们特地为皇太子举行了一场晚宴。后来，皇太子曾对欧仁妮皇后说：“我得尽量表现得举止得体。我想成为真正的男子汉。”

---

① 英美制长度单位。1英里约合1.6千米。

弗朗索瓦·阿希尔·巴赞

帕里斯特·德·麦克马洪

让－奥古斯特·玛圭特

加利费侯爵加斯顿·亚历山大·奥古斯特

1870年8月24日，拿破仑三世途经贝特尼维尔到了勒泰勒。后来，拿破仑三世和皇太子一起去了位于勒泰勒和色当中间的图尔特龙，并且在那一直滞留到1870年8月27日。拿破仑三世不得不和自己的儿子分开——无论在军事还是国家利益层面，他都必须做出这种牺牲。因此，在图尔特龙，拿破仑三世和皇太子最终分道而行。在盖-维克多·迪佩雷、克拉里伯爵、拉梅和欧尔子爵的陪同下，皇太子准备去梅济耶尔，由一个下士和两个士兵在前面带路，而瓦特兰随侍在马车右边。拿破仑三世准备去勒舍斯恩。

1870年8月28日，星期日，经过色当时，皇太子一行经历了一场恐慌，导致他不禁怀疑接下来是否会顺利。在路上，皇太子一行遇到了一辆救护车。皇太子要求这辆救护车暂时停下，问候并且给了伤员们一些钱。伤员们对皇太子讲了一些前线的情况，而这些情况加大了皇太子的怀疑。皇太子虽然确认情况不顺，但没做任何评论。1870年8月29日，星期一，皇太子到达了梅济耶尔，却没有在那停歇。1870年8月30日，经过阿威斯纳和伦德里希时，皇太子受到了热情的欢呼，而这些欢呼给皇太子带来了新的希望。看着周围新奇的环境和这些热情的人们，皇太子精神高昂。“他的高贵品质吸引着我们，”后来，皇太子的一个随从告诉我，“虽然直觉告诉他情况不对劲，但他小心谨慎地不提出令人尴尬的问题。在艰难的处境中，他显示了很多令人钦佩的品质。”

虽然这段时光中的每个晚上都令人焦虑，但又不得不面对。星期日，从色当传来了灾难性的坏消息，而这个坏消息很难瞒得住聪明的皇太子。由于人们尽可能地不告诉皇太子坏消息，所以他完全不知阿登高地的战败和巴黎的革命。

虽然对于盖-维克多·迪佩雷命令随从不告诉皇太子坏消息的原因，人们有很多争论，但对于真正了解这位年轻的继承人的人而言，很容易明白个中原因。“他不仅喜欢，而且热衷危险。”皇太子以前的家庭老师皮埃尔·玛利·奥古斯丁·菲隆先生公正地评价道。拿破仑三世和欧仁妮皇后从内心里赞同盖-维克多·迪佩雷的做法。皇太子曾说：“没有盖-维克多·迪佩雷优秀的判断力和明确的目标，我们不可能到达英格兰。无论如何，如果他没有向我隐瞒一些事实，那么我将远比现在沮丧。”

在莫伯日，皇太子受到了帝国杰出议员的遗孀马查特夫人的热情欢迎。在后来给欧仁妮皇后的信中，这位优秀的女士曾写道：“我感觉自己无法为这位高贵的男孩做很多事。他对我给予的小小关注十分感激，这让我潸然泪下。这位性格坚强的皇太子将会成为人民的模范领袖。”

莫伯日的居民对皇太子也十分热心——这体现了法兰西第二帝国在人民心中的地位。虽然盖-维克多·迪佩雷称赞了阿威斯纳的地方次级长官里什贝为皇太子所做的事情，但实际上，这对于护卫队来说很棘手——不仅皇太子所到之处都是人们的欢呼，而且所有人都知道他的行迹，而如果巴黎的新政府或者现役的德意志军队决定堵截皇太子的去路，那么将导致年幼的皇太子和他的护卫队不受干扰地离开法兰西变得很困难。从帝国官方发来的指令写道：“立刻前往比利时。”这个指令是以电报的形式从皮埃尔·玛利·奥古斯丁·菲隆先生那发来的。帝国的朋友们感觉到欧仁妮皇后和皇太子应该安全了。一位朋友评价道：“在混乱过后的法兰西，任何事情都有可能发生。”

得知必须放弃法兰西领土时，皇太子虽然打心眼里反对，但最后不得不妥协。皇太子爬进一个秘密通道，并且在与法兰西说了声再见后，带着他的军官去了菲利亚斯。护卫队的一个士兵说：“这个男孩心中有太多感触，导致他甚至无法说出来。”在乘火车从菲利亚斯到蒙镇的路上，皇太子虽然仍不情愿，但费了极大的努力让自己顺从。由于对发生之事不甚清楚，皇太子不能完全理解为什么要离开法兰西。

在蒙镇下车后，由于连一辆四轮马车都找不到，皇太子和护卫队不得不走到皇冠酒店。1806年，皇太子的祖父路易·拿破仑曾在此停留，1810年，在去拉肯的路上，拿破仑一世和玛丽·路易莎也曾在此逗留。小时候，皇太子曾在祖辈留下的日记中读到过这些事。拥挤的人群填满了皇冠酒店前的广场。人们虽然议论纷纷，但不仅都发自内心地尊重，而且非常同情这个不幸的男孩和他忠实的护卫队。

在蒙镇短暂休息后，皇太子和自己的护卫队做好了继续行进的准备。根据拿破仑三世最新发来的电报，盖-维克多·迪佩雷再次下达了起程的指令。为了避开公众，皇太子和自己的护卫队乘坐宾馆的迷你公交车去了车站。“皇太子身上展示着民主精神。”一位驾车去火车站的路人评价道。“我喜欢这种精神，”另一人说，“对于他们众所周知的出身，波拿巴家族从来无惧于提醒公众。”听到这些话后，皇太子愉

那慕尔

快地笑了。一辆去韦尔维耶火车专列正在等待皇太子，而为了在人群中隐藏踪迹，皇太子和自己的护卫队登上了车站中的另一列火车。通过这列火车后，皇太子和自己的护卫队登上了去韦尔维耶的火车专列。这件事发生在1870年9月4日21时。1870年9月5日1时，火车专列停在了那慕尔，等待进一步的指令。

在去卡塞尔的路上，成为俘虏的拿破仑三世虽然希望在韦尔维耶见到自己的儿子，但片刻之后又想到皇太子可能会和他一样成为俘虏。与此同时，在那慕尔的皇太子将经奥斯坦德和多佛去英格兰。

到目前为止——正如前面说的，皇太子始终不知道已经发生过的一些灾难。然而，现在，在贝勒伯爵、那慕尔的地方长官、盖-维克多•迪佩雷和克拉里伯爵的讲解下，皇太子知道了发生的一切——拿破仑三世成为俘虏，欧仁妮皇后在去英格兰的路上，第二帝国政权被推翻了，而普鲁士在各方面都取得了胜利。听到这些可怕的消息以后，皇太子没有说一句话。据说，皇太子痛苦又悔恨，不断地发泄着自己的情绪。然而，这并不是真的——实际上，皇太子一直沉默着，将身体挺直以便对抗极度的痛苦。吃饭时，皇太子坐在餐桌前，脸色苍白而平静，没有动过放在面前的食物。离开那慕尔的时候，皇太子亲切地询问当地官员应该怎么表达他的感激。“写两行话吧，殿下，”巴耶伯爵说。随后，皇太子用自己坚实的手腕缓慢地在一张纸上写下了这些：“心中永记，今生不忘。于那慕尔。1870年9月5日。路易·拿破仑。”

1870年9月5日15时，一辆马车停在进入那慕尔车站的小门前。皇太子敏捷地跳下马车，快速走进车站站长的办公室，在那儿等待火车出发。与此同时，皇太子同那慕尔军队的指挥官戈菲内和贝雷齐进行了友好的谈话。后来，这些人中的一位曾秘密记录道：“从他的谈吐和行为来看，你不会想到这个只有十四岁的小伙子是第一次学习这些。大约一小时前，他的父母成了俘虏或是像他一样的逃犯，而他曾经期望荣登皇帝宝座的梦想成了碎片。”

皇太子出现在火车站台的时候，女士们鞠躬，而男士们则默默地面对着这位脸色苍白又平静的少年，用胜似千言万语的伤心笑容向皇太子致意。“他身上有着男人的尊严，”火车站的一个人说，“即使没有这场糟糕的政治灾难，他在人群中也依然会那么瞩目。”

1870年9月5日20时，皇太子一行到达了奥斯坦德车站。由于此前已有电报告知皇太子即将到达车站，所以很多好奇的群众特地聚集在此来迎接这位落魄的皇太子。车站站长允许皇太子通过小门出站——这个小门与皇太子要留宿的阿勒曼酒店相对，能够让他快速到达旅馆。然而，等了很久后，门仍不见开。皇太子有些孩子气，不声不响地爬过了这扇门，导致路人投来吃惊又赞许的目光。皇太子在阿勒曼酒店住了一晚。1870年9月6日，迪蒙奇伯爵的“海鸟”号游艇放下了一条小船，载着皇太子登上了由杰勒德指挥的“佛兰德斯伯爵”号汽船。汽船缓缓驶离港口，而比利时国王陪着皇太子待在船舱中。直到离开港口后，皇太子才登上甲板——这让期待看到他的人群白等了。五个小时后，汽船到达了多佛。皇太子踏上了去黑斯廷斯站的专列。1870年9月7日，乘约翰·伯戈因先生的游艇从多维尔赶来的欧仁妮皇后见到了她亲爱的孩子并且一把将他揽入怀中。不久后，欧仁妮皇后和皇太子收到拿破仑三世到达威廉姆斯赫厄，即威廉高地的消息。在这么多天令人焦虑的分离后，这次重逢治愈了母亲和儿子饱受折磨的心。

在英格兰，安娜·缪拉、第六代穆希公爵夫人、弗朗索瓦·马塞兰·德·康罗贝尔

第十代格拉蒙公爵安托万・阿尔弗雷德・阿格诺

的妻子、德•拉瓦索莱特侯爵、第十代格拉蒙公爵安托万•阿尔弗雷德•阿格诺和其他一些重要又忠诚的家族成员与欧仁妮皇后和皇太子成功会合。让皇太子感到欣慰的是，他在星期日见到了自己以前的博学又年轻的家庭教师皮埃尔•玛利•奥古斯丁•菲隆先生。几周之后，虽然皮埃尔•玛利•奥古斯丁•菲隆先生要求参加卢瓦尔的军队，但第十代格拉蒙公爵安托万•阿尔弗雷德•阿格诺将他留在英格兰。后来，直到皇太子去世，皮埃尔•玛利•奥古斯丁•菲隆先生都一直陪着他。

这个月的糟糕经历在皇太子的心中留下了不可磨灭的印记。皇太子不仅第一次和家人分开，导致他平静有序的生活受到了干扰，而且第一次跌入了真真实实的世界和糟糕的环境。此前，皇太子学习过军事科学，研究过伟大的拿破仑一世的著名战役，感觉战争如同游戏。然而，在灾难性的1870年8月期间，皇太子得以一窥真实的战争——他听过了大炮致人死亡的开火声，见过了战场上受伤的士兵。这些景象不仅让皇太子的军事教育变得完整，而且让他成为一个真正的军人。1870年的这场战役期间，皇太子第一次在“孤立的自我”中承受了巨大的痛苦。一个尚未成年的男孩不得不独自对抗这样残酷的不幸——这是很罕见的。皇太子曾说：“在短短的1870年8月至1870年9月的两个月里，我的精神遭受的痛苦比肉体遭受的更多。”所有了解皇太子的人都认同这一点。

19世纪70年代，许多法兰西人——无论是国内还是国外的——都认为王朝复辟的时刻即将到来。1874年，拿破仑三世去世一周年后，一些法兰西人自发地在各地缅怀这位昔日的帝王。1874年3月16日，皇太子已满十八岁，他的成人礼在英格兰

皇太子成人礼

的奇泽尔赫斯特举行。在整个仪式上，皇太子显得严肃沉着，富有男子气概。皇太子发表演讲时，欧仁妮皇后站在他身边，昔日帝国皇宫的显要人物也都在他周围。这个年轻的男子汉努力地控制着自己的情绪，用坚定的声音朗读了自己的声明。此时此刻，欧仁妮皇后为皇太子感到无比骄傲——她觉得皇太子成功通过了严峻的考验。台下的人们热烈鼓掌，而这让欧仁妮皇后更加坚定自己的观点。皇太子的演讲即将结束时，由于受到了巨大的鼓舞，人们变得十分激动。人群开始向皇太子站着的平台涌来——庞大的人群导致皇太子很难安全返回。实际上，有那么一刻，皇太子仿佛就站在激动无比的群众的肩膀上。最终，人们冷静了下来，继续参加仪式的其他环节。人群中有这么一位女士——接触到皇太子时，这位女士亲吻了皇太子两边的脸颊，说道："殿下，二十二年前，即1852年，在市政委员会举办的舞会上，我用同样的方式赞扬过你的母后。"我们被这位优秀的女士逗乐了。后来，在晚餐时间，皇太子就此事说道："这表明了她的想法。"

支持皇太子的舆论开始盛行。一些从法兰西来访的朋友见到皇太子后都感到很吃惊——他们认为皇太子不应该留在国外，而是应该和他们一起回到法兰西。然而，欧仁妮皇后认为此时不宜回到法兰西，并且劝大家要理智些。由于那次战争的爆发，欧仁妮皇后不仅受到了巨大的伤害，而且希望大家稳健行事。欧仁妮皇后渐渐地开始意识到这个梦想正在成为现实——离皇太子成为法兰西人民离不开的国君的那天不远了。欧仁妮皇后对所有参加1874年3月16日的精彩典礼的将军们、神职人员们和专程从法兰西赶来英格兰的政客们重申了自己的观点。

我应该在此补充，一般来说，声明是不可信的，然而，这次皇太子和欧仁妮皇后的声明句句属实。此后，皇太子虽然平时在伍尔维奇继续自己的军事研究，但在假期，他会在波拿巴主义者的派对上接待有影响力的人，并且通过他们了解法兰西和国外的所有政治信息。皇太子的这一做法获得了很多人的认同。法兰西皇室在英格兰的奇泽尔赫斯特寄居，而对于任何熟悉皇室家庭生活的人而言，他们都知道欧仁妮皇后周围的大臣和官员们不仅是为国家的最高利益而一起工作的，而且不应由于有不同的党派和观点而被追究责任。一些更加激进的领导们不赞同欧仁·鲁埃提出的温和政策——他们更喜欢看到为了波拿巴家族的利益面前有更激进的人站出来。虽然有人提议帕杜阿公爵，但有人提议弗勒里——他对波拿巴家族和其事业非常忠诚。曾经有一段时间，帕杜阿公爵和弗勒里相处得并不融洽，然而，他们二人都意识到，如果波拿巴家族要获得成功，那么所有的人都应团结起来。因此，帕杜阿公爵和弗勒里很快为了共同利益而消除了不同的观点。欧仁妮皇后虽然很信任欧仁·鲁埃，但同时也会积极听取其他的帝国朋友的建议，而皇太子行事周密，与自己的母亲心有灵犀。皇太子研究整体形势并且得出了自己的结论，而这些结论的正确性让他的同龄人无法匹及。因此，皇太子显然成为法兰西保守党的“后备人才”。如果整体形势向有利的方向转变，那么皇太子返回法兰西是可能的——皇太子和欧仁妮皇后都觉察到了这一点。

1875年，欧仁妮皇后和皇太子去了爱伦堡，并且在那接待了从法兰西来的朋友。后来，欧仁妮皇后和皇太子去了意大利旅行。这场旅行并没有任何的政治意义——皇太子化名为皮耶枫伯爵。在贝拉焦，欧仁妮皇后和皇太子分开了——欧仁

贝拉焦

妮去了米兰，而皇太子去了维罗纳。幸运的是，没有人认出皇太子。皇太子参观了索尔费里诺战场，觉得这场旅行不仅极其有意义，而且很适合军事王朝的继承人。皇太子专心致志地研究军事，并不感到孤单——皇太子视其为一种责任，而最主要的是，军事也是皇太子的兴趣所在。

之后，皇太子去了马真塔。然而，在马真塔，皇太子的化名不再奏效——他被认出来了。皇太子离开贝拉焦的消息被泄露了。到达马真塔的时候，皇太子发现不仅市议会成员正在等待他，而且路上的人排成排，不断大声地欢呼喝彩并且和他打招呼。

在米兰，欧仁妮皇后看到了无数的展牌——每个展牌都显示了对欧仁妮皇后的同情。欧仁妮皇后虽然回绝了一些招待会，但没有未回绝大家的关心，而米兰人民也感谢皇后的莅临。在佛罗伦萨，欧仁妮皇后和皇太子都希望逗留一段时间。市政当局在车站接到了欧仁妮皇后，而周围的街道上到处都是人，导致欧仁妮皇后几乎无法离开。好几次在马车行驶时，欧仁妮皇后都大声提醒车夫："小心！"

在托斯卡纳停留的六周里，不断有招待会、晚会和舞会。欧仁妮皇后住在托斯卡纳首府佛罗伦萨的城门口的一幢别墅里，没有进行社交活动。几位从法兰西来的朋友，包括欧仁·鲁埃、若阿基姆·缪拉和皇太子的儿时玩伴朱尔·埃斯皮纳斯，来看望了欧仁妮皇后和皇太子，而他们中的一些人陪着皇太子，另一些人陪着欧仁妮皇后。虽然没有发生任何事可以改变法兰西和意大利的关系，但所有人都悄悄地交流了法兰西和意大利两国当前的状况和未来的问题。

皇太子没有完全被自己的社会责任束缚——他常常花一些时间思考王位继承人的使命与重要性。与此同时，皇太子也没有放弃自己的军事研究。皇太子跟随意大利陆军中著名的曼兹学习了不少的军事知识，并且取得了很大的进步。

1875年12月25日，在欧仁·鲁埃和若阿基姆·缪拉的陪同下，欧仁妮皇后和皇太子动身前往罗马。在那里，教皇庇护九世正等待着自己的教子来拜访他。在梵蒂冈，欧仁妮皇后和皇太子受到了最高级别的接待，而教皇庇护九世也对他们表达了关爱。然而，这次拜访在罗马和法兰西引发了极大的议论。极端派们对这次拜访喋喋不休——一些人坚持认为皇太子是想在政治上寻求教皇庇护九世的帮助，而另外一些人断言教皇庇护九世不仅对这次他并不期望却又无法拒绝的来访十分恼怒，而且对欧仁妮皇后和皇太子非常冷淡。这些言论都是错误的——皇太子造访教皇是很寻常的事情。欧仁妮皇后和皇太子虽然身处意大利，但不是意大利的统治者。因此，这次造访只是出于对基督教的尊重和顺从，以及一种教子对教父的深深的信仰和爱戴——至少，主人和访客都这样看待这次访问。

拜访完教皇庇护九世之后，欧仁妮皇后和皇太子回到了佛罗伦萨，并且在那里度过了1875年至1876年的冬天。皇太子又恢复了以往一半军事一半社会的生活方式。在此期间，不仅波拿巴家族的公主和其他家庭成员看望过欧仁妮皇后和皇太子，而且许多在政治或贵族圈非常有势力的人也曾来访并且表达对他们的尊敬。1876年5月，皇太子回到了英格兰，而欧仁妮皇后则去西班牙住了几周。

实际上，这次造访意大利不像看起来的那么简单。我们应该记得，1875年的法兰西总统是昔日法兰西第二帝国的老将帕里斯特·德·麦克马洪，而在当时的法兰西国民议会中，有一个希望夺回帝国的强有力的小团体。与此同时，新的波拿巴主义者一直在竞选代表，而共和党非常担心选民会选波拿巴主义者担当代表。因此，这次意大利之行不仅把皇太子带到了法兰西和欧洲公众面前，而且间接地帮助他稳固了政治地位。

被意大利之行中断的政治访问又重新开始了。拿破仑三世的朋友们，以及皇太子的儿时玩伴们常来看望皇太子。皇太子的儿时玩伴大都在军校学习，并且只要一有时间，就会来看望皇太子。波拿巴主义者代表团的成员一个接一个地来访，并且和皇太子进行长时间的交流。与此同时，在仍然没有中断军事学习的情况下，皇太子参加了其他一些对自己而言非常重要的学习。

虽然皇太子一直渴望行使自己作为公民的权利，但根据法令，由于被流放了，他连一年一度的抽签征兵也不能参加。皇太子已经二十一岁了，而他的名字仍没有进入征兵名单。虽然皇太子一直反复要求，但直到1877年，他的名字还是没有进入征兵名单。接下来的几年，在欧仁·鲁埃的帮助下，若阿基姆·缪拉完成了皇太子交给他的这个任务——有人喊道波拿巴时，皇太子走到了一位军官面前，并且抽到了“307”。然而，由于流放法，皇太子无法加入法兰西军队。因此，一年后，皇太子加入了南非的英国军队。众所周知，皇太子的结局很悲惨。意大利之行导致了这个致命的选择——正是在意大利时，皇太子不仅产生了加入现役部队的想法，而且脑中常常浮现出有热情、有抱负的年轻军官的画面。

第 7 章

帝国皇太子之死

1879年3月的一天上午，在欧仁妮皇后及随从们的陪同下，皇太子从奇泽尔赫斯特出发，踏上了去南非的死亡旅程。出发的前一天，皇太子给奇泽尔赫斯特教堂的戈达德神父写了一封信："我相信你不会认为我的离开太匆忙——我有许多琐事，以至于忘记了自己作为基督徒的责任。明天7时30分，我将会最后一次去奇泽尔赫斯特教堂忏悔并且吃圣餐。我希望自己死后可以被埋葬在奇泽尔赫斯特教堂。"这段文字是我从欧仁妮皇后保留的信函原件中摘抄下来的。当然，对于皇太子的离去，虽然欧仁妮皇后感到烦恼不安，但皇太子表现得很冷静——他和所有哭着来给他送行的人道别，并且努力安慰他们。我不得不承认，在去南安普敦的路上和吃晚饭时，欧仁妮皇后几乎一直在哭，直到大家提出为她和皇太子的健康干杯时才停止。我清晰地记得，船出海时，欧仁妮皇后虚弱得需要朋友的搀扶才能站立。皇太子虽然非常感动，但尽力控制着自己的感情。

这本回忆录如果不解释皇太子之死，就不能称作完整。因此，我插入了一个章节来描述这个可怕的悲剧。不仅我的父亲是第二帝国的将军和大使，而且自少年时，我和皇太子就是伙伴。1879年7月12日，即在奇泽尔赫斯特举办葬礼前一晚，我看守着皇太子的灵柩。

1879年5月31日，在好望角的血河岸边，英格兰军队纽迪吉特部的第一分队扎营了。1879年6月1日，数个分队进入了祖鲁兰，而其中两个分队朝着依自立行进。1879年6月1日8时30分，皇太子和凯里也出发了，并且领先于先锋队。当时，鲍尔•德力格和皇太子、凯里在一起。虽然凯里告诉鲍尔·德力格，他和皇太子只是通过主路旁的一条小路向前行进，并且“只需要走七到八英里，直到我们决定在哪里扎营”，但鲍尔·德力格仍不愿意跟随侦察队。这时，皇太子走近鲍尔·德力格说：“你可能对于我们的短途旅行并不感兴趣——你需要走很远才能进入祖鲁兰。”然后，皇太子要了几张纸并且打算写封信去欧洲。皇太子说：“我刚刚听说，福布斯先生是伦敦《每日新闻》的通讯记者，而如果我没有弄错的话，那么他将会在今天早上回到兰德曼。我会请求福布斯先生帮我送一封信去邮局——这可能是我们未来的日子结束之前最后一次有机会送信回欧洲。”随后，皇太子走进帐篷去写信。然而，这封信虽然没有给福布斯先生，但进入了邮局并且到达了目的地。这是不幸的皇太子写的最后一封信，而这封信是写给他母亲的。皇太子给欧仁妮皇后写道：“穿过国境线

1879 年的皇太子

前，我一定会给您消息的。”这一天是1879年6月1日，而这封信写起来似乎漫长又艰难——难道就像战争里经常发生的那样，皇太子已经预感到了自己濒临死亡吗？欧仁妮皇后总是这样认为。读了皇太子的信后，欧仁妮皇后虽然了解了他的近况，但觉得有些事情似乎有几分神秘和不好的征兆。

即将离开营寨跟上先头队伍时，第二代查斯特菲尔德男爵弗雷德里克·奥古斯塔斯·泰思哲向身边年轻的参谋官询问皇太子的位置。有人回答说：“皇太子和哈里森略微领先于队列。”这个回答让第二代查斯特菲尔德男爵弗雷德里克·奥古斯塔斯·泰思哲很满意——他不仅总是觉得自己肩负着对皇太子和英国军队的责任，而且确实收到了英国政府让他给予皇太子特殊照顾的指令。

哈里森虽然要和纽迪吉特部所有参谋官对队伍和马车队的行进情况进行监督与管理，但无疑会尽快回到先锋队以便照看皇太子。“没有人会想到皇太子和凯里会走出依自立边境，”其中一个当时在场的人告诉我，“那天，这支小队伍就驻扎在依自立。”所有的官员都在考虑这个问题：为什么不仅会出现不服从命令的情况，而且灾难会发生在距离大部队那么远的地方呢？后来，虽然欧仁妮皇后踏上了悲伤之旅，并且特地去祖鲁兰检查了皇太子那天走过的全部路线，但这场悲剧中的几个细节不仅始终无法得到充分的解释，而且可能永远都无法解释。

鲍尔·德力格不仅对发生之事做了解释，而且不止一次地向我重复要点。

关于这件事情，鲍尔·德力格对我说：

> 到达依自立山时，我和蒙哥马利正在一起到处寻找皇太子。我看到了第二代查斯特菲尔德男爵弗雷德里克·奥古斯塔斯·泰思哲和哈里森，但没有看到皇太子。我当即断定，皇太子和凯里正在选好的扎营点等待着我们。然而，继续往前走了一点路后，我遇到了来自伦敦的通讯记者斯坦利，他对我说：“不要再往前走了——我们驻扎在这儿了。”
>
> “我不认为可以这样，”我回答道，“如果这里是驻扎点的话，那么我应该能看到自告奋勇来挑选驻扎点的皇太子和凯里。”
>
> “皇太子是穿着黄色的靴子吗？”斯坦利问道。

“是的。”我回答道。

“那么他和刺刀兵在一起——我刚刚看见一个符合你描述的年轻军官和刺刀兵在一起。”斯坦利说。

那天下午，我多方打听，并且很欣慰地听到皇太子和刺刀兵在一起。直到傍晚，我正好走进特伦奇的帐篷时，一个英格兰军官飞跑进来。然而，令我震惊的是，这个英格兰军官惊叫着：“皇太子已经被杀了。”

“请用法语再说一遍。”我抓着那个英格兰军官的手臂说道。

“皇太子的确被杀了。”英格兰军官回答。

因此，我赶到了总部，并且看到第二代查斯特菲尔德男爵弗雷德里克·奥古斯塔斯·泰思哲站在帐篷前。在问这个问题之前，他脸上的焦虑告诉了我答案——这个消息是真的。

“我刚刚知道，”第二代查斯特菲尔德男爵弗雷德里克·奥古斯塔斯·泰思哲说，“皇太子的马回来了，人却不见了。皇太子的马是跟着一些从祖鲁兰逃出来的士兵一起回来的。凯里在这个帐篷里面，而他能给你更完整的细节。”

我看到凯里与上校哈里森及另一个军官一声不响地吃着晚餐。虽然凯里起初不愿意离开饭桌，但当我说自己代表的不是一个通讯记者，而是一个急于知道降临在同胞身上的灾难的真相的法兰西人时，凯里同意告诉我一些情况。凯里说：“确定了晚上的驻扎点，也就是我们现在所在的这个地点之后，在我和其他六个男人，以及一个卡菲尔向导的陪同下，皇太子继续向前行走了十一英里。1879年6月1日14时，其他人忙着煮咖啡时，我们停在一个牛栏里规划第二个驻扎点。1879年6月1日15时30分左右，继续往前走时，我们中了一群卡菲尔人的埋伏——他们躲在高草和玉米里面，导致我们没有发现他们。我们立即跳上了马。跨过了一个幽深的峡谷之后，我转头向后看，却只看到皇太子的马从峡谷中奔跑出来——皇太子不见了。此外，那个卡尔菲向导和我们的两个随从也都不见了。关于皇太子我也只知道这些。”

皇太子被杀

我虽然对凯里随便的态度和语气恼火到几乎失控，但极力艰难地控制住了自己，并且咽回了已经到嘴边的话。

这么晚了还能做什么？搜救队能在晚上去一个未知的区域吗？也许他们只能干等着，希望能活着回来的皇太子和走失的随从们自己回来？大家反复考虑着这些问题。然后，军官们勉强得出了结论——他们必须等到天亮再行动。

“然而，”鲍尔·德力格反对并且说道：“我要指出的是，这里的夜晚月光明亮。我们可以进行搜寻——也许皇太子就在一到两英里的不远处——他可能受伤了或者濒临死亡，而我们也许能救他。”

接着，《费加罗报》的通讯记者做了补充——他告诉我一个情况：“因为寒冷，以及经过分析得出的一些理由，所以这个计划被认为不可行。由于继续坚持下去也没有作用，我们只能耐心地等到早上。”

与此同时，马歇尔决定在1879年6月2日5时带领所有的骑兵出发。当然，早在约定的时间前，我就已经准备就绪——我会跟随搜救队伍。然而，喝茶时，我得知出发时间竟然被延迟到了1879年6月2日9时。我十分吃惊，生气地找到了《每日新闻》的通讯记者并且请求他进行干预以便尽早出发。最后，搜救队伍终于在1879年6月2日7时出发了。

我和侦察员在队列最前方行进着。有一个侦察员是法语说得非常好的毛里求斯本地人，而前一天，他是皇太子的护送者之一。这个侦察员告诉我，他看见皇太子在峡谷中试着上马。此外，这个侦察员还讲述了悲剧发生那天的一些细节。骑着马从沟壑中向下奔跑时，几位搜救队队员突然停在了一具赤裸并且伤得面目全非的尸体面前。尸体的块头非常大，以至于我一眼就认出这不是皇太子。突然，一个沿着峡谷边缘走动的骑兵大声呼喊自己看见了另一具尸体。我们都向前行进。虽然隔着一段距离，但我们都认出那是年轻的皇太子。由于早已死亡，当时仰卧着的皇太子的手臂已经僵硬。皇太子的一只手在胸膛上，头向右边略弯，嘴巴微张，脸上没有痛苦的迹象。虽然皇太子的右眼已经被标枪沉重的一击给夺走了，但左眼没有受损，并且温柔地看着前方。在皇太子的胸口上，有十七至十八道标枪伤口，而他的腹部虽然被切开——这是那些野蛮人的习俗——但内脏并没有被移除。斯科特医生和我检查了皇太子的身体，查看他的背部是否有伤口——我们想知道他有没有被阻止上马。皇太子背部的伤口是从胸前刺过的标枪留下的。皇太子的脸朝着对手，死得英勇，并且没有丝毫胆怯。这也是我后来对欧仁妮皇后说的话——我向欧仁妮皇后描述了所有的可怕场景。在抬起皇太子的头时，我们的目光被皇太子经常戴在脖子上的金链子吸引了。金链子上面系了几个天主教链坠和波拿巴将军从印度带回来的印章。祖鲁人是因为害怕这些护身符才没有把它们拿走吗？可能是吧。莫利纽克斯小心地把这些链坠和印章取下来，并且最后将其交给了欧仁妮皇后。后来，欧仁妮皇后也收到了皇太子的剑——那是在第二代查斯特菲尔德男爵弗雷德里克·奥古斯塔斯·泰思哲与祖鲁酋长交涉之后获得的。

侦察队所有的士兵和军官都聚集在峡谷边，围着第一个战争受害者——皇太子的尸体站着。皇太子的眼睛终于闭上了，而他的身体被一件

祖鲁人

从马身上脱下来的毯子包裹着。在不远处，一辆救护马车在等待着。尸体被小心地用长矛制成的简易担架固定住，然后由官员们抬上马车，并且走了将近一英里远。三个小时之后，这支悲伤的队伍到达了营地。皇太子的遗骸被放在一个帐篷里面。起初，有人提议将皇太子安葬在营地，而所有的士兵都拿着铲子准备挖掘坟墓。然而，进一步的商量之后，大家决定将尸体送去德班。在德班，有一个士兵准备好了将皇太子的尸体运回英国。大家在营地举行了一个葬礼。仪式虽然非常简单，但十分感人——皇太子的尸体被一面三色旗盖着，而所有士兵都向皇太子敬礼。

以上是鲍尔•德力格的说法，而后来，盖着皇太子的尸体的那面三色旗被保存在奇泽尔赫斯特。

皇太子究竟是如何死亡的？不仅当时的人们常常问这个问题，而且将来可能仍会有人会问。然而，这个问题没有，以后也永远给不出绝对的答案。关于这个问题，我收集了三类证据：第一类是一位目击者的话，而这个目击者目睹了皇太子的灾难；第二类是调查委员会官员做出的报告；第三类是1880年，访问好望角时，欧仁妮皇后从当地的知情人士那里得到的一些消息。我不仅详查了所有的证据，而且总是跟欧仁妮皇后谈起这个话题。

以下是我的结论：

在离开科培-阿雷的几分钟之前，凯里和皇太子说他们不会走出依自立——白天也走不了多远。英国军队的军官们虽然非常担心皇太子的安全，但都认为他不会走到伊迪蒂斯河谷——这起不幸的事故发生的地方——那么远。鲍尔•德力格也这么认为。然后发生了什么？凯里和皇太子收到的命令变了吗，还是他们在路上决定擅自改变计划？本该处在据点的皇太子究竟是如何在十一英里外被杀害的呢？验尸官也没有就这些问题给一个满意的答复。

到达英格兰时，凯里说哈里森给他发布了这些命令：“明天，皇太子将要重新侦察你们选择的路线，以便确定到达扎营点的方法。你需要留在营地并且完成你的地图。”凯里回答道：“由于明天队列也在行进中，我无法完成地图。你能允许我

在德班，军队列队恭送皇太子的遗体

和皇太子一起去吗？因为我想再仔细检查一下地形，以便核查我不太确定的具体细节。”稍加犹豫后，哈里森说道：“好的，你可以去。”

皇太子毕竟是被特别委托给凯里的，但为什么哈里森对允许凯里陪同皇太子去确定扎营点犹豫呢？此外，凯里对哈里森说的话很清楚地表明，皇太子勘测的是凯里前一天已经仔细检查过的路线。凯里继续用一些模棱两可的措辞说道：“皇太子在执行一个特殊的任务——这项任务只委托给了他一个人，而我陪着他只是为了保护他。”实际上，皇太子的“特殊任务”不仅非常简单，而且是这次事件的神秘之处。皇太子的任务就是在大部队的前面行进，标注第一次驻扎的地点，然后停在那里。由于这不是一个危险的任务，英国军队没有给皇太子安排一支特殊护卫队。对于这个计划，凯里补充说：“几天前，我们骑马勘察，并且离那个牛栏有两英里远。我告诉第二代查斯特菲尔德男爵弗雷德里克·奥古斯塔斯·泰思哲我选择的路线，而他注意到那儿有一个三十英尺[①]宽的峡谷，并且问了我军队要如何跨过这个峡谷。”虽然凯里想要再次考察，但因为要给参谋配备护卫队非常困难，所以他认为以皇太子的名义去获得他想要的东西会更简单。凯里很肯定，一旦到达依自立，便可以顺理成章地让皇太子陪同他去伊迪蒂斯河谷，而他们二人如果稍微加快一点速度，就可以及时赶回营地。按照凯里陈述的，以上便是他所有的计划。

欧仁妮皇后不仅收集了所有与皇太子的死亡有关的报告，而且像守护珍宝一样，守护着与那场可怕的灾难有关的所有点滴记忆。我从《每日新闻》的通讯记者那里了解到了关于那次远征的志愿者们的一些情况。《每日新闻》的通讯记者告诉我：“这些志愿者中有荷兰人、德国人、法兰西人、非洲殖民地民众和英国逃兵——他们身上有一种不服输的精神，并且在经历数次冒险后，终于抵达了纳塔尔。当皇太子踏上这次危险的远征时，这些志愿者成为皇太子的护卫队员。志愿者们的头目谢普斯通虽然接到命令释放五位巴苏陀人，但没有遵循命令——他没有送走任何一位巴苏陀人。不久后，皇太子带着自己的六个骑兵和凯里出发了。皇太子的身边还带着一位祖鲁兰友人。这不禁让人觉得有点蹊跷——为何是由没有固定任务和任何远征经验的皇太子带队侦察？凯里有着丰富的远征经验，本应该来帮助皇太子。为

① 1英尺约合0.3米。

巴苏陀人

何凯里没能施救呢？此外，为何这八人在关键时刻没有开枪呢——他们的马提尼卡宾枪可都装满了子弹。伍德推测袭击皇太子的祖鲁人部队一定有三十人左右，而这八位手持马卡提尼卡宾枪、配有手枪和马匹的欧洲远征志愿者居然不是这三十人的对手？”

后来，凯里说自己不负责这次远征，因此不需要为这些不愉快的事情负责。显然，如果皇太子同意越过依自立，那么也仅仅是为了取悦凯里。此外，不是皇太子派凯里去伊迪蒂斯河谷，而是凯里对那个地方感兴趣。然而，事实上，皇太子所做的一切都是出于好意。1879年6月2日，即此事发生后的第二天，即将出发去搜寻皇太子的遗体时，凯里曾对鲍尔·德力格说了一番话，而鲍尔·德力格把这番话原封不动地告诉了我——“我很确定，虽然如果我当时愿意等待更庞大的护卫队护卫我们出行的话，那么根本不会发生这些麻烦，但皇太子想快点出发，而我不愿意违抗他的命令。”在依自立停留了大约一个小时后，这支小小的护卫队继续前进。然而，是谁下的命令让皇太子一行继续前进？是皇太子吗？还是他们一致达成的意见？据凯里说，皇太子下达了继续前进的命令。无论怎样，皇太子一行很快就到达了伊迪蒂斯河谷，并且在那儿停止了前进。随后，皇太子开始画地图，而凯里在地图上标记了不同的停留处。皇太子一行虽然甚至用望远镜观察了周边的地形，但没有看到任何可疑之处。然后，皇太子一行缓缓地下了山，并且决定将马系在河岸边。凯里承认，由于从未考虑到祖鲁人会在那片区域出没，他们不仅没有警惕会遭到攻击，而且解下了马鞍——凯里说这是皇太子的指令。皇太子坐在地上休息，而凯里使用望远镜观察。其他人纷纷开始泡起了咖啡。实际上，所有人都走进了敌区，只是没有人发现而已——周围环绕着小山坡，而地上遍是长长的野草。在那次不幸的事件之后，凯里不仅推卸责任，而且对英国报社说：“驻扎点不是我挑的——虽然我想驻扎在一个更高的位置，但皇太子执意要在狭小的山谷里休息。我违反命令不合适，尤其是我提出反对意见时，喜欢发号施令的皇太子便会不开心。”1879年6月4日，由于有点担心自己的措辞欠妥，凯里略微改动了他与《伦敦每日报》报社的通话——凯里说：“我多么希望自己能被大家理解。在某种程度上，我没有责备——没有因为挑选了错误的驻扎地点而责备皇太子。无论多或少，我们所有人都对此事负有一定责任。”

然而，粗心并不是酿成这次悲剧的唯一因素。这次悲剧与凯里的胆小也有很大关系。祖鲁人到达时，马已经重新上鞍——皇太子一行正准备出发。祖鲁人的攻击非常突然。那一刻的皇太子在做什么，怎么会被落下呢？对于这一点，有很多不同的说法。凯里第一次的说法是他看见皇太子被一个大石砸中了心脏，坠马而死。凯里说，由于战友被杀，皇太子只能立即逃离。然而，再次回到营地时，凯里又不太肯定自己的猜测。然后，凯里虽然声称皇太子是在牛栏处被刺身亡的，但不知道皇太子是如何被刺的。第二天，再次检查案发地点时，很少有人知道事件的经过——案发地点已经被人破坏了。另一个关于皇太子的死亡的说法是这样的：受到突如其来的攻击后，每个人都理所当然地拼命保全自己，而皇太子早已经被那些士兵和军官遗忘得一干二净。在逃跑的那一瞬间，凯里和皇太子不仅挨得很近，而且他们二人后面还跟着四个人。看到其他的马开始奔跑时，皇太子的马也开始奔跑——殖民地的马习惯于步调一致。很快，皇太子追上了自己的马，并且开始设法跳上马鞍。然而，皇太子不仅没有抓到马鞍，而且滚到了地上。皇太子独自面对敌人的攻击，心里暗下决心一定要尽全力保护自身安全——从皇太子的尸体的位置和面部的表情可以证实这一说法。斯各特先生和罗宾生先生认为，那把刺伤了皇太子右眼和大脑的标枪是从远处投掷过来的，而这一投的后果是致命的。虽然每个人都希望事实就是这样，但从祖鲁人的叙述来看，事实并非如此——负责寻找皇太子遗体的莫利纽克斯也支持祖鲁人的说法。通过现场的一些发现，莫利纽克斯推断这场战斗应该是很令人绝望的——峡谷中湿润的土壤上有皇太子带血的脚印；马镫上有血迹；血迹上带着泥土。因此，莫利纽克斯推测皇太子死之前受了很重的伤。莫利纽克斯还做了一些假设：皇太子受的伤都是在身体的前面；他的左臂至死都保持着抵挡姿势；他的左前臂被标枪割伤了，满是横条纹状的伤口。这些伤口表明，当时，不幸的皇太子用左臂作为掩护，用右手举着剑与敌人搏斗，直至筋疲力尽。莫利纽克斯的假设似乎是建立在确凿的事实上的，而之后的证词也证实了他的假设。

下面是我通过和一些志愿兵交谈而收集的一些证词。

威利斯对我说：“下山后，我们到达了牛栏，并且离伊巴丹河大约一百英尺。牛栏旁边有四五个小木屋，前面是空旷的平地，周围都是高高的杂草和挺立的庄稼。

皇太子命令我们卸下马鞍，将马匹牵到草地上。我们坐在草地上休息和喝咖啡。1879年6月1日16时，由于有人看到一个祖鲁人穿河而过爬上了对面的小山，我们立即给马上鞍。正当我们要上马出发时，祖鲁人发起了袭击，箭如雨下。由于正在骑马疾行，我虽然看到两个人从马上掉下来，但无法认清是谁。在离一个幽深的峡谷五十码处，我们追上了凯里。吼声如雷的祖鲁人继续追击我们。”

格拉博对我说：“抵达牛栏时，我们发现了狗，以及祖鲁人曾在那停留的痕迹。祖鲁人第一次发起攻击时，我看到罗杰斯从马上摔了下来。然后，雷托格向我跑过来，大喊道‘皇太子受伤了’。我回过头，看见皇太子正抓着马镫，而马拉着他飞奔。不久，皇太子摔到了地上，似乎还被马踩伤了。虽然我想向祖鲁人发起攻击，但不仅我的马绊跌在峡谷里，而且我的枪也从手中滑落了。从惊吓中恢复过来时，我察觉到皇太子的马就在我身旁。凯里命令我们拴住马。”

科克雷对我说道：“穿过峡谷并且离牛栏五十码时，我看见皇太子正在徒步行走，而祖鲁人不断靠近他。皇太子的马从相反的方向逃走了。从那以后，我再也没有看到皇太子。我们因为不仅只有三个人，而且还都分开了，所以无法帮皇太子脱险。我们马不停蹄地跑了大约两英里。”

雷托格说道：“我们从皇太子身边经过时，皇太子紧紧抓着马镫的皮带，试图坐上马鞍。我对皇太子说，‘殿下，快跨上去。’皇太子没有答复我，也没有抓住缰绳。我看见皇太子摔了下来，他被马踩伤了。”

这些便是那些志愿兵的话，而他们的言辞仿佛让我亲眼看到了这个惨痛的悲剧。在这起令人悲痛的事故中，凯里的表现应该受到斥责。有人怀疑凯里是一个叛徒，让皇太子陷入敌人的圈套，而自己机智地逃走。这次的事件已经根植在法兰西人的心中，而法兰西皇室家族仍然无法对这次事故释怀。

皇太子死亡的消息传到英国时在英格兰军队引起了一场骚乱。一场持久的讨论由此开启——讨论谁应承担这次事故的责任，而英格兰的军事大臣就此发表了一场演说。有一次，我对欧仁妮皇后说了这番话。下面是我和欧仁妮皇后的谈话记录：

“陛下，您一定记得，启程去祖鲁兰时，皇太子不仅没有任何使命，而且没有任何的军衔——他只需要跟随着第二代查斯特菲尔德男爵弗雷德里克·奥古斯塔斯·泰思哲。第二代查斯特菲尔德男爵弗雷德里克·奥古斯塔斯·泰思哲接到来自军队总指挥汉诺威王朝的第二代剑桥公爵乔治·威廉·腓特烈·查尔斯的细致指示——第二代查斯特菲尔德男爵弗雷德里克·奥古斯塔斯·泰思哲不仅要时刻在皇太子附近，而且要时刻关注和照顾他。然而，我们的军队——尤其是在南非这样的国家——是很不安全的。我亲眼看见第二代查斯特菲尔德男爵弗雷德里克·奥古斯塔斯·泰思哲给哈里森下达了命令，并且派专人保护皇太子，而这说明第二代查斯特菲尔德男爵弗雷德里克·奥古斯塔斯·泰思哲没有忘记自己的责任。陛下应该还记得，1879年6月1日早晨，第二代查斯特菲尔德男爵弗雷德里克·奥古斯塔斯·泰思哲虽然不仅曾询问下属皇太子的位置，而且在得知哈里森让皇太子在主力部队时感到很满意，但不知道皇太子已去侦察地形了。有人告诉我，由于很欣赏皇太子的果敢和个性，第二代查斯特菲尔德男爵弗雷德里克·奥古斯塔斯·泰思哲逐渐给了皇太子更多的自主权——皇太子甚至参与了伍德麾下的部队的任务。伍德虽然精力充沛，但有点鲁莽。1879年5月20日，我们接到了来自第二代查斯特菲尔德男爵弗雷德里克·奥古斯塔斯·泰思哲的电报。我们从电报中得知，在一次侦察中，皇太子差点遇到了麻烦，而电报末处补充道：‘我再也不会让类似的事情发生——我再也不会让他遇到危险。’”

看了这封电报，欧仁妮皇后非常感动。欧仁妮皇后非常了解自己的儿子的性格——他会利用每一次机会展现自己，没有什么能阻止他做想做的事。皇太子奇迹般地脱险后，大家都希望第二代查斯特菲尔德男爵弗雷德里克·奥古斯塔斯·泰思哲能将皇太子留在身边。不了解想要有所作为的皇太子的波拿巴主义者认为皇太子可能仍然在伍德的部队——他们如果知道皇太子被哈里森派去前方侦察的话，那么应该会非常失望。然而，直到收到宣告皇太子死亡的电报，大家才知道这些情况。

伍德和欧仁妮皇后的关系一直很好。从军队退役后，伍德住在阿德肖特附近，并且每周日都会去法恩伯勒拜访欧仁妮皇后。皇太子常常是伍德和欧仁妮皇后谈话的焦点，而碰巧赶上时，我会仔细地记录伍德说的话。一天晚上，伍德说道：“皇太子给我留下了很深的印象——他的想法和个性表明他是一位真正的士兵。皇太子总是孜孜不倦地学习军事知识。我仍然记得，祖鲁兰战争期间，皇太子曾陪同雷德弗斯•布勒一起巡逻。一次巡逻返回后，我问皇太子：‘你没有被祖鲁人的标枪吓到吧？’皇太子答道：‘虽然我不想死，但如果有一天必须直面敌人时，那么我宁愿死在标枪下也不愿中弹身亡——中弹身亡说明我未曾直面敌人。’这次的对话真是令人痛惜的巧合。”

后来，英国驻巴黎大使馆的军事专员威利尔斯被维多利亚女王派去收集更多关于皇太子的死亡的信息。威利尔斯让我再一次听到了从那些野蛮人口中说出的故事。

“祖鲁人先从侧面冲过来，然后派了三四个人去对付皇太子。皇太子准备上马时，他的马儿被慌乱吓到并且往后退了几步。行李滚到了马鞍后面，而皇太子抓住

维多利亚女王

了行李。马儿飞奔起来，导致皇太子掉在了地上。祖鲁人说，当时，皇太子只离逃走的伙伴有六十五码。然后，七个野蛮人开始攻击皇太子。有一个野蛮人与皇太子搏斗起来，而皇太子毫不畏惧。这个野蛮人趴在草丛中，朝皇太子投射了标枪。标枪射中了皇太子的大腿。皇太子拔出标枪，并且用它来抵御敌人。我记得其中一位祖鲁人说过的几句话，他说：'皇太子战斗起来像只老虎。他虽然用手枪开了两枪，但没有打中。我也射了他，同样没射中。是拉巴嘎杀死了皇太子——他弄伤了皇太子的左肩膀。然后，我冲向皇太子，而皇太子一直全力抵抗，导致我们必须与他保持一定的距离。'另外一个祖鲁人对我：'如果我知道他叫拿破仑，那么我们会放过他的。'"

呈上皇太子死亡的官方报告后，威利尔斯亲自向欧仁妮皇后讲述了所有的细节，并且带来了从祖鲁人那找到的皇太子的衣服。欧仁妮皇后厌烦了威利尔斯的讲述，仔细端详着皇太子曾穿过的大衣——大衣上到处都是标枪留下的破洞。皇太子的贴身男仆尤里曼辨认出这件大衣是1879年6月1日早晨他帮皇太子穿上的。欧仁妮皇后抓住衣服，亲吻武器留下的破洞——每一个洞都是皇太子身上的伤口。欧仁妮皇后越亲吻越无法控制自己，匆忙离开了房间并且大声哭泣。

军事委员会谴责凯里时，欧仁妮皇后曾写信给我请求宽恕凯里，以便他能够获得上尉的头衔，并且年老时能拿到一笔退休金。我告诉欧仁妮皇后，其他长官纷纷避开凯里，指责他在关键时刻胆小如鼠。后来，凯里没几年就去世了，而我的一个朋友认为这是愧疚和沮丧造成的。

皇太子死亡的消息传开后，欧仁妮皇后接到了来自法兰西和欧洲其他国家不计其数的电报——欧洲的君主们没有忘记她的痛苦。欧仁妮皇后闭门不出，不再见任何人。直到皇太子的棺材被放置在大厅时，欧仁妮皇后才缓步来到灵柩旁。运送皇太子遗体的轮船到达伍尔维奇后，水手们将他放在了祭坛脚下。威尔士亲王阿尔伯特·爱德华和众多有身份地位的人都来到祭坛附近。一位曾经给皇太子补过牙的美国牙医认出尸体的确是皇太子的。

整个奇泽尔赫斯特陷入极度的悲痛中。奇泽尔赫斯特教堂的入口大厅成了停尸间——大厅里摆放着维多利亚女王赠予的花岗石雕刻的石棺，而天花板上布满了法兰西的国旗。士官和皇太子的朋友们日日夜夜看守着遗体。我也是其中的一员。欧仁妮皇后几乎每晚都会来为皇太子祈祷。教堂唱经楼的南侧被用作皇太子临时的坟墓。在这次仪式中有欧仁妮皇后，一些皇室家族成员，以及一些杰出的波拿巴主义者。伍尔维奇的军事学校的学员整齐划一地排列在卡姆登公馆前。卡姆登公馆的大门口放置了一些枪。抬棺人是英格兰王子、瑞士王子和一些皇族成员。弗勒里等人提前从军中请假，参加了皇太子的葬礼。数以千计的法兰西人，以及二十多万英国人来到奇泽尔赫斯特教堂并且出席了这次葬礼，而每个人的情绪都非常低落。维多利亚女王特地看望了欧仁妮皇后——她在一间昏暗的房间里发现了欧仁妮皇后。维多利亚女王进来后，欧仁妮皇后努力想让自己站起来，但由于太虚弱，她连站起来的力气也没有。维多利亚女王示意欧仁妮皇后不必站起，缓缓地走了过来——她们二人抱在一起，没有一句话，唯有痛哭。那天，玛蒂尔德·波拿巴公主也来看望了欧仁妮皇后。奇泽尔赫斯特教堂举行了一个庄严的仪式，枢机主教宣读了悼词。拿破仑三世和皇太子没有一直在奇泽尔赫斯特教堂长眠——欧仁妮皇后后来为他们专门建了一座教堂。

弗兰切斯基尼·彼得里说："皇太子已经去世了，而欧仁妮皇后对反波拿巴主义者的声音没有丝毫兴趣。皇太子有一个意愿——'只要有波拿巴，帝国的事业就会有人代表。我们的家族对国家的责任不会因为我的死亡而暂停。拿破仑一世和拿破仑三世的任务将会由拿破仑家族年长的王子承担，而我相信我的母亲会用自己毕生的精力去帮助他。'"拿破仑主义者虽然这次碰面时仍有不一致的意见，但还是认为拿破仑·热罗姆应该被推为领袖。由于很少与拿破仑·热罗姆观点一致，欧仁妮皇后很担心这样的安排会带来障碍和尴尬。不久，事实便证明了欧仁妮皇后的担心与推测是正确的。1883年，拿破仑·热罗姆因公开反对共和国而被捕。虽然欧仁妮皇后跟拿破仑·热罗姆的关系一度密切了些，但后来还是分道扬镳了——欧仁妮皇后不仅更加偏爱维克多·波拿巴王子，而且经常在经济上给予他支持。虽然欧仁妮皇后那敏锐的洞察力让她拥有比其他政治人士更透彻的分析能力，但随着时间的流逝，内心的伤痛使她愈发对政治不感兴趣。

1880年3月25日，欧仁妮皇后离开了奇泽尔赫斯特并且去了祖鲁兰。与欧仁妮皇后同行的包括伍德先生和伍德夫人、皇太子在伍尔维奇的友人斯莱德、斯各特先生，以及皇太子最忠实的仆人尤里曼。在滑铁卢车站，欧仁妮皇后见到了克拉克。克拉克给欧仁妮皇后送上了一大束威尔士亲王阿尔伯特•爱德华让其转交的紫罗兰。查尔斯•波拿巴王子也来到了车站——他从罗马赶来，并且上了火车，在车厢陪同欧仁妮皇后直到抵达南安普顿。1880年3月25日下午，欧仁妮皇后登上了一艘轮船。一切都显得井井有条。在航行中，欧仁妮皇后坐在轮船的餐厅中心的餐桌边，而餐厅内还有五十多位一等舱乘客。航行非常顺利——平静的海面，寂静的天空，欧仁妮皇后经常会走上甲板，强迫自己准备好面对痛苦。

1880年4月25日，轮船抵达了开普敦的伊丽莎白港，福莱尔先生热情接待了欧仁妮皇后并且将她安置在开普敦市政厅的公寓。离开开普敦后，欧仁妮皇后继续航行，到达了纳塔尔省的彼得马里茨堡市，并且从那登陆上岸。短暂停留后，欧仁妮皇后又继续航行。在德班，欧仁妮皇后下了船，而伽奈特•沃斯雷先生专程来迎接她。虽然下船时天色已晚，但月色非常明亮。欧仁妮皇后踏上这片非洲的土地，想起了所有的伤心事——皇太子本是一个活力四射、胸怀大志的年轻人，而就在几个月前，他就是在这片土地上遭遇了不幸。欧仁妮皇后是贝恩特的贵宾。由于欧仁妮皇后想过幽静的生活，不想被打扰或见任何人，贝恩特为她在公园外搭建了一个帐篷以便登记想拜访欧仁妮皇后的访客。离开德班后，欧仁妮皇后一行又去了马里茨堡和博塔斯希尔，而后来的路程多是乘坐马车。1880年5月中旬，欧仁妮皇后抵达了乌得勒支。乌得勒支是祖鲁兰和德兰士瓦边界的一个城镇。乌得勒支到处都是荷兰波尔人，而皇太子原先所属的英格兰军队也曾在此驻扎了两周——这让欧仁妮皇后不禁又想起了皇太子。当地的防御营地建有一个临时救护点。从在战役中受伤的一些士兵口中，欧仁妮皇后得知，在这个临时医院，皇太子曾花了很多时间慰问伤病员——在这里，不幸的他最后一次向世人展现了自己的善心。欧仁妮皇后也在这个地方停留了几天。1880年7月1日16时，欧仁妮皇后去了皇太子战死的河谷。在伊迪蒂斯河谷，伍德先生详细地向欧仁妮皇后讲述了皇太子的遭遇。欧仁妮皇后看到了维多利亚女王下令在皇太子遇难的地方立起的十字架，而此处已委托给杀害皇太子的祖鲁人照管。在皇太子英勇战死的地方，欧仁妮皇后举办了一个庄严的悼念仪

皇太子的葬礼

伽奈特·沃斯雷

威尔士亲王阿尔伯特·爱德华

式。直到夜幕降临，大家才离开。欧仁妮皇后注意到了维多利亚女王和威尔士亲王阿尔伯特·爱德华放在十字架基座的花圈，而她给和皇太子一起战死的两名士兵也献上了花圈。在返回途中，欧仁妮皇后还参观了停靠在港口的“多瑙河”号——皇太子曾经乘坐“多瑙河”号这艘船从南安普顿抵达内塔尔。此外，善良的德拉普为欧仁妮皇后讲述了很多在皇太子的最后一次航行中发生的有趣的故事。回英格兰的途中没有发生什么事。在这次旅行中，欧仁妮皇后虽然心情极度悲伤，但同时也得到了一丝慰藉。

从祖鲁兰回来后，欧仁妮皇后在南安普顿的奈特雷医院待了一天——那里住着几个亲眼看见了皇太子遭遇的病人。这些病人说了很多，而欧仁妮皇后也从他们那儿了解到了更多的一些信息——欧仁妮皇后想用这些信息来缓解自己的痛苦。这些病人说了很多赞扬皇太子的话，而这些话听起来亲切又真实。

第8章

皇家互访

在统治期间，通常出于某些政治原因，所有的君主都会公开出访，而拿破仑三世也不例外。第二帝国时期，拿破仑三世的名字似乎有着魔力，并且对法兰西的农民阶层特别具有吸引力。拿破仑三世迅速利用这种吸引力巩固了自己的新政府。因为与人民群众保持密切联系令拿破仑三世十分快乐和满足，所以他极力改善人民群众的生活状况。在统治期间，拿破仑三世经常出访，其中有很多有趣的细节。1860年，拿破仑三世去了萨瓦和尼斯，随后跨越了科西嘉岛，最终到达了阿尔及利亚。拿破仑三世的整个行程耗时五周，规模宏大，是第二帝国有史以来最长的一次巡游。

巡游中最重要事情之一就是要有随行的宫廷马车，以及随时可供取用的精致的巡游用品。可以说，这次行程的各个方面都被安排得妥妥当当。作为极其重要的王室侍从，弗勒里掌管着这次巡游的方方面面。弗勒里做事十分周到细致，并且得到了拿破仑三世和欧仁妮皇后的认可。值得说明的是，由于认为这次巡游意义重大，拿破仑三世亲自策划了这次巡游的总体方案。与此同时，拿破仑三世一直都对地理很感兴趣——研究地图比阅读精彩的小说能让他更加开心。拿破仑三世戴着一副大眼镜，手拿一支铅笔，在纸上描描画画。拿破仑三世和弗勒里常常会花几个小时分别绘制厚厚的图集，绘出河道和马路，注上图解，标记距离和一些细节，随后，他们二人会将两种版本结合起来，设计出尽可能好的路线。

地理因素只是巡游需要考虑的因素之一。每一个内阁成员都会对拿破仑三世可能要经过的地方给出一些信息和建议。因此，拿破仑三世得知了关于巡游途中的每一个城市的公共设施、基础建设的一些情况。掌握了这些情况后，弗勒里做出了一个详细的行程计划。拿破仑三世同意了这个计划中的所有安排后，弗勒里再次和大臣们探讨，并且安排好了在不同地方的停留时间，官员的访问时间，以及宴会事宜等诸多事项。

在巡游中，弗勒里负责官方接待、公众宣传、生活物资三个方面。这三个方面都有独立的机构，并且单独执行其职能。然而，这三个部门都必须听从弗勒里的调度才能使整个行程和谐完善。弗勒里拟了一份说明书，总结了拿破仑三世即将出访各个地区的历史、经济和工业情况。

为了让所有的人都了解巡游中的方方面面，弗勒里将说明书印刷出来并且做到了人手一份。此外，弗勒里给拿破仑三世和欧仁妮皇后准备了一个私密的笔记本，其中记录了将在巡游中访问的地区的军事和国民情况，以及当地的著名人士。这些记录出自弗勒里的得力助手凡尔提之手——在负责安排巡游事务的官员中，凡尔提是弗勒里最重要的一位助手。这些记录是凡尔提的手稿，而现在已经很难找到如此细致整洁的手写笔记。写这本传记之前，我也得到了一本带有凡尔提的手稿的笔记本，并且从中可以看出他的勤勉与认真。笔记当中的一些说法和观点虽然现在看来有点可笑，但不愧为当时的一本袖珍指南书。多亏了这些笔记中的大量信息，拿破仑三世和欧仁妮皇后才能够在出访时对当地情况了如指掌并且说话得体。有了这个笔记本，拿破仑三世和欧仁妮皇后知道了国家各个部门负责人的妻子的名字，他们家中有几个孩子，以及某个官员的政治抱负和某个机构的政治倾向。

在第二帝国的多次巡游中，弗勒里在很多方面体现了极高的办事效率。1858年，拿破仑三世访问了圣马洛，而为了庆祝拿破仑三世的来访，当地市政厅特地为庆祝酒会建了一栋木屋。酒会期间，弗勒里听到了一两声木屋板材的吱嘎声，并且迅速发现木屋已经不堪重负。然而，弗勒里意识到，如果鸣警报的话，那么屋内的人会惊慌失措，乱作一团。因此，弗勒里没有慌乱，冷静地走向欧仁妮皇后，并且在她耳边说了此事："皇后陛下，舞会的天花板快要倒塌了。请您慢慢移步。我马上清空这间屋子。"随后，弗勒里搀扶着拿破仑三世和欧仁妮皇后朝门口走去，一边走一边向

圣马洛

左右的人示意问候。欧仁妮皇后虽然很紧张，但听完弗勒里抚慰的话后就变得好多了。由于拿破仑三世和欧仁妮皇后的离开，大家不仅觉得很遗憾，而且随着他们一个接一个地离开了木屋。想再次进入木屋的其他人不仅发现门已经关了，而且随即便意识到自己逃过了一劫。

拜访西班牙女王玛丽亚•伊莎贝拉•路易莎•德•博尔冯时，欧仁妮皇后也留下了美好的回忆。1857年夏天，西班牙女王玛丽亚•伊莎贝拉•路易莎•德•博尔冯开始在圣塞巴斯蒂安执政，而欧仁妮皇后当时在比亚里茨。欧仁妮皇后和自己的姐姐，即第十五代阿尔瓦公爵夫人玛丽亚•德•萨莱斯•波托卡雷罗•基尔巴特里克，以及西班牙女王玛丽亚•伊莎贝拉•路易莎•德•博尔冯，一起坐上了“科依尼”号蒸汽船，并且在快日落时抵达了一个古老且风景如画的西班牙小镇。看到迷人的风景，西班牙女王玛丽亚•伊莎贝拉•路易莎•德•博尔冯的心情也十分愉悦。欧仁妮皇后很喜欢对西班牙女王玛丽亚•伊莎贝拉•路易莎•德•博尔冯解释自己的西班牙血统，畅谈她在马德里的好友。夜幕降临时，灯火通明的小镇举行了各种各样的舞会和娱乐表演。

在这些官方的正式出访中，常常会发生一些趣事。我虽然不记得是在哪儿发生的，但确实听说过这样一件事：拿破仑三世下令，即使是没有被列入行程的站点——无论是哪一个小站点，巡游队伍都要停下。由于事先不知道计划改变，欧仁妮皇后无法及时换上合适的衣服。当时，为了尽量满足人们的好奇心，拿破仑三世从车窗向着人群挥手，并且与近处的人们握手。很多人呼喊着“皇后万岁”时，拿破仑三世很奇怪为什么欧仁妮皇后没有露面。这些呼喊声在欧仁妮皇后的耳边响起，而当时的她正坐在车厢的窗帘后面。后来，一个穿着白色裙子的小女孩到站台上向欧仁妮皇后问好。在弗勒里的带领下，小女孩的妈妈抱着她朝欧仁妮皇后的马车走去。小女孩胆怯地对欧仁妮皇后说道：“皇后，您好。我叫伊利亚恩。”在这种滑稽的情形下，欧仁妮皇后忍不住笑了，亲吻小女孩并且接受了她的邀请——欧仁妮皇后脱下了自己的旅行披风，与拿破仑三世一起从窗口向人群致意。

然而，巡游中也存在一群命运悲惨的人，即一些贫困的居民。1856年春天，一场破坏力极大的洪水袭击了罗纳河谷。洪水淹没了里昂郊区的穷困工人们的家。在艾克斯也发生了同样的事——肆虐的洪水推倒了上百幢房子，导致成千上万的百姓处于危险中。撕心裂肺的哭喊声传到了圣克卢宫，牵动着拿破仑三世对百姓，尤其是对生活在社会底层的灾民的体恤之心。拿破仑三世决定立即赶赴各个受灾地区。在尼尔的陪同下，拿破仑三世来到了已经被洪水淹没的里昂的部分地区，并且用马车和船运送了大量黄金帮助当地救灾。如果我没记错的话，那么拿破仑三世总共分发了五十万两法郎。拿破仑三世的眼里饱含着同情里昂人民的泪水。里昂的居民告诉我，拿破仑三世马不停蹄地穿过整个河谷，并且把希望和救援带到了每一个受灾的角落。在瓦朗斯，拿破仑三世去了市长家。在塔拉斯孔、阿尔勒、奥兰治河和阿维尼翁沿线，暴雨淹没了农庄和房子的屋顶，狂风吹倒了房屋。拿破仑三世多次冒着生命危险慰问灾民。显然，回到圣克卢宫的拿破仑三世饱受痛苦与折磨。1856年6月4日，已经返回圣克卢宫的拿破仑三世得知西部地区发生了相同的灾难——水位猛增的卢瓦尔河对安博瓦兹造成了威胁，由于谢尔河决堤，图尔市、布卢瓦市和奥尔良市也都面临着被淹没的风险。救灾刻不容缓，而拿破仑三世又一次带着怜悯之心、乐观坚定的信念出发去安抚那些时时刻刻令他牵挂着的与命运做斗争的人们。一直没有人知道拿破仑三世如何坚定地面对这些考验。

1855年4月，拿破仑三世访问了伦敦，并且表示了与英国建立友好关系的意愿。1855年8月，维多利亚女王和阿尔伯特亲王访问巴黎后，拿破仑三世不仅进一步提出了这一建议，而且对这一建议给出了详细的阐述——这对欧洲的政治格局起了非常重要的领导性作用。

1855年，虽然发生了克里米亚战争，但巴黎世界博览会还是如期隆重开幕了。来自欧洲各国的人们蜂拥至矗立在香榭丽舍大道中心的工业殿堂——这儿是这座城市最具魅力的地方，与很多国际盛典息息相关，直到几年前才关闭，而各种艺术作品，如绘画、雕塑等，在这陈列了将近半个世纪。在节日中漫步于这座工业殿堂的人们回忆起它最后一次发挥作用是在1897年5月4日充当因某个慈善义卖上的火灾而受伤的人们的临时庇护所。

拿破仑三世已经得到了维多利亚女王的承诺——维多利亚女王会在展览期间拜访他。过了一段时间，维多利亚女王宣布自己将在1855年8月访问布伦。拿破仑三世从首都赶到布伦来迎接他的贵宾，并且希望法兰西这片土地能给维多利亚女王留下深刻而美好的印象。维多利亚女王乘坐的游轮一登陆，拿破仑三世便迫不及待地登上了游轮——就如同在温莎一样，维多利亚女王向拿破仑三世行贴面礼以示问好，并且和他互相交换了美好的祝愿。之后，游轮到达了精心装饰过的码头。在拿破仑三世的陪同下，维多利亚女王上岸并坐进了马车。与维多利亚女王同行的还有阿尔伯特亲王和他们的两个孩子，即威尔士亲王阿尔伯特·爱德华和维多利亚公主。拿破仑三世像个侍从一样在马车右边骑行，而巴拉盖·海耶尔在左边骑行。一批精神抖擞的军官跟在这一队马车后面。军官后面有众多士兵。场面十分壮观。由于维多利亚女王的来访，在克里米亚的英军和法军结成了同盟，而这也是所有的百姓聚集在大街上的一个原因。

据说，1855年8月18日14时，为了一睹英国君主在法兰西第二帝国最声名显赫的人的陪同下进入巴黎，二十多万百姓齐聚在香榭丽舍大道的绿荫道上。每一个可以利用的角落都站满了人——有挤在窗口的人，三五成群的工人，精心打扮的女人们，兜售商品的小贩，被村长、牧师、消防员带领着的来自不同地方的居民，以及来自国外的陌生人。躁动的人群焦急地等待着，在凯旋门下推推搡搡。到处都是为了欢迎维多利亚女王而布置的大旗帜、小旗子和横幅，而这些旗帜和横幅上写着一些欢迎词——这样的场景让人看了便难以忘怀，而人们心中怀揣着由于这座伟大城市而产生的自豪之情，以及对维多利亚女王和拿破仑三世出席盛会的喜悦之情。

夜幕降临时，鸣响的大炮宣告维多利亚女王即将到达斯特拉斯堡站。皇家列车停下后，德·罗温斯特走上前去并且以国家卫队的名义向维多利亚女王献上了鲜花。维多利亚女王登上四匹马拉的马车时，乐队奏响了《上帝拯救女王》。拿破仑三世让年幼的维多利亚公主坐在维多利亚女王身边，而拿破仑三世则坐在阿尔伯特亲王身边。威尔士亲王阿尔伯特·爱德华与拿破仑·热罗姆坐进了第二辆马车。伯纳德·皮埃尔·马格南在皇家马车的右边骑行，而左边是德·罗温斯特。后来，英国国王爱德华八世曾表示，维多利亚女王的这次来访把英国和法国紧密地联系在了一起。

军队在从巴黎车站到圣克卢宫的街道和马路上列队。斯特拉斯堡大道、格兰斯大道、香榭丽舍大道、布罗涅森林大道、布伦的村庄，甚至所有的公路，以及通往圣

威尔士亲王阿尔伯特·爱德华

维多利亚公主

克卢宫的塞纳河大桥上都有士兵守卫着。在黑夜中，不计其数的闪耀的灯光将整个圣克卢宫的轮廓呈现了出来——正如拿破仑三世说的那样，这个场景中似乎有无数精灵飞舞着。皇室贵族们和百姓们都对这种效果赞不绝口，而维多利亚女王和阿尔伯特亲王也多次夸赞每一个地方的壮丽辉煌，表达了他们最真诚的情感。

国民护卫队聚集在圣克卢宫的大道上，宫廷里和屋顶平台上。有许多学童和孤儿站在靠近大门的地方迎接维多利亚女王。小男孩站一边，小女孩站在另一边。这次访问令维多利亚女王特别开心——她喜爱孩子们陪伴在她身边。维多利亚女王倚着阿尔伯特亲王说道："在宴会上，只有艺术之国法兰西才能想到既聚集强健的士兵又带来天真的孩童。我确定这是欧仁妮皇后的一贯做法。"拿破仑三世听后赞同地点了点头。

在玛蒂尔德·波拿巴公主和所有的皇室贵族的陪同下，欧仁妮皇后一直在宫殿等候着维多利亚女王。首次见面互相问候之后，在拿破仑三世、欧仁妮皇后和阿尔伯特亲王的陪伴下，维多利亚女王走上了圣克卢宫的台阶，而台阶两边是一动不动的护卫兵。"这些护卫令我想起了自己的贴身护卫。"维多利亚女王对拿破仑三世说。大家发现维多利亚女王的两个孩子目不转睛地盯着穿着军装的高大英俊的护卫。

随后，欧仁妮皇后带着维多利亚女王去看为后者准备好的房间。从英格兰远道而来的皇室贵族宾客虽然路途疲惫，但没有就此停下来休息。维多利亚女王没有时间为了盛宴而精心打扮自己——不仅所有的人都在等着她，而且可能是由于长途跋涉刺激了胃口，客人们和东道主们似乎都饥肠辘辘。

在访问圣克卢宫期间，维多利亚女王都住在这间精心装饰的房间里。房间的门和窗户上挂着两位法兰西知名画家，即路易斯·布朗热和福斯丁·贝松不久前完成的几幅画作。在过去的几个月里，拿破仑三世亲自监督房间每一处的装饰工作——他希望维多利亚女王住在这里就像住在温莎的居所。城堡第一层房间位置最好，窗户朝着阳台，并且能够看到漫步在屋顶平台的人、圣克卢村庄的斜坡草地、布罗涅森林波涛般的绿油油的树木，以及更远的通往远方巴黎的地方。从房间的另一边望去，不仅可以欣赏美丽又明媚的花园——花园里开着花儿，有着闪着灯光的喷泉和小瀑布，而且可以看到州际公路和通向圣克卢公园的绿荫大道。

房间里，墙上挂着美丽的挂毯画和里昂的丝织品，陈列着精挑细选的漂亮家具，包括由皇家木工匠师让-亨利·里厄泽纳制作的路易十六衣柜。让-亨利·里厄泽纳是著名的衣橱制作人，而卢浮宫现在也收藏着他制作的衣柜。此外，房间里还有几个原本属于玛丽·安托瓦内特、被欧仁妮皇后买下装饰闺房的艺术品。墙上还挂着几幅来自卢浮宫的油画，这些油画属于弗兰德和威尼斯画派。

1855年8月18号21时，皇宫内所有的人都聚集在圣克卢宫的大厅。致辞后，拿破仑三世和欧仁妮皇后陪同着贵宾们走进戴安娜大厅——那儿已为宾客准备好了盛宴。维多利亚女王让阿尔伯特亲王注意精美的天花板——17世纪的极具天赋的画家

让－亨利·里厄泽纳

皮埃尔·米涅尔

皮埃尔•米涅尔用六块镶嵌板拼出了他们头顶上的这幅画作，而戴安娜大厅的名字也由这幅画作中的一位女神而来。

宴会上的维多利亚女王穿着洁白的低领礼服，手上戴着戒指，而戒指上的红宝石分外显眼。维多利亚女王中分的秀发垂落在耳朵两边，头发的后部别着一根羽毛形钻石装饰物。维多利亚女王唇红齿白，有着大大的双眸，眼神温柔又坦诚，身材虽然娇小，但比例很好，看起来气势十足。对到场的所有人，维多利亚女王都致以友好的微笑，她告诉众人自从踏上法兰西的土地，不管走到哪儿都受到人们由衷的欢迎，令她十分喜悦。

1855年8月19日，由于着迷于公园的美景，维多利亚女王比平日提前一小时就出门散步了。看到维多利亚女王后，拿破仑三世便和她一起在圣克卢宫的古树下散步。拿破仑三世很惊讶于维多利亚女王那世人皆知的亲切，对欧洲政事的深刻见解，以及在英国政府处理外交关系时发挥的积极作用。在与维多利亚女王这次面对面的交流后，拿破仑三世告诉欧仁妮皇后："维多利亚女王不仅是一位魅力十足的女性，而且是一位精明能干的政治家。"

维多利亚女王来访当周的星期日，大家集中精力把圣克卢宫的一个大厅布置成了英国皇室用来做礼拜的场地。维多利亚女王非常感谢大家的关心并且说道："拿破仑三世和欧仁妮皇后似乎感觉到了我的愿望。"

由于1843年曾受到奥尔良家族的盛情接待，维多利亚女王打算参观纽利城堡的遗迹。星期日下午，维多利亚女王驱车到达了纽利城堡。维多利亚女王无法忘记纽利城堡在1848年曾被暴徒洗劫一空并且烧毁的情形。维多利亚女王忧郁地注视了纽利城堡很久，并且在路易•菲利普一世曾经居住的地方沉默了许久。

然而，谁又能够预料到，就在短短几年后，用来招待贵宾的圣克卢宫殿竟会萧条到和纽利城堡相似的地步呢？1855年8月，阳光明媚，天朗气清，维多利亚女王、拿破仑三世和阿尔伯特亲王的心情就像天气一样晴朗。实际上，维多利亚女王似乎从没有如此开心——在法兰西逗留的十天里，她健谈又幽默。即使后来克里米亚战争全面爆发时，维多利亚女王对战争最后的结果也是很乐观的，而她这种心情也是有据可依的——一个星期后，克里米亚半岛西南岸的港市塞瓦斯托波尔被英法军队占领了。这个好消息传到巴黎时，拿破仑三世说："虽然维多利亚女王是对的，但我们没有把她当作卡珊德拉[①]。"

欧仁妮皇后曾这样描述维多利亚女王："回想起参观纽利城堡时的情景，一切似乎都历历在目。盛大的皇家车队停在纽利城堡的正门前，维多利亚女王走下来，手拿一把翠绿的遮阳伞，头戴一个很大的白色丝绸帽子——帽子后边有彩带飘扬，帽子顶端饰有秃鹳的羽毛。维多利亚女王身穿镶有荷叶边的纯白色长裙，脚上穿着一双系有黑丝带的鞋子，而黑丝带缠绕着她的脚背和脚踝。维多利亚女王的胳膊上挽着由一种白色布料制成的手提包，上面有用金丝刺绣的贵宾犬——这一切和当时法兰西的时尚大有不同。我细心地观察了每一个细节。在记录时，我仿佛又重新看到了所有的画面。"

① 希腊神话中的特洛伊公主，虽然具有预知天赋，但命中注定不被人相信。

围攻塞瓦斯托波尔

围攻塞瓦斯托波尔的法军

虽然人们常说贵人多忘事，但维多利亚女王不是如此。就与奥尔良君王之间的关系而言，维多利亚女王从不试图对我们掩饰她与那个垮台的皇室之间的感情。维多利亚女王不仅提出要去看纽利城堡的废墟，而且在特里亚农宫时，还特别希望参观路易·菲利普一世在1838年建的小教堂——那里是路易·菲利普一世的女儿玛丽与符腾堡王子结婚的地方。维多利亚女王轻轻地说了一句"可怜的玛丽"，并且向拿破仑三世诉说了她当时的伤心感受，而拿破仑三世不仅很能理解维多利亚女王，而且觉得她心地善良。

拿破仑三世告诉维多利亚女王："我对奥尔良的君王没有敌意。"维多利亚女王夸赞拿破仑三世这种做法正确时，拿破仑三世不禁感慨："然而，令人遗憾的是，他们的代表们经常会与我最大的敌人勾结起来。"

"你还期待什么？"维多利亚女王用非常温和的语气问道，"那些被流放过的人曾经流放试图密谋流放他们的人。这难道不是出于本性吗？在相似的处境下，您

特里亚农宫

难道没有秘密算计过他们的政府吗？”如果拿破仑三世能够体会这些话，那么他的怨气也会少很多。

对维多利亚女王的发问，拿破仑三世唯一的回答是建议维多利亚女王去参观路易·菲利普一世在革命路建的教堂。这个教堂是为了纪念奥尔良的希望——路易·菲利普一世优秀的儿子，即第十八代奥尔良公爵斐迪南·菲利普而建，就在巴黎城墙外面——1842年，第十八代奥尔良公爵斐迪南·菲利普因交通事故而死在了这里。

1855年8月19日，维多利亚女王让刚从克里米亚回来的弗朗索瓦·马塞兰·德·康罗贝尔坐在她的旁边。出于战事考虑，弗朗索瓦·马塞兰·德·康罗贝尔将总指挥的位置让给了艾玛布勒-让-雅克·佩利西耶。维多利亚女王与弗朗索瓦·马塞兰·德·康罗贝尔聊了很久，询问了与战争有关的具体问题，比如洛德·拉格兰勋爵的死亡，军队的伤情，以及军队的组建和转移等细节。维多利亚女王懂得如此多的军事知识让弗朗索瓦·马塞兰·德·康罗贝尔感到吃惊。晚饭过后，维多利亚女王和弗朗索瓦·马塞兰·德·康罗贝尔继续交谈。直到音乐学校获奖的学生们开始为音乐会演奏，维多利亚女王和弗朗索瓦·马塞兰·德·康罗贝尔的对话才结束。英国的元首们——尤其是阿尔伯特亲王非常喜欢那晚演出的音乐和节目。人们虽然把谈论的话题转向了音乐和艺术，但偶尔仍会触及国际政事。从那以后，欧仁妮皇后认同了拿破仑三世的观点，即维多利亚女王在国家事务上绝不是有名无实的角色。

虽然维多利亚女王、拿破仑三世、欧仁妮皇后及阿尔伯特亲王去参观了巴黎世界博览会，但由于想来一睹女王风采的人群太密集了，他们不得不担心可能发生踩踏事件。为了能让拿破仑三世、阿尔伯特亲王、维多利亚女王和欧仁妮皇后顺利进入博览会现场，站岗的警官们用胳膊抵挡着人群，费了九牛二虎之力。最后，为了避开人们过于强烈的好奇心，拿破仑三世一行不得不走侧门。“受欢迎也会造成一些麻烦，”拿破仑三世面带微笑说道。“虽然事实是这样的，但君主更倾向于受到过度的关注，而不是被人们冷落。”维多利亚女王轻声回应。阿尔伯特亲王接着说：“如果我是皇帝，那么我宁愿被人群挤死，也不愿被子弹打死。”欧仁妮皇后用一

第十八代奥尔良公爵斐迪南·菲利普之死

艾玛布勒－让－雅克·佩利西耶

洛德·拉格兰勋爵

句话结束了这个对话——“然而，我希望两种情况都能避免。”虽然在门口发生了一场不如意的骚乱，但大家仍兴致勃勃地参观了著名的巴黎世界博览会。

1855年8月19日夜晚，在圣克卢宫的一个小剧院里，法兰西的喜剧演员为国家元首们表演了亚历山大·仲马的《圣希尔的小姐们》。维多利亚女王虽然在伦敦已经看过很多遍《圣希尔的小姐们》，但仍想在巴黎看一遍由全国最著名的剧院中最有才华的剧团表演的这部戏剧。“除了大仲马，没有人能超越他们的艺术。”最后，维多利亚女王如此评价道。

1855年8月20日，维多利亚女王参观了凡尔赛宫和特里亚农宫，并且在晚上观看了坐落于佩尔蒂埃街道的歌剧院的特别庆祝演出。不幸的是，1873年，佩尔蒂埃街道被烧毁了。玛丽埃塔·阿尔伯尼女士和索菲·克鲁韦利女士不仅选取了不同的选段歌唱，而且都唱得非常好。那天晚上的演出以一支芭蕾舞落下了帷幕。

索菲·克鲁韦利女士

灯火辉煌的歌剧院宛如仙境。观看歌剧的女士们穿着礼服，戴着金光闪闪的珠宝，绅士们也个个穿着华服。维多利亚女王头戴富丽堂皇的王冠，脖子上的项链上镶着许多宝石。芭蕾舞结束时，为了表达对维多利亚女王的敬意，帷幕再次升起，并且出现了专门为维多利亚女王设计的温莎城堡舞台场景。由于为这热情又周到的款待感到高兴，维多利亚女王立刻热情洋溢地向欧仁妮皇后表达了她的感谢之情。对此，欧仁妮皇后也十分满意——事实上，增加这个场景正是欧仁妮皇后的意见。

在接下来的几天里，维多利亚女王参观了杜伊勒里宫、卢浮宫和一些法兰西其他有名的博物馆和建筑。皇室成员和贵宾们到达卢浮宫时，群众还没完全离开卢浮宫。天气很沉闷，而维多利亚女王坐在一个有轮子的转椅上。群众一离开，维多利亚女王就站起来对欧仁妮皇后说："现在，我可以脱掉我的帽子和斗篷了。"之后，维多利亚女王把东西放在椅子上，并且就好像在参加沙龙一样，边走边参观。

随后，维多利亚女王一行路过了巴黎古监狱。看到这所监狱，拿破仑三世告诉大家："那就是我被监禁的地方。"维多利亚女王直勾勾地盯着那所监狱，一言不发。1840年，在布洛涅事件后，巴黎古监狱曾是拿破仑三世在审讯期间被关押的地方——这是一个令人刻骨铭心的地方。据欧仁妮皇后回忆，她曾两次看见维多利亚女王虽然张嘴好像要说些什么，但每次都欲言又止。这个话题很敏感——显然，维多利亚女王认为那是沉默是金的时刻。在这次颇具纪念意义的参观中，拿破仑三世和欧仁妮皇后多次被维多利亚女王的明智举动感动。

市政厅举行了一场舞会。舞会前，在杜伊勒里宫，维多利亚女王、阿尔伯特亲王和拿破仑三世、玛蒂尔德·波拿巴公主、弗朗索瓦·马塞兰·德·康罗贝尔及主要的政府官员共同进餐。因为欧仁妮皇后身体欠佳，不能出席舞会，所以威尔士亲王阿尔伯特·爱德华和维多利亚公主去了圣克卢宫和欧仁妮皇后共同进餐。进餐期间，维多利亚女王表示自己虽然在这段访问期间很忙，但只要有时间就会拿起画笔绘画——其中有一幅画画的是特里亚农宫的加尔德乐队，而另一幅是圣克卢宫的士兵。多年后再看这些作品时，我仍然觉得维多利亚女王有着非同寻常的绘画天赋。事实上，维多利亚女王对此总是觉得有些遗憾——她曾对欧仁妮皇后坦言，忙碌的生活中找不出比拿起画笔更悠闲的事情。

市政厅举办的舞会确实很华丽。维多利亚女王身着白色蕾丝连衣裙出场，头戴着沉重的皇冠，皇冠上面熠熠生辉的是著名的伊诺尔钻石。拿破仑三世佩剑的剑柄上的钻石，宾客们色彩斑斓的服装及女士们身上的珠宝——所有这一切都是为了让那一刻变得美妙和难忘。舞会结束的第二天，维多利亚女王对欧仁妮皇后说道："这场舞会非常棒。唯一遗憾的就是你没来参加。"维多利亚女王的语气十分真诚，绝非客套敷衍。维多利亚女王还说："如果你也来享受这场盛宴，那么我会更开心的。"

舞会结束后的第二天上午，在战神广场举行了场面盛大的阅兵仪式。当天下午，维多利亚女王打算参观拿破仑一世的陵墓。由于天气十分炎热，维多利亚女王不得不把参观时间推迟到17时以后，而这很有可能使参观荣军院的计划泡汤。由于伟大的拿破仑一世的弟弟热罗姆·波拿巴曾表达过不想在场的意愿，荣军院当天下午的事务由奥拉诺负责，而得知君主们要来荣军院参观的消息时，奥拉诺感到十分惊喜和意外。在黄昏时分参观拿破仑一世的陵墓的场景让人印象深刻。那时，暴风雨席卷了整个巴黎——雷鸣使教堂的窗户也随之震动，而轰隆隆的噪声穿透了整座建筑，再加上闪电的光亮，仿佛赐予了这一威严的时刻超自然的力量，导致每个人脑海中都浮现出拿破仑一世在滑铁卢和圣赫勒拿时的影子。维多利亚女王站在这个曾被自己的子民关押过的人物的陵墓前，流下了泪水。维多利亚女王感触颇深，转向威尔士亲王阿尔伯特·爱德华轻声说道："在拿破仑一世的墓碑前跪下吧。"后来，维多利亚女王曾写道："拿破仑一世曾是英国人民的劲敌，而我作为当时的英国国王的孙女站在那里，倚着拿破仑一世的侄子拿破仑三世的胳膊。拿破仑三世和我是最亲密的同盟。面对这个已故的对手，过往的憎恨和戒备都应该烟消云散了。我心中唯有对前辈的敬意。现在，上帝欣慰地见证了这两个强大的民族的联合——愿上帝保佑它长久繁荣。"

在拿破仑一世的陵墓前，拿破仑三世露出了与维多利亚女王相似的神情，表明了他真实的心理感受。我虽然没有亲眼看到那个场景，但所有的细节令我深切地感受到维多利亚女王和拿破仑三世的真实情感。

参观圣日耳曼时，维多利亚女王的心情很好，并且带着对这些景色的美好记忆

凡尔赛宫的镜厅

离开了。维多利亚女王不仅在著名的观景台上欣赏了壮丽的景色，而且乘车在宽阔的马路上奔驰，在茂盛的森林中穿梭。

在维多利亚女王离开的前一天，在凡尔赛宫的镜厅举行了一个令她永生难忘的宴会。按照拿破仑三世的要求，镜厅被用古老的雕刻精心装饰。不仅维多利亚女王、阿尔伯特亲王和他们的两个孩子非常高兴，而且拿破仑三世的心情也非常好，并且邀请了年轻的维多利亚公主与他共舞。

据一本笔记记载，在这场宴会中，被介绍给维多利亚女王的外宾包括了当时来访巴黎的德国外交大臣奥托·冯·俾斯麦。然而，谁能预料到，这位士兵出身的外交官竟会在1870年以一名冷酷的征服者的身份回到镜厅，并且在此庆祝德意志诸邦的统一！

维多利亚女王访问的最后一天是周日，碰巧也是阿尔伯特亲王的生日。因此，维多利亚女王和阿尔伯特亲王在圣克卢宫度过了十分低调和私密的一天。第二天，英国皇家访问团便启程离开了。威尔士亲王阿尔伯特·爱德华和维多利亚公主非常悲伤地与欧仁妮皇后告别，希望欧仁妮皇后请求维多利亚女王让他们在巴黎再多待几天。欧仁妮皇后虽然答应帮他们传达请求，但让他们不要抱太大的指望。欧仁妮皇后对威尔士亲王阿尔伯特·爱德华说："我想维多利亚女王和阿尔伯特亲王一定希望孩子们和他们一起在巴尔莫勒尔堡。""噢！没错，"威尔士亲王阿尔伯特·爱德华说道，"他们确实不希望我们待太久。他们很牵挂英国。"

欧仁妮皇后对孩子，尤其是对温柔而又亲切的维多利亚公主依依不舍。后来，欧仁妮经常谈及维多利亚公主的行为举止。穆勒有一幅画展示了维多利亚女王、阿尔伯特亲王和他们的孩子们的到来场景，按照欧仁妮皇后的要求，这幅画被挂在圣克卢宫里宏伟的楼梯旁。在1870年的圣克卢宫大火中，虽然维多利亚公主的丈夫阿尔伯特亲王曾下令尽力挽救，但不幸的是，这幅画烧毁了。

面对离别，维多利亚女王和欧仁妮皇后都十分悲伤。维多利亚女王不仅在这之前就对欧仁妮皇后十分关心，而且在欧仁妮皇后之后的人生低谷期，也从没有停止过对她的关心。在布伦的港口送别时，拿破仑三世对维多利亚女王说了声"再见"，而维多利亚女王回应道："说实话，我希望如此。"此时，这场令人难忘的皇室访问之旅已经到了尾声。

第9章

普鲁士和俄国皇室访问团

1856年，普鲁士王子腓特烈·威廉·路德维希对法兰西进行了一场十分重要的访问。普鲁士王子腓特烈·威廉·路德维希生于1797年，并且在1861年1月开始于普鲁士当权，成为普鲁士国王威廉一世。普鲁士王子腓特烈·威廉·路德维希的父亲是腓特烈·威廉三世，哥哥是腓特烈·威廉四世。由于腓特烈·威廉四世的身体不好，普鲁士王子腓特烈·威廉·路德维希成为普鲁士国王威廉一世，并且被后人尊称为威廉大帝。普鲁士王子腓特烈·威廉·路德维希有着杰出的品质，不仅对女士极有绅士风度，而且极具个人魅力——这使普鲁士王子腓特烈·威廉·路德维希在杜伊勒里宫获得了极大的认可。普鲁士王子腓特烈·威廉·路德维希不仅对拿破仑三世十分尊敬，而且和大家相处友好。无论是面对军官还是皇室人员，普鲁士王子腓特烈·威廉·路德维希亲切的外表、热情，以及风趣的谈吐，使所有接触过他的人都感到很愉悦。总之，这位未来的德意志帝国皇帝给法兰西第二帝国留下了很深的印象。

普鲁士王子腓特烈·威廉·路德维希从奥斯本来到巴黎，而陪同他一起来的还有普鲁士军队的总指挥官冯·施莱肯斯坦和日后注定闻名于世的赫尔穆特·卡尔·贝恩哈特·冯·毛奇。普鲁士王子腓特烈·威廉·路德维希受到了隆重的接待。拿破仑三世身边的少校兼传令官杜隆根侯爵、里库尔伯爵，以及侍从、武官等人都来到了法兰西北部港口城市加来迎接普鲁士王子腓特烈·威廉·路德维希。1856年12月11日，普鲁士王子腓特烈·威廉·路德维希抵达巴黎时，拿破仑·热罗姆和随从们在火车北站

腓特烈·威廉三世

腓特烈·威廉四世

腓特烈·威廉·路德维希（威廉一世）

赫尔穆特·卡尔·贝恩哈特·冯·毛奇

迎接他。由一队士兵护送的四辆宫廷马车载着普鲁士王子腓特烈·威廉·路德维希和他的随行人员到达了杜伊勒里宫。御前大臣和大礼官在宏伟宫殿的楼梯下恭候着，拿破仑三世在楼梯最上面站着。拿破仑三世十分热情地欢迎普鲁士王子腓特烈·威廉·路德维希的到来，并且立刻邀请他进入到处都安排着侍者的大厅，而欧仁妮皇后也准备好了随时迎接这位皇家贵宾。见到这位普鲁士王子后，拿破仑三世和欧仁妮皇后对他、他的皇室家族和他的国家表达了尊敬——这给王子留下了深刻印象。无论在那个时刻，还是整个访问过程中，腓特烈·威廉·路德维希对拿破仑三世和欧仁妮皇后的热情款待都明确地表达了感激之情。

普鲁士王子腓特烈·威廉·路德维希的豪华套房在杜伊勒里宫的西北角——这个位置虽然在法兰西第一共和国时期被烧毁了，但已经完成了重建。1856年12月11日夜晚，在御用餐桌上，普鲁士王子腓特烈·威廉·路德维希与自己的随行人员，以及公使馆官员共进晚餐。普鲁士王子腓特烈·威廉·路德维希给在场所有人都留下了很好的印象。

1856年12月13日，杜伊勒里宫进行了一场阅兵——一众官员检阅了九个受阅团和三个步兵营，而这些部队都参加了克里米亚战争，都受伯纳德·皮埃尔·马格南指挥。普鲁士王子腓特烈·威廉·路德维希站在拿破仑三世身旁，而他们周围还有很多优秀的官员，包括让-巴蒂斯特·菲利贝尔·怀兰特、巴拉盖·海耶尔、艾玛布勒-让-雅克·佩利西耶、弗朗索瓦·马塞兰·德·康罗贝尔和博斯凯。在女士和管家们的陪同下，欧仁妮皇后站在杜伊勒里宫的元帅大厅外的阳台上。检阅过后，在这些军队的旗帜下，拿破仑三世给军官和士兵授予了十字架和勋章。在检阅期间，从杜伊勒里宫出来的皇太子穿过队伍中间，并且受到了十分热烈的欢呼。皇太子作为法兰西第二帝国年轻的继承人，站在众人面前，受到了众人——包括这位远道而来的普鲁士王子腓特烈·威廉·路德维希的欢呼。目睹这样的情景不禁令人心生感慨。然而，十五年后，当时的宾客，即普鲁士王子腓特烈·威廉·路德维希给了曾经友好的主人以致命的打击。

在宴会中，普鲁士王子腓特烈·威廉·路德维希对军事的热爱表现得十分明显。普鲁士王子腓特烈·威廉·路德维希抓紧一切时间来了解这些军人们，以及他们的服饰、使用的武器。普鲁士王子腓特烈•威廉•路德维希一有问题就会向身边的法兰西官员询问。总之，这些细节说明了普鲁士王子腓特烈•威廉•路德维希对军事的兴趣。据说，普鲁士王子腓特烈•威廉•路德维希甚至在晚上把自己白天的所见所闻都记录了下来。

访问的行程里有两天安排在枫丹白露。1856年12月15日，拿破仑三世和普鲁士王子腓特烈•威廉•路德维希到达了枫丹白露，并且在1856年12月16日于此检阅了龙骑兵和枪骑兵。1856年12月17日早晨，欧仁妮皇后也到达了枫丹白露，而在剩下的时间里，普鲁士王子腓特烈•威廉•路德维希一行都在森林里猎鹿。然而，后来谈论到普鲁士王子腓特烈•威廉•路德维希时，有人说普鲁士王子腓特烈•威廉•路德维希虽然枪法很准，也十分享受在美丽的森林里打猎，但最感兴趣的话题还是士兵、军营和枪支。

1856年12月16日夜晚，普鲁士王子腓特烈•威廉•路德维希一行回到了巴黎。1856年12月17日，杜伊勒里宫的广场又举行了一场阅兵仪式。身披象征着德意志最高荣誉的黑鹰绶带的拿破仑三世站在精英军官中，不仅把旁边离军队最近的好位置让给了普鲁士王子腓特烈•威廉•路德维希，而且时不时地和他交流。虽然天气十分寒冷，但在众多女士的陪同下，欧仁妮皇后仍然站在大厅的阳台上观看了阅兵仪式。在这些女士里，有一位是在这章中要提及的哈特菲尔德伯爵夫人。这位女士是卡斯特莱拉内侯爵的女儿，也是驻巴黎普鲁士大使夫人。

1856年12月17日夜晚，为了庆祝普鲁士王子腓特烈•威廉•路德维希的到来，普鲁士大使馆举办了一个晚宴，宴请了一批来自法兰西军队的宾客，包括法兰西的七位元帅，以及法兰西军队的指挥官雷尼奥。普鲁士王子腓特烈•威廉•路德维希和这几位军官讨论了很多军事上的问题——所有听众都敬佩普鲁士王子腓特烈•威廉•路德维希对军事的了解。1856年12月18日，在为普鲁士王子腓特烈•威廉•路德维希举办的舞会上，这位普鲁士王子十分活跃，并且一直玩到了凌晨3时——虽然这位普鲁士王子的舞姿说不上完美，但人们不得不承认他很有舞蹈天赋。

1856年12月19日，普鲁士王子腓特烈•威廉•路德维希参观了圣西尔修道院和一所法兰西的军事学校。在军事学校里，普鲁士王子腓特烈•威廉•路德维希观看了军校学生进行的几项训练，并且一直看完所有的项目才离开。普鲁士王子腓特烈·威廉·路德维希不仅很欣赏这所军事学校的一些特色，而且问候了其中一些优秀的学生。在这所军事学校，普鲁士王子腓特烈·威廉·路德维希抓紧一切时间进行视察与询问工作。

巴黎丰富、精美的文化艺术久负盛名，而柏林在这一方面则不及巴黎。因此，参加庆典活动也成了普鲁士王子腓特烈·威廉·路德维希的行程之一。普鲁士王子腓特烈·威廉·路德维希观看了由意大利著名芭蕾舞演员罗萨蒂参演的歌剧《海盗》。在离开法兰西的前一天，普鲁士王子腓特烈·威廉·路德维希还同拿破仑三世和欧仁妮皇后一起看了法兰西喜剧。观看法兰西喜剧期间，普鲁士王子腓特烈·威廉·路德维希不仅表现出了对音乐和喜剧极高的鉴赏力，而且不假思索地针对一些作曲人、歌唱家、剧作家和国家剧院表达了自己的看法。然而，显而易见的是，普鲁士王子腓特烈·威廉·路德维希对这些方面的接触与见解远不及他最感兴趣的军事和政治。

离开巴黎那天，普鲁士王子腓特烈·威廉·路德维希再次与皇室和使馆人员共同进餐，杜隆根侯爵和里库尔伯爵始终在他身旁。拿破仑三世命令杜隆根侯爵和里库尔伯爵护送普鲁士王子腓特烈·威廉·路德维希到边境，而他们也很好地完成了任务——这可以通过普鲁士王子腓特烈·威廉·路德维希发来的电报得知。

平易近人的普鲁士王子腓特烈·威廉·路德维希很快被欧洲的人们接受和熟知，而法兰西和普鲁士那时的关系也十分友好。拿破仑三世十分渴望得到普鲁士的支持，并且以此防止欧洲发生任何导致法兰西的利益受损的版图变动。普鲁士王子腓特烈·威廉·路德维希不仅明白国家与国家保持友好关系的重要性，而且意识到拿破仑三世和欧也妮皇后十分欣赏哈特菲尔德伯爵夫人——她不遗余力地使两个国家亲密地团结起来。令人深感遗憾的是，由于丈夫的去世，哈特菲尔德伯爵夫人的外交生涯结束了。哈特菲尔德伯爵夫人如果能在1870年继续作为普鲁士大使夫人，那么或许会在普法两国之间起到重要作用——或许能够阻止普法战争。

1857年春天发生了一件意义重大的事——这件事已经被证明是法兰西和俄罗斯帝国明确和解的前奏——俄罗斯帝国的康斯坦丁·尼古拉耶维奇大公访问了法兰

康斯坦丁·尼古拉耶维奇大公

西。康斯坦丁•尼古拉耶维奇大公是沙皇亚历山大二世的弟弟、俄罗斯帝国海军上将。康斯坦丁•尼古拉耶维奇大公极其支持自己的父亲即尼古拉一世的好战政策，并且在克里米亚战争中公开反对所有的和解。因此，在巴黎，康斯坦丁•尼古拉耶维奇大公的到来被认为是一个重大事件。

1857年4月20日，康斯坦丁•尼古拉耶维奇大公到达土伦，并且在到达后的数天内变成了这个港口城市的重要客人，忙于盛宴和各种节日。随后，康斯坦丁•尼古拉耶维奇大公起程去了巴黎。1857年4月30日，康斯坦丁•尼古拉耶维奇大公到达巴黎，并且受到了拿破仑·热罗姆和许多高级官员的欢迎。两个骑兵中队组成的护卫队护送着康斯坦丁•尼古拉耶维奇大公。康斯坦丁•尼古拉耶维奇大公一行走过林荫大道、和平大道、里沃利大街，通过了卡鲁赛尔凯旋门，最终到达了杜伊勒里宫。展示法兰西的优秀士兵一直都是法兰西的常见又带着某种目的的惯例：首先，康斯坦丁·尼古拉耶维奇大公对法兰西军队的一切都感到满意——对他来说，被这个精英部队包围是一种赞美；其次，拿破仑三世想借此向俄罗斯人民传达一个信息，即虽然克里米亚战争的结果不光彩，但欧洲，尤其是法兰西，仍然拥有杰出的军队，并且仍然像以前一样有高昂的士气。

康斯坦丁·尼古拉耶维奇大公即将到达的消息传到杜伊勒里宫时，拿破仑三世正站在宫殿楼梯的顶端准备迎接他。随后，拿破仑三世将康斯坦丁·尼古拉耶维奇大公带到了白厅——欧仁妮皇后正在那里等待。1857年4月30日夜晚，杜伊勒里宫举办了一场盛大的晚宴。1857年5月1日，康斯坦丁·尼古拉耶维奇大公参观了卢浮宫。康斯坦丁·尼古拉耶维奇大公对君主馆特别感兴趣，喜欢研究君主的物品，以及这些物品中哪些属于查理曼大帝，哪些属于卡佩和瓦卢瓦国王，哪些属于波旁王朝和波拿巴家族。在拿破仑一世的灰色大衣和马伦戈式的帽子前，康斯坦丁·尼古拉耶维奇大公驻足良久。康斯坦丁·尼古拉耶维奇大公还参观了荣军院里的拿破仑一世陵——实际上，这是当时所有其他王室参观者来巴黎访问的一个惯例。对伟大的拿破仑一世的崇拜是第二帝国的一种教义，而这种崇拜不仅限于法兰西宫廷和政府，而且被欧洲的许多宫廷和政府推崇。因此，拿破仑三世一直乐此不疲地学习拿破仑一世的思想和行动，并且把这些思想和行动继续用于法兰西。欧洲大陆的贵族和想要迎合法兰西宫廷和政府的人也需对这种信条感兴趣。出于对崇拜拿破仑一世的政策一致性，拿破仑三世虽然明白这些来自外国的奉承不真诚，但还是以诚视之。

参观完卢浮宫画廊后，康斯坦丁·尼古拉耶维奇大公又参观了海军馆，并且很好地展示了自己的海军知识。康斯坦丁·尼古拉耶维奇大公不仅是俄国著名航海家和探险家卢特科伯爵喜爱的学生之一，而且也靠自己取得了一些伟绩——例如1854年至1855年，通过指挥俄罗斯帝国海军采用拖延时间的战略，康斯坦丁·尼古拉耶维奇大公在波罗的海上阻止了英国取得决定性的胜利。

海军馆的馆长举办了一场大型舞会，而康斯坦丁·尼古拉耶维奇大公搂着玛蒂尔德·波拿巴公主在房间里旋转着舞步。随后，市政厅举行了一场由音乐会和舞蹈组成的精致的小型庆祝会。荣军院也举行了一场晚宴。接下来的几天，康斯坦丁·尼古拉耶维奇大公还参与了杜伊勒里宫的舞会和歌剧演出，参观了文森特城堡和位于布罗涅森林的赛马场。简而言之，一切可能使尊贵的客人感兴趣或者能娱乐尊贵的客人的项目都被用上了。最后的项目是在1857年5月6日于战神广场进行的护卫队和巴黎驻军大阅兵，而参与大阅兵的部队包括四个轻骑兵团、三个掷弹兵团、一个轻步兵团、两个炮兵团，以及胸甲骑兵、枪骑兵、长矛轻骑兵、设备运输车等。拿破仑三世和康斯坦丁•尼古拉耶维奇大公、拿破仑•热罗姆，以及当时尚是拿骚公爵的第四任卢森堡大公阿道夫一世骑马到达战神广场，而在他们身后是骑行的巴拉盖•海

卢森堡大公阿道夫一世

耶尔、艾玛布勒-让-雅克•佩利西耶、弗朗索瓦•马塞兰•德•康罗贝尔和博斯凯。军队走过并且接受检阅时，欧仁妮皇后在阳台上看着他们。这次宏大的阅兵在巴黎，甚至整个欧洲都引起了轰动，并且对提高法兰西的军事威望也产生了巨大影响——这正是拿破仑三世期望看到的。

1857年5月11日，拿破仑三世、欧仁妮皇后和皇太子前往枫丹白露，并且与康斯坦丁•尼古拉耶维奇大公、第二代巴登大公卡尔•路德维希•弗里德里希的夫人斯蒂芬妮•德•博哈尼和拿骚的尼古拉王子一起在那里待了几天。枫丹白露的市民们为这次意外的来访感到高兴，并且不遗余力地表示了热烈的欢迎。下午到达的时候，

斯蒂芬妮·德·博哈尼

拿破仑三世一行发现街道被装饰得焕然一新，到了晚上更是灯火通明。1857年5月12日，驿站显得格外壮观。许多平民聚集在一起，围观这次帝国之间的聚会，而这次聚会也尽可能让人们感到亲切。拿破仑三世、欧仁妮皇后和皇太子很受人们爱戴——这从一个侧面说明了第二帝国越来越稳固。后来，我们了解到，康斯坦丁·尼古拉耶维奇大公和其他远道而来的外国贵宾对枫丹白露留下了深刻的印象。

1857年5月12日夜晚有一场靠火炬进行照明的狩猎活动。枫丹白露宫敞开了大门以便公众进入和观看这场狩猎。接下来的几天，康斯坦丁·尼古拉耶维奇大公除了在森林中和枫丹白露附近的区域进行长途行走或骑行，还参加了在亨利二世画馆举行的盛大宴会和由建筑师埃克托尔·拉斐尔设计建设的剧院的落成典礼。法兰西喜剧演员弗兰兹在剧院表演了节目，演出十分成功，而康斯坦丁·尼古拉耶维奇大公对这个优秀的剧团赞不绝口。1857年5月14日，即康斯坦丁·尼古拉耶维奇大公进行访问的最后一天，拿破仑三世在森林里举行了一场盛大的宴会，而在夜晚返回枫丹白露宫时，整条路都被火炬照亮了。1857年5月14日21时，康斯坦丁·尼古拉耶维奇大公一行回到了枫丹白露宫。1857年5月14日23时，拿破仑三世亲自把康斯坦丁·尼古拉耶维奇大公送到车站，亲切地同他告别。

在法兰西与俄罗斯帝国经历了多年血雨腥风的斗争后，正是这次访问促成了它们的最终和解。当时，拿破仑三世在很多场合都曾与康斯坦丁·尼古拉耶维奇大公亲切交谈，而法兰西和俄罗斯帝国两国的许多外交官都参加了这次访问期间的诸多聚会。无论在国内还是国外，拿破仑三世和欧仁妮皇后都很受欢迎。这些原因使康斯坦丁·尼古拉耶维奇大公在枫丹白露的逗留十分愉快。

康斯坦丁·尼古拉耶维奇大公结束访问之后，巴伐利亚国王马克西米利安二世·约瑟夫就表示要访问法兰西并且在拿破仑三世的宫廷里待上几天，而这一想法受到了法兰西驻慕尼黑大使的鼓励——这位大使知道，马克西米利安二世·约瑟夫的法兰西之旅必定会很愉快。

1848年，路德维希一世退位后，马克西米利安二世·约瑟夫登上了巴伐利亚的王座。马克西米利安二世·约瑟夫极富教养，爱好文学和科学，并且精通哲学。然而，到目前为止，最有趣的是，马克西米利安二世·约瑟夫虽然娶了普鲁士王子腓特烈·威廉·路德维希的女儿，但反对与普鲁士合并。马克西米利安二世·约瑟夫曾故意激怒日耳曼人——日耳曼人十分赞同德意志统一和普鲁士国王作为德意志帝国的领袖。幸运的是，在巴伐利亚和普鲁士合并前，马克西米利安二世·约瑟夫去世了，而1870年11月，他的儿子路德维希二世不得不目睹巴伐利亚被德意志帝国吞并的事实。

1857年5月15日夜晚，马克西米利安二世·约瑟夫乘火车到达里昂，并且在火车站受到了很多人的欢迎，而火车站门口部署着里昂驻军的部队。马克西米利安二世·约瑟夫乘坐由四匹骏马拉的马车。博尼法斯·德·卡斯特拉在马车的右边骑行。拿破仑三世派了几个军官去里昂迎接马克西米利安二世·约瑟夫。塔谢尔伯爵是这几个军官其中一员。塔谢尔伯爵是欧仁妮皇后的亲戚，不仅曾在巴伐利亚受过教育，而且在那儿有很多熟人。马克西米利安二世·约瑟夫国王很喜欢与塔谢尔伯爵交流。

1857年5月17日，在贝拉克广场对里昂军队进行了一次检阅之后，马克西米利安二世·约瑟夫动身去了巴黎。1857年5月17日18时，马克西米利安二世·约瑟夫到达枫丹白露，并且在几分钟后到达了宫殿。在仆人和护卫的簇拥下，拿破仑三世在宫殿大厅的楼梯下欢迎马克西米利安二世·约瑟夫，而周围都是侍女的欧仁妮皇后站在楼梯上。拿破仑三世在弗朗索瓦一世画廊中发表演讲，欢迎马克西米利安二世·约瑟夫。随后，在有着原始又美丽的壁画的弗朗索瓦一世画廊，拿破仑三世和马克西米利安二世·约瑟夫享用了晚宴。1857年5月18日，拿破仑三世和马克西米利安二世·约瑟夫骑马穿过枫丹白露的森林。拿破仑三世很喜欢骑行。在马克西米利安二世·约瑟夫访问期间，拿破仑三世邀请了许多来自巴黎的客人来枫丹白露宫。

在法兰西第二帝国时期，拿破仑三世尽一切可能使国外访客感受法兰西的美好——尤其是在马克西米利安二世·约瑟夫的访问期间，没有人不被枫丹白露森林的奇妙自然景观吸引。马克西米利安二世·约瑟夫到达当天，第二代巴登大公的夫人斯蒂芬妮·德·博哈尼，第十一代汉密尔顿公爵威廉·汉密尔顿的夫人——巴登的玛丽公主，以及枫丹白露宫里所有客人都陪同着他在枫丹白露森林散步。夜晚空气清新，而游园会也开始了——宫殿和庭院变成了仙境。无数彩色灯光在英式花园里闪耀，给形状奇特的城堡披上了一件迷人的外衣。张灯结彩的船在湖面上漂浮，加

马克西米利安二世·约瑟夫

路德维希二世

德斯乐队和管弦乐队在湖心亭中轮流演出。游园结束时，有一场盛大的烟火表演，而一些烟花落入水中的景象就像流星落在深渊，还有一些烟花在闪亮的船之间轻轻掠过，产生了奇妙又美丽的效果。1857年5月22日，美丽的阿普雷蒙峡谷被选为马克西米利安二世·约瑟夫用餐的地方，而一场户外宴会也将在此举办。

在之后的几年里，谈论过去的美好时光时，拿破仑三世和欧仁妮皇后的脑海中会立即浮现出枫丹白露的美丽景色：宫殿是主舞台，主演是伟大的波拿巴家族，而表演则栩栩如生，再加上森林的美丽景色——这一切都在拿破仑三世和欧仁妮皇后脑海里留下了不可磨灭的印象。同样。在马克西米利安二世·约瑟夫的回忆中，枫丹白露也是个重要的地方。

1857年5月24日，马克西米利安二世·约瑟夫一行返回巴黎。在车站，刚从普鲁士旅归的拿破仑·热罗姆迎接了马克西米利安二世·约瑟夫和拿破仑三世，而这帮了拿破仑三世的大忙——拿破仑·热罗姆不仅擅长外交，而且精通语言艺术。

在巴黎逗留期间，马克西米利安二世·约瑟夫参观了马尔桑亭楼，并且特地从繁忙的安排中抽出时间参观了拿破仑一世陵。马克西米利安二世·约瑟夫在所到之处都受到了热烈欢迎，而他对此感到非常高兴。在圣克卢宫用餐时，宫廷里的女士们和先生们亲切地和马克西米利安二世·约瑟夫交谈。人们注意到，马克西米利安二世·约瑟夫国王在艺术、文学、政治和军事等方面都能侃侃而谈。虽然马克西米利安二世·约瑟夫反对普鲁士扩张的政策尽人皆知，但这并不是他在法兰西宫廷和政治圈受欢迎的原因。

1857年6月8日，马克西米利安二世·约瑟夫国王离开了巴黎，此后他经常回忆愉快的法兰西之旅。当时，第二帝国政府和巴伐利亚当局的关系很友好，而拿破仑三世不仅对巴伐利亚文学非常感兴趣，而且很喜欢巴伐利亚本身——他在那里度过了大半青春。

拿破仑三世急于强化法兰西和巴伐利亚已经存在的友好关系，并且希望有朝一日能利用这种友好关系。拿破仑三世希望法兰西与俄罗斯帝国和解，获得与普鲁士的坚定同盟并且培养与巴伐利亚的友好感情，从而疏远它们与奥地利的关系或避免法兰西卷入与意大利的政治纠纷中。因此，1857年，拿破仑三世正式派自己的堂弟拿破仑·热罗姆访问柏林和德累斯顿，而时间恰好在康斯坦丁·尼古拉耶维奇大公和马克西米利安二世·约瑟夫在杜伊勒里宫做客期间。沙皇尼古拉一世的次子，即康斯坦丁·尼古拉耶维奇大公，不仅曾在克里米亚战争中扮演过重要角色，而且娶了一位德意志公主。因此，拿破仑三世试图通过与康斯坦丁·尼古拉耶维奇大公沟通的方式调和俄国与德意志的关系。

拿破仑·热罗姆在国内和国外完全是两个人。在法兰西，拿破仑·热罗姆是一个不满于现状的人，一个夸张的自由主义者，以及一个乐于破坏政府计划的民主党人。然而，走出国门后，拿破仑·热罗姆不仅是法兰西的王子、外交官、机智谨慎和富有教养的绅士，而且比其他人更加有能力支持拿破仑三世的想法或者获得拿破仑三世想获得的友谊。拿破仑·热罗姆既有许多诽谤者，也有许多奉承者，但他们的评价都不是正确的。拿破仑·热罗姆从来没有忘记自己是波拿巴主义者——因为他天生就和拿破仑一世有着惊人相似的容貌，所以就算他忘记了，与他交谈的人也不会忘记。虽然随着岁月的流逝，肥胖使拿破仑·热罗姆变得与年轻时很不一样，但他的脸上仍然保留着波拿巴家族的相貌特征。

德累斯顿

在马格德堡，冯·布兰德和冯·特雷斯科接待了拿破仑·热罗姆并且将他护送到了柏林。1857年5月8日，拿破仑·热罗姆在柏林被正式接待。在车站，普鲁士的乔治王子、奥古斯都王子、符腾堡的威廉王子、莱昂内尔·德·莫斯特侯爵，以及法务大臣和公使馆的所有人员都等待着拿破仑·热罗姆的到来。虽然根据礼节，拿破仑·热罗姆应该在当天晚上先拜访普鲁士国王腓特烈·威廉四世，但拿破仑·热罗姆刚到不久之后，普鲁士国王腓特烈·威廉四世先来拜访了他，然后便返回了宫廷——这令拿破仑·热罗姆又惊又喜。1857年5月8日夜晚，普鲁士国王腓特烈·威廉四世向拿破仑·热罗姆介绍了普鲁士王后，即巴伐利亚的伊丽莎白·卢多维卡公主后，他们一起欣赏了歌剧。在1857年5月9日的阅兵期间，普鲁士国王腓特烈·威廉四世恭敬地向拿破仑·热罗姆表达了他的敬意。1857年5月9日夜晚，普鲁士国王腓特烈·威廉四世为远道而来的拿破仑·热罗姆举行了一场盛大的宫廷盛宴，而拿破仑·热罗姆和普鲁士王室成员互相为对方的健康祝酒，气氛甚好。

拿破仑·热罗姆智力超群，能写能说——准确地说，他的口才胜过文笔。当时，如果他与普鲁士的官员进行私人谈话，那么必能展现他的口才天赋。拿破仑·热罗姆从来不相信沉默是金，尤其是这次对普鲁士的特殊访问。在这种场合，拿破仑·热罗姆甚至把自己著名的伏尔泰原则①搁置在一旁，忠诚地履行自己作为拿破仑三世代表的这一职责。拿破仑·热罗姆虽然不关心宗教事务，但仍然正式地在天主教堂听了弥撒并且面见了大主教。

在普鲁士期间，拿破仑·热罗姆有好几个晚上都去看了歌剧。拿破仑·热罗姆令受邀去见他的普鲁士作曲家着实吃了一惊——他们吃惊于拿破仑·热罗姆对普鲁士音乐和作曲家的了解。冯·洪堡男爵特地来看望拿破仑·热罗姆，并且对他表示了敬意。拿破仑·热罗姆认真地对冯·洪堡男爵阐述了一些系统性的政治问题，而冯·洪堡男爵对拿破仑·热罗姆讲述了他的旅行见闻。在波茨坦，拿破仑·热罗姆参观了伟大的腓特烈大帝陵，并且了解到守陵人曾在1806年带拿破仑一世参观了该

① 伏尔泰原则本是作为哲学家和启蒙思想家的伏尔泰先生提出的理性主义思想，即以理性为武器，并且提倡天赋人权、自由平等的思想。然而，此处的伏尔泰原则是拿破仑·热罗姆对伏尔泰原则的个人理解。虽然拿破仑·热罗姆非常认同伏尔泰的自由思想——他的言行均受此影响，但他的理解比较狭隘。

莱昂内尔·德·莫斯特侯爵

巴伐利亚的伊丽莎白·卢多维卡公主

陵——而当时，即1857年，这位守陵人带着拿破仑一世的侄子再次参观了该陵。拿破仑·热罗姆不仅经常详细讲述这个在德意志之行中的小小巧合，而且把这个卑微的老守陵人的名字记在了心里。

拿破仑·热罗姆出席了普鲁士军队的军事演习，而演习地点到处都拉了显眼的警戒线。1857年5月14日，拿破仑·热罗姆离开柏林去了萨克森王国的王宫。

拿破仑·热罗姆从萨克森国王约翰一世那里受到的欢迎丝毫不亚于从普鲁士国王腓特烈·威廉四世那儿受到的欢迎。拿破仑·热罗姆参观了许多历史上的战场，并且拜访了许多著名的人物，其中包括弗里德里希·费迪南德·冯·比斯特侯

弗里德里希·费迪南德·冯·比斯特侯爵

爵，奥地利皇帝弗兰茨·约瑟夫一世的母亲弗雷德里希·苏菲·多萝西·威廉敏娜皇太后等。弗里德里希·费迪南德·冯·比斯特侯爵虽然当时只是萨克森州理事会主席，但十年后成为奥地利总理。结识这些人对1866年的奥地利对普鲁士的战争具有重大价值——他们能让拿破仑·热罗姆向拿破仑三世解释许多事情。

普鲁士国王腓特烈·威廉四世过生日时，拿破仑·热罗姆去了皮尔尼茨向他表示祝贺。随后，萨克森国王约翰一世带拿破仑·热罗姆去了莫里茨堡——萨克森选帝侯奥古斯都兼波兰国王①在附近的森林里建了一个狩猎场。宴请拿破仑·热罗姆

弗雷德里希·苏菲·多萝西·威廉敏娜皇太后

① 虽然萨克森选帝侯奥古斯都兼波兰国王就是萨克森国王，但该狩猎场究竟是弗里德里希·奥古斯特一世还是弗里德里希·奥古斯特二世所建已经无法考证。第一任萨克森国王是弗里德里希·奥古斯特一世（1806—1827）；第二任萨克森国王是安东一世（1827—1836）；第三任萨克森国王是弗里德里希·奥古斯特二世（1836—1854）；第四任萨克森国王是约翰一世（1854—1873）。

的宴会结束后，伴着狩猎号角吹响，拿破仑·热罗姆一行走到森林中的一处空地上，并且看到了一个奇怪的景象——鹿群，即无论是雄鹿还是母鹿，都从它们藏身的地方跑出来，自由欢快地奔向每天都会在固定时间给它们分发的食物的地方。拿破仑·热罗姆曾写道："这是这次皇室拜访中最平静的一幕。政治问题和军事问题都被抛到了脑后。"

1857年5月24日，拿破仑·热罗姆回到了巴黎。拿破仑·热罗姆有很多事要告诉拿破仑三世，例如他在出访国受到的欢迎，以及代拿破仑三世向柏林宫廷表达了法兰西的友好意愿。虽然拿破仑·热罗姆兴致盎然地讲述普鲁士人如何热情，但欧仁妮皇后丝毫不想听这些话——她不停地问自己：普鲁士人真诚地接受了我们的示好吗？不仅欧仁妮皇后对此感到很怀疑，而且现在的事实也可以证明，她的怀疑是有依据的。

1857年8月5日，拿破仑三世和欧仁妮皇后离开圣克卢宫去了怀特岛。1857年8月6日，拿破仑三世和欧仁妮皇后到了英格兰的奥斯本。在次子阿尔弗雷德·恩斯特·阿尔伯特的陪同下，阿尔伯特亲王登上了"女王"号快艇去与拿破仑三世和欧仁妮皇后会面。拿破仑三世和欧仁妮皇后受到了维多利亚女王的热烈欢迎——在奥斯本，维多利亚女王愉悦、热情、亲切地迎接了他们，并且把他们带到这座岛上一座令人心醉的居所里。

用过午餐后，阿尔伯特亲王立刻和拿破仑三世进行了一次漫长的谈话。1857年8月8日，维多利亚女王、阿尔伯特亲王、拿破仑三世、第三代帕默斯顿子爵亨利·约翰·坦普尔、克拉伦登勋爵，德·佩尔西尼伯爵让-吉尔伯特·维克托·菲林和亚历山大·科隆纳-瓦莱斯基伯爵一起进行了一场会议。在会议上，拿破仑三世非但没有坚持让其他人接受自己曾做过数次陈述的提议，即让多瑙河的公国联盟处于一个外国君主的王权管制下，反倒仅仅要求英国政府拒绝召回其在君士坦丁堡的大使，支持由法兰西、普鲁士和撒丁岛对高门提出的废除摩尔达维亚选举条款的条件。

1857年8月7日，周五，法兰西和英格兰的皇室元首们乘着皇家游艇"维多利亚阿尔伯特"号出海游玩了几个小时。那天的天气非常宜人，令一直都喜欢水的欧仁妮皇后非常开心，其他人看起来也非常享受。1857年8月7日夜晚，他们在城堡里享用了一顿丰盛的晚餐。1857年8月8日，在当天的政治会议后，一位侯爵为皇室成员们举行了一场舞会。1857年8月9日，大家度过了安宁的一天——热爱农业的阿尔伯特亲王带自己的客人们参观了他的农场，向客人们介绍了他对园艺的喜爱，并且趁此机会让大家瞧了瞧他最近设计的机械和在建筑方面取得的进步。

1857年8月10日，周一，拿破仑三世和欧仁妮皇后乘船从奥斯本返回了哈维。维多利亚女王和客人们依依不舍地道了别。出发之前，拿破仑三世邀请第二代剑桥公爵乔治•威廉•腓特烈•查尔斯去查隆斯营地住上几天。对此，维多利亚女王感到非常高兴，并且向第二代剑桥公爵乔治•威廉•腓特烈•查尔斯说道："我们必须抓住所有机会向我们两国的人民表明，我们两国的军队可以并肩作战。"

在客人们离开两天后，维多利亚女王给自己的叔叔，即比利时国王利奥波德一世写信，总结了奥斯本的这次会面："从各方面来看，这次会议是令人满意的。从政治上来说，这是上帝给予我们的一份巨大的礼物——不仅国家之间不愉快的矛盾通过一种大家都满意的方法缓和了，而且整个会议是平静而协调一致的。拿破仑三世真诚地与阿尔伯特交谈，而阿尔伯特也付之以同样的真诚。这对我们而言是一个巨大的优势——最后一天，第三代帕默斯顿子爵亨利•约翰•坦普尔对我说，'亲王可以代我们说很多我们不能说的事。'"

维多利亚女王对欧仁妮皇后的恭维之词无须在此重复。虽然无须重复这些措辞，但为了表明其中的政治态度，请允许我摘录这段："阿尔伯特亲王虽然几乎不太会注意女士或公主，但非常喜欢欧仁妮皇后——欧仁妮皇后是阿尔伯特亲王的同盟。"最后一句话非常正确。无论是这次，还是在其他的场合，欧仁妮皇后都竭尽所能地巩固着英法联盟。

1857年8月15日，在回法兰西的路上，拿破仑三世写信给维多利亚女王："谢谢女王陛下和亲王的热烈迎接与细心招待。我们虽然离开了奥斯本，但心系着英法人民之间的友谊。我想，一个人与您亲密接触几日后，这个人一定会变成一个更好的人。请替我向高贵的、与您共命运的亲王致以我最高的尊敬和最真诚的友谊——这证明了我对他深深的喜爱。因为陛下的孩子们天生就有着每个人都必须看到并且喜爱的卓越的品质，所以自然而然，我们也祝愿他们得到所有应得的快乐。"虽然有些

阿尔弗雷德·恩斯特·阿尔伯特

第三代帕默斯顿子爵亨利·约翰·坦普尔

亚历山大·科隆纳－瓦莱斯基伯爵

第二代剑桥公爵乔治·威廉·腓特烈·查尔斯

言论曾出版过，但这才是拿破仑三世的亲笔——写这封信的人是拿破仑三世，而不是那些法兰西外交大臣们。

在回信里，维多利亚女王不仅用自己一贯朴实的语言表明了对拿破仑三世的感情——“除了把工作做好和尽量让自己有用武之地，我亲爱的丈夫没有其他任何野心”，而且再次称赞了欧仁妮皇后。我在此写出这些赞美之词是因为它们不仅都是女性对女性的赞美之词，而且与阿尔伯特亲王对欧仁妮皇后的赞美形成了对照。维多利亚女王继续写道：“我们虽然相隔如此之远，但成了彼此真正的支持。亲爱的欧仁妮皇后用自己慷慨的天性成为我的守护天使。就像阿尔伯特亲王一样，欧仁妮皇后是我真正的朋友。”这些美好的赞词为这次愉快的英国之旅画上了句号。

因为维多利亚女王和阿尔伯特亲王在1855年8月对法兰西进行了官方拜访，所以拿破仑三世和欧仁妮皇后出访英国是一次回访，而在这两年时间里，这两个国家都发生了一些很重大的事情：法兰西不仅诞生了一位皇位继承人，而且签订了和德意志的和平条约，使这个年轻的国家在各个方面都更加稳固；在英国，第三代帕默斯顿子爵亨利·约翰·坦普尔的力量却被削弱了。虽然在拿破仑三世和欧仁妮皇后到达怀特岛的几个月之前，英国已经建立了新的议会，但正如拿破仑三世所言，这位劲头十足的首相，即第三代帕默斯顿子爵亨利·约翰·坦普尔注定要失败——拿破仑三世和欧仁妮皇后返回法兰西的几个月后，第三代帕默斯顿子爵亨利·约翰·坦普尔就垮台了。然而，英吉利海峡两岸的这些事件都没有削弱英国和第二帝国之间的互相理解。

事实上，见证英法相互理解的这一天很快就到来了。1860年1月，在法兰西，被誉为“自由贸易的使徒”的理查德·科布登建立了自由贸易联盟，而从此以后，英法两个伟大的国家之间就有了一个商业和政治联盟。有一天，谈到这场经济革命时，拿破仑三世说：“一些不怀好意的人虽然宣称这是我们的另一个滑铁卢，但一定会看到这是另一个奥斯特里茨。”值得补充的是，1855年和1857年的两次互访为新的经济体联盟铺平了道路。

1856年，拿破仑三世派遣了一个由查理·德·莫尼伯爵率领的代表团代替他参加了沙皇亚历山大二世的加冕典礼——这是法兰西和俄罗斯帝国在克里米亚战争后实现和解的第一步。当时的人们希望能把两国的主权纳入一个更紧密的联盟，而1857年秋季，在斯图加特，合适的机遇终于出现了。沙皇亚历山大二世正在访问斯图加特时，拿破仑三世也决定回访该地——皇太子出生后不久，符腾堡国王威廉一世就向皇帝发出了邀请，而商谈了好几个月后，这次的访问计划终于在9月底敲定了。

维多利亚女王的叔叔第二代剑桥公爵乔治•威廉•腓特烈•查尔斯来访后，拿破仑三世在查隆斯营地度过了几个星期。在第二代剑桥公爵乔治•威廉•腓特烈•查尔斯面前，这个著名的军事基地举行了特别有趣的军事演习。第二代剑桥公爵乔治•威廉•腓特烈•查尔斯是英国军队的总指挥，而拿破仑三世热情地为他举办了招待会。然而，拿破仑三世明白，以友好的方式会见沙皇亚历山大二世的情形非常有必要让作为法兰西第二帝国同盟的英国看到，而这会使英国明白俄法两国的这次会面不会威胁英法同盟。不仅一些事件表明所有情况都是属实的，而且正如在许多回忆录中指出的，从第二帝国建立之初至结束，拿破仑三世明确的外交政策的基本原则之一就是保持与英国的友好关系。在这一点上，拿破仑三世完全不同于自己的伯

斯图加特

父。实际上，拿破仑三世总结的第一帝国为何失败的原因之一就是拿破仑一世未能保持与英国的友好同盟关系，而在这一点上，欧仁妮皇后不仅与自己的丈夫观点一致，而且致力于和英国保持友好关系，建立坚实的英法同盟。

1856年4月，符腾堡国王威廉一世在巴黎受到了热烈接待。荷兰王后符腾堡的索菲，即符腾堡国王威廉一世的第二个女儿对拿破仑三世也很友好。另外，沙皇亚历山大二世是德意志皇室的近亲，而尼古拉一世的母亲索菲•玛丽•多萝西娅•奥古斯塔•路易丝不仅是符腾堡王室的公主，而且是一位知识渊博的女性。后来，出身德意志的希腊国王乔治一世又娶了俄罗斯帝国的女大公奥尔嘉•康斯坦丁诺芙娜。俄国和符腾堡家族之间有着错综复杂的同盟关系，而近期的多次友好互访和交流进一步强化了这种关系。在斯图加特，拿破仑三世发现自己身处一个友好和谐的家庭中。拿破仑三世不仅在这个圈子里受到了大家的欢迎和尊敬，而且对这个圈子有着有力且积极的影响。

除了奥地利，整个德意志都对君主们的这次会晤持友好态度。因此，从斯特拉斯堡到斯图加特的旅程虽然漫长，但激动人心。在统治早期，拿破仑三世总是尽力与外国君主直接交往，从不喜欢将外交事务委托他人。拿破仑三世因为游历甚广，有与许多不同国家的人交往经验，所以能在处理国际事务上取得成功。如果拿破仑三世能够坚持自己明智的计划，那么第二帝国将会犯更少的外交错误。

1856年9月24日，拿破仑三世从查隆斯营地出发，检阅了在洛林大区边境的吕内维尔镇的骑兵，并于1856年9月24日15时到达了斯特拉斯堡。拿破仑三世的随行人员包括弗勒里、若阿基姆•缪拉等人。接待会非常盛大——鲜花洒在君主们的面前，而所有的房屋都挂上了花环，装饰得很华丽。拿破仑三世骑着马离开了车站，去了他当晚要前往的辖区。在抵达前，拿破仑三世还去了克莱贝尔广场，并且检阅了那里的军队。

这是一个备受欢迎的接待会——在第二帝国时期，这样为数不少的招待会显示了波拿巴家族一直在强有力地统治着法兰西，而与之相对的是无法与波拿巴家族竞争的躁动的小党派。波拿巴家族的统治使整个国家团结了起来，防止灾难在未来降临这个国家。

1856年9月24日夜晚，普鲁士王子腓特烈·威廉·路德维希到达了巴登。普鲁士王子腓特烈·威廉·路德维希一直都是拿破仑三世的贵宾，对拿破仑三世表现得很热情——即使仅有几个小时，普鲁士王子腓特烈·威廉·路德维希也非常希望拿破仑三世能够和他在曼海姆或巴登停留。最终，拿破仑三世同意在巴登与普鲁士王子腓特烈·威廉·路德维希共进午餐。如果拿破仑三世能够坚持下去，那么法兰西和德意志的友好关系将会继续。

1856年9月25日8时，拿破仑三世离开了凯尔市。凯尔市处处都装饰着法兰西和巴登的旗帜。1856年9月25日10时，拿破仑三世到了巴登的车站，并且在那里受到了第六代巴登大公弗里德里希一世一家的接待。拿破仑三世与第六代巴登大公弗里德里希一世一家、普鲁士王子腓特烈·威廉·路德维希一起享用了午餐。离开宫殿时，第六代巴登大公弗里德里希一世向拿破仑三世展示了一群守卫，而他们仍然保留着法兰西第一帝国的旗帜——当时的巴登士兵曾是法兰西士兵。这个例子也体现了德法之间的友好关系。

1856年9月25日13时30分，拿破仑三世离开了巴登。在德意志的所见所闻让拿破仑三世深深地相信，他的访问在德意志各地受到了极大的欢迎——处处洋溢着德意志人民的热情。

从巴登来的两位王子专程赶到拉施塔特向拿破仑三世表达了敬意。在第六代巴登大公弗里德里希一世及其儿子的排陪同下，拿破仑三世去了卡尔斯鲁厄。第二代巴登大公卡尔·路德维希·弗里德里希的夫人斯蒂芬妮·德·博哈尼考虑事情更加周全，要求拿破仑三世直到到达位于符腾堡与巴登的铁路的交界处的布鲁萨尔才能停下来，而在那里，拿破仑三世发现鲍尔和符腾堡国王威廉一世的使节在等着他。

在斯图加特，符腾堡国王威廉一世和符腾堡的王子们在车站迎接拿破仑三世并且和他一起进入了宫殿。在宫殿里，沙皇亚历山大二世比拿破仑三世早一天到达——俄国皇后玛丽亚·亚历山德罗芙娜没有同行。陪同沙皇亚历山大二世一起来的是他的妹夫——他的妹夫专程从在两英里外的驻地赶来拜访。与符腾堡国王威廉一世和王后共进晚餐后，拿破仑三世与符腾堡王子卡尔·弗里德里希·亚历山大谈了很长时间，并且又见到了沙皇亚历山大二世。通往别墅的大道上灯火辉煌，而

荷兰王后符腾堡的索菲

索菲·玛丽·多萝西娅·奥古斯塔·路易丝

希腊国王乔治一世

奥尔嘉·康斯坦丁诺芙娜

所有的大臣们、整个外交使团、高等法院的官员与符腾堡王子卡尔·弗里德里希·亚历山大一起向法兰西统治者表示了敬意。

沙皇亚历山大二世的陪同人员是外交事务官亚历山大·米哈伊洛维奇·戈尔恰科夫王子，而拿破仑三世的陪同人员包括外交事务官亚历山大·科隆纳-瓦莱斯基伯爵，驻圣彼得堡的法兰西大使阿方斯·德·雷尼瓦尔伯爵、若阿基姆·缪拉和弗勒里。1856年9月25日23时，在符腾堡国王威廉一世和符腾堡的保琳娜·特里斯王后的陪同下，拿破仑三世回到了斯图加特，而沙皇亚历山大二世仍然与自己的妹夫在一起。

符腾堡的保琳娜·特里斯王后

1856年9月26日早晨，拿破仑三世拜访了沙皇亚历山大二世。1856年9月26日11时，符腾堡国王威廉一世接拿破仑三世去看了符腾堡王宫的有三百匹纯种马的马厩。在与符腾堡国王威廉一世交谈期间，拿破仑三世只谈论体育方面的事情。符腾堡国王威廉一世后来说："如果法兰西皇帝在政治方面的能力和他的马术一样好，那么欧洲会大吃一惊。"的确，在欧洲的国际关系中，拿破仑三世的地位越来越稳固，并且将杜伊勒里宫变成了世界的外交中心。

与亚历山大·科隆纳-瓦莱斯基伯爵商议后，拿破仑三世拜访了荷兰王后符腾堡的索菲。荷兰王后符腾堡的索菲与英国关系亲密，步调一致，不仅反对拿破仑三世与沙皇亚历山大二世的友好关系，而且反对拿破仑三世为了得到俄国的和平而牺牲与英国的联盟。

欧仁妮皇后常常和拿破仑三世说起荷兰王后符腾堡的索菲的这种观点。拿破仑三世虽然不会舍弃猎物，但很明显，从第一次与沙皇亚历山大二世的会谈中就可以看出，他被沙皇亚历山大二世吸引了。拿破仑三世不仅急于使亚历山大二世成为他的政治盟友，而且希望自己能在奥地利和意大利事务方面获得亚历山大二世的支持。

常常会有人这样问道：法兰西近来与俄国的结盟是否只是为了忽视与英国的联盟，并且与俄国紧密地团结在一起？虽然要这样做很容易，但肆意践踏承诺会把自己置于一个糟糕的境地。如果荷兰王后符腾堡的索菲在场，那么毋庸置疑，她一定会让拿破仑三世忠于最初的同盟。欧仁妮皇后很喜欢维多利亚女王——在欧仁妮刚成为皇后时，维多利亚女王给了她很多弥足珍贵的建议。起初，欧仁妮皇后对俄国有一些抗拒。然而，当俄国试图与法兰西建立更紧密的联盟时，欧仁妮皇后看到了其中的可取之处。

这些问题和其他方面的一些问题是这次会谈中君主与君主、君主与大臣之间讨论的重点。沙皇亚历山大二世对拿破仑三世的热情感到非常愉快，并且执意要拜见欧仁妮皇后，而拿破仑三世解释说自己的妻子欧仁妮皇后没有和他一起来。对于这种犹豫和盘算，我们很难猜透其中真正的动机——如果拿破仑三世希望欧仁妮皇后来，那么欧仁妮皇后就会答应。拿破仑三世和沙皇亚历山大二世都小心翼翼，并且都有一些顾虑。与此同时，奥地利显然对这些高层的互动感到焦虑。

1856年9月26日，俄国皇后玛丽亚·亚历山德罗芙娜到达了斯图加特，而陪同她的是希腊王后米莉亚，即第一代奥登伯格大公保尔·弗里德里希·奥古斯特的女儿和希腊国王奥索一世的妻子。为了表示对沙皇亚历山大二世的尊重，拿破仑三世立即去前者的别墅拜访了俄国皇后玛丽亚·亚历山德罗芙娜。

那个阶段有很多社交活动。1856年9月27日，即符腾堡国王威廉一世生日的那一天，弥撒结束后举行了盛大的欢迎会，而离开教堂时，拿破仑三世受到了人们热烈的欢呼。宴会结束后又迎来了一个受欢迎的节日，而包括傍晚举行的盛大的晚会和篝火表演在内，各种节日活动都是由符腾堡国王威廉一世安排的。

虽然有这么多的聚会和活动，但拿破仑三世并不是没有谈政治。实际上，这些舞会和宴会只不过是用来掩饰一些重大事务的。拿破仑三世是个勤劳的人——他的工作有时以跳华尔兹的形式进行，有时以在舞会中与人谈话的形式进行，有时以复杂的政治讨论形式进行。在这次对符腾堡的访问中，拿破仑三世无时无刻不在工作。

1856年9月27日，拿破仑三世与沙皇亚历山大二世共进早餐，并且自由地交谈了很长时间。拿破仑三世与沙皇亚历山大二世虽然对彼此都很欣赏，但并不是一开始就是朋友。

在斯图加特举行这些会谈和会议的结果是法兰西和符腾堡之间达成了一项友好协议，即在没有事先协商的情况下，法兰西和符腾堡双方不会针对东方问题和意大利问题采取任何重大的举措，而在法兰西和奥地利之间出现分歧时，俄国承诺会保持中立，绝不干涉。

由于即将离开，君主们互相致别。1856年9月28日，拿破仑三世离开了斯图加特，而沙皇亚历山大二世也在那天返回了俄国。然而，1856年9月30日，拿破仑三世在德意志的魏玛小镇会见了奥地利皇帝弗朗茨·约瑟夫一世，导致先前的访问的影响被削弱了。人们注意到，拿破仑三世和弗朗茨·约瑟夫一世虽然表面上看起来很热情，但似乎都有些尴尬。

在这次于斯图加特进行的访问中，法兰西注定要收获一些利益。1860年，叙利亚动乱爆发时，第二帝国政府和英国政府被迫武装介入并且在大马士革调查了穆罕

玛丽亚·亚历山德罗芙娜

希腊王后米莉亚

默德对基督教徒的屠杀。如果是在波兰发生不幸事件，那么法兰西会认为自己有责任干预——如1863年的介入[①]，而这自然会让俄国感到不快。然而，不管怎么说，拿破仑三世努力把法兰西和俄国团结在一起的这个举措是明智的，并且得到了欧仁妮皇后的支持——不难发现，在与杜伊勒里宫保持着友好关系的英国和俄国朋友们的帮助下，法兰西第二帝国有了稳固的根基。

① 1863年，波兰发生了其近代史上规模最大、影响最深远的反对俄国压迫和反封建的民族大起义。对这次起义，拿破仑三世虽然没有给予军事支持，但在道义上给予了极大的公开支持。

第10章

官方出访

在第二帝国的历史上，1858年是风雨如磐的一年。虽然1858年的十二个月都没有发生战争，但紧接着便有两大战争，而法兰西的对手分别为俄国和奥地利。无论是在国内还是国外，拿破仑三世都利用这个相对而言比较平静的时期努力巩固自己的地位。在一次杜伊勒里宫举行的外交晚宴上，拿破仑三世曾对一位英国大使说："我常常会想到一句英语格言，有太阳就赶紧晒干草。因为太阳不会每天都照耀大地。所以我一直都这样做。"由于知道自己只有在国内受欢迎才能在国外有影响力和认为良好的国内政治是外交策略的基石，拿破仑三世总是喜欢把二者结合起来——要与某位君主举行正式会议时，拿破仑三世通常会在正式会谈之前或者之后携欧仁妮皇后访问法兰西的一些省份。如果认为有必要先接待外国君主，那么等外国君主走后，拿破仑三世会去看望自己的臣民；而如果有必要先引起法兰西人民的响应，那么拿破仑三世会先去法兰西各州考察访问，然后再接待这些外国君主。1858年夏季的官方访问能够说明这一习惯，而我将在这里给出一些细节。

早在1858年6月10日，新晋马拉科夫公爵艾玛布勒-让-雅克•佩利西耶和法兰西驻伦敦大使就被告知拿破仑三世和欧仁妮皇后要在1858年8月4日访问瑟堡，而在1858年8月5日，维多利亚女王和阿尔伯特亲王也会一起到来。这场会面安排在菲利

菲利斯·奥尔西尼

斯·奥尔西尼事件①和“上校演讲”②之后，让人感觉十分重要。人们不会忘记，英格兰对法兰西的舆论和军事圈子是很谨慎的。马拉科夫公爵艾玛布勒-让-雅克·佩利西耶巧妙地让维多利亚女王接受了访问法兰西的邀请，而拿破仑三世在口头和书面上感谢了马拉科夫公爵艾玛布勒-让-雅克·佩利西耶。

① 菲利斯·奥尔西尼是意大利激进革命分子。1858年1月14日，菲利斯·奥尔西尼在巴黎策划了一起针对拿破仑三世的爆炸事件。虽然菲利斯·奥尔西尼的阴谋没有得逞，而他也被捕处死，但仍有众多民众走上街头抗议这种暴行。

② 为庆贺拿破仑三世在1858年1月14日免于被刺，法兰西第二帝国的陆军上校们写了一些祝词，而这些祝词中充满了对英国的威胁。

1858年8月4日正午，维多利亚女王和阿尔伯特亲王乘坐“维多利亚和阿尔伯特”号皇家游艇离开了奥斯本。1858年8月4日17时，拿破仑三世和欧仁妮皇后抵达瑟堡。瑟堡的镇长带着一些官员还有主教前来迎接，而主教周围是唱着颂歌的牧师们。镇上的许多居民热烈地欢迎了拿破仑三世和欧仁妮皇后并且随着他们进了城。坐着车在街上穿行时，拿破仑三世对欧仁妮皇后说：“我有预感——一切都会顺利进行。人们——无论是政府官员，还是教会的神职人员，都一致为我们喝彩时，我总感觉成功一直在伴随着我们。”

大概在1858年8月4日19时，维多利亚女王到达瑟堡镇的消息就传开了。不久，拿破仑三世和欧仁妮皇后乘坐着一艘白色的独木舟去会见维多利亚女王。独木舟上有一个丝绒的雨篷，而雨篷还绣了一只金黄的鹰。阿尔伯特亲王站在游艇侧面的楼梯下等候拿破仑三世和欧仁妮皇后，而维多利亚女王在游艇顶层的甲板上。拿破仑三世先走上楼梯，而欧仁妮皇后紧跟着他。“欧仁妮皇后穿着一袭白色和淡紫色相映的丝绸长裙，戴着一顶镶着黑色和白色蕾丝花边的帽子。”当时的一位记录者

拿破仑三世在瑟堡迎接维多利亚女王

这样描述道。见面后，维多利亚女王亲吻了拿破仑三世和欧仁妮皇后。维多利亚女王拥抱了欧仁妮皇后，十分亲切地说道："我虽然说话不多，但能感受到很多。"马拉科夫公爵艾玛布勒-让-雅克·佩利西耶也登上了维多利亚女王的游艇，而维多利亚女王说道："英勇的马拉科夫公爵知道我们是如何看待皇后的。"欧仁妮皇后立即回应道："在场的这些女士们和先生们都跟我们一样，很爱戴女王陛下您。"紧接着，拿破仑三世和维多利亚女王开始了第一次面谈并且迅速将话题转到政治上。拿破仑三世说道："我无法告诉您我们有多后悔让陆军上校发表那些仓促的演讲。对那些曾在两国之间产生的误会，我们深感遗憾。现在，这团迷雾终于消散了。我们很高兴。"过了一段日子，拿破仑三世向欧仁妮皇后说道："虽然维多利亚女王显然是偏向于法兰西的，但阿尔伯特亲王看起来与维多利亚女王不太一样——从他的言语中很容易就可以察觉出来。"这个事实可以从维多利亚女王的日记中和西奥多·马丁爵士的书中找到确切记载。

1858年8月5日中午，维多利亚女王和阿尔伯特亲王回访了拿破仑三世。拿破仑三世曾经在私人日记中写道："前几天的谈话话题再次在午宴上被提及。然而，不知为何，这次显得正式了一些。对于维多利亚女王的那些疑问，欧仁妮皇后通过详细地叙述菲利斯·奥尔西尼对我的奸诈企图予以了回应。难以想象，在这件事上，英吉利海峡两岸的媒体施加了多大的影响啊！报社媒体什么时候才会不干涉外交事务，而将它留给外交官去解决？"

欧仁妮皇后的一个随从对当天的情况做了记录，现在我将记录原原本本地摘录下来："那天，所有参与这趟旅程的大臣都参加了午宴后的接待会。前来参会的还有当勤的军事部和民事部的成员们，亚历山大·科隆纳-瓦莱斯基伯爵和他的夫人，以及一位非常俊俏的西班牙女士——欧仁妮皇后的表妹索菲·巴莱拉小姐。马拉科夫公爵艾玛布勒-让-雅克·佩利西耶注意到索菲·巴莱拉小姐十分迷人，并且特别关注她。马拉科夫公爵艾玛布勒-让-雅克·佩利西耶给索菲·巴莱拉小姐送去动人的诗篇和情书并且请求和她在一起——几周之后，索菲·巴莱拉小姐就成了马拉科夫公爵夫人！在'布列塔尼'号游轮上举办了一场宴会，和蔼亲切的维多利亚女王就座于拿破仑三世和第二代剑桥公爵之间，而阿尔伯特亲王则就座于欧仁妮皇后和贝都因伯爵夫人中间。晚宴期间，一支优秀的乐队为客人们演奏了乐曲。晚宴的最后，拿破仑三世起身向维多利亚女王和英国王室举杯祝酒。我仔细留意了拿破仑三世说的话。拿破仑三世颇有感情地说道，‘我很高兴。今天可以见证我们对大英帝国及其统治者的友好。大家有目共睹，今天的晚宴证实了任何敌意和不幸的意外都不能削弱我们两国之间的深厚友谊或是更改两国想要和平相处的共同愿望。我坚信，在公众的理性面前，任何想要尝试唤醒过去的反感与仇恨的企图都是徒劳无用的——就像码头会抵御拍打过来的大浪，保护两个帝国的小舰队免受海浪的狂怒和咆哮。’和过去的演讲一样，拿破仑三世说出的这番漂亮话给大家留下了深刻的印象。

“接下来，阿尔伯特亲王站了起来。阿尔伯特亲王首先向拿破仑三世的那些友好的说措辞致以谢意，随后提及了两国之间与日俱增的友好。在演讲的最后，阿尔伯特亲王说道：‘两国的友谊是两国共同繁荣兴盛的基础，而上帝绝不会辜负它们。维多利亚女王也为法兰西皇帝和皇后身体无恙而祝酒。’在阿尔伯特亲王坐下的时候，维多利亚女王示意大家向他致以热烈的掌声。阿尔伯特亲王显得很感动。维多利亚女王、拿破仑三世和欧仁妮皇后也都很感动。维多利亚女王哽咽着，甚至几乎不能喝下一口咖啡——两国之间如履薄冰的关系不复存在，而这场政治面谈的结果似乎预示着一些好结果。

“1858年8月5日夜晚，海港的船上举行了烟火表演。那是一个仙境般的令人难以忘怀的场景。拿破仑三世和欧仁妮皇后，以及各位来宾，从‘布列塔尼’号游轮的甲板上看着烟花绽放。随后，伴着乐队在‘布列塔尼’号游轮的甲板上演奏的音乐声，传来了圣塞西尔合唱团的合唱。然后，在人们热烈的欢呼声中，维多利亚女王和阿尔伯特亲王穿过灯火辉煌的船并且回到了游艇上。对这个精致而圆满的庆典，拿破仑三世和欧仁妮皇后感到很满意，而维多利亚女王和阿尔伯特亲王也多次称赞这是一个完美的典礼。

“1858年8月6日早晨，拿破仑三世和欧仁妮皇后在游艇上为维多利亚女王和阿尔伯特亲王举办了欢送会。在欢送会上，几位皇室成员彼此之间的告别话语十分真诚。维多利亚女王深深地感受到了拿破仑三世和欧仁妮皇后的真心。维多利亚女王说道：‘我们之间的纽带从未如此牢固。’拿破仑三世回应道：‘陆军上校制造的误会被化解了。’然而，拿破仑三世和加富尔伯爵卡米洛·本索在普隆比耶尔的会面中制造的阴影依然存在。”

阿尔伯特亲王仍然很焦虑。几天后，在给肯特公爵爱德华·奥古斯都亲王的遗孀玛丽·路易丝·维多利亚，即维多利亚女王的母亲的信中，阿尔伯特亲王写道：“拿破仑三世不仅心不在焉，而且很忧郁。欧仁妮皇后显得病恹恹的。法兰西海军做了充足的准备，而我们则显得准备不足。我们的大臣会做漂亮的演说，却从来不予以行动。想到这儿，我就难以平静，心里都是不安和尴尬。在英法友好协议的背景下，我们的眼前尽是黑暗和未知。在英国，关于拿破仑三世的阴谋已经引起了公众的焦虑。”

很长一段时间后，在一次私人谈话中，拿破仑三世这样说道：“如果阿尔伯特亲王能像维多利亚女王一样，即带着同样的坦诚好好理解英法两国之间的关系，那么我们两国之间的关系会更加牢固。当然，我不是指两国各自的皇室和内阁之间的官方联系——这向来都很牢固。就两国的人民来说，他们会永远犹豫着是否老老实实地追随自己的政府，而英吉利海峡两岸的普通民众的想法几乎都是不变的。滑铁卢和拿破仑一世，陆战和海战的胜利，新闻界的论战——人们对所有的这些都记忆深刻，即使是底层的民众也未曾忘记。虽然两国的受教育阶层和贵族阶层在这方面有更开阔的眼界，但在19世纪50年代，关于英法之间关系，人们仍然没有接受‘互有好感’这一说法。”

除了极力想得到英国的认可，这次瑟堡之旅还有别的目的。1858年8月7日，拿破仑三世去参加了建在瑟堡的军工厂区的新码头的开幕典礼。1858年8月8日星期日，拿破仑三世去为拿破仑一世的雕像揭幕。毋庸置疑，所有与拿破仑一世相关的事，拿破仑三世都很重视。即将离开巴黎时，拿破仑三世对欧仁妮皇后说：“为了这事及出于对拿破仑一世的尊敬，我必须去瑟堡一趟。我们要为第二帝国铺好奠基石。”

拿破仑三世的私人秘书对瑟堡之旅做了一些记录：“一大群人冲到了瑟堡去参加这些仪式。天气特别好。欧仁妮皇后说道，‘这正是我期望的。’同维多利亚女王告别后，拿破仑三世和欧仁妮皇后在‘布列塔尼’号游轮上吃午饭，然后依次参观了停泊在港口的船。许多旗帜把船装点得很漂亮。拿破仑三世将奖章和勋章颁发给了海军上将认可的那些军官和水手，并且对所有获奖者说道，‘我相信，未来有更多的

加富尔伯爵卡米洛·本索

玛丽·路易丝·维多利亚

荣誉在等待你们。’那天夜晚，拿破仑三世还私下里说道，‘我们总是更加关注那些谦卑有礼之人。’

“这次接待英国君主的主要活动之一是在海事处举行的国宴。拿破仑三世精神很好，并且和身边的人畅谈了很多关于英法关系的事情。拿破仑三世告诉大家：‘每一个热爱祖国的法兰西人都有责任更好地了解和理解英国。’

“在军工厂建造的新码头的落成典礼是个盛大的仪式。拿破仑三世和欧仁妮皇后盛装出席，并且穿过了一道凯旋门——这道凯旋门就像是从海军仓库里取出的一件实物一样。随后，拿破仑三世和欧仁妮皇后仔细参观了所有的车间工厂、储藏室、棚屋和军械库。军械库里存放的武器不仅超过五万件，而且被有意识地摆成艺术性的拱门状、棕榈树状、吊灯状及其他各种各样的形状。‘你们这些海军军官是名副其实的风景美化师。’拿破仑三世微笑着说。

“1858年8月7日18时，涨潮时，拿破仑三世下令切断了最后一条缆索——这最后一条缆索一头系着一艘有着九十门大炮和九千马力的军舰，另一头系在南特镇的码头上。十万余位观众目睹了这一仪式，高声为自己的君主欢呼，为这艘宏伟的军舰的启航欢呼。拿破仑三世对站在旁边的一位司令员说道：‘虽然一个国家的主要军事力量显然是它的陆军的力量，但我一直觉得，海军对其他部门最能够提供有价值的支持。在我看来，伟大的拿破仑一世对海军重视不够——他是如此专注于陆军，甚至没有时间去顾及他的水手们和船。

“1858年8月8日，星期日，弥撒过后，拿破仑三世和欧仁妮皇后去了拿破仑一世曾经的住所，而在那里，拿破仑一世的一座骑马姿势的雕像将由他的侄子拿破仑三世揭幕。揭幕时，拿破仑三世对瑟堡镇长的爱国言论做出了很高的评价。我记下了拿破仑三世的这些话语，‘首先，让我们对拿破仑一世表示敬意——他受到启发并且开启了一个巨大的工程。在肯定拿破仑一世的功绩的同时，我们不应忘记在他之前或者之后的政府做的不懈努力。虽然拿破仑一世建设了瑟堡港——然而，如您所知，拿破仑一世也创造了我们所有的军事港口和据点，但我们不应该忘记，路易十六也曾积极地推进过这项已经开启的事业。拿破仑一世后的每一届政府都把跟随他的脚步作为一种责任——当然，波拿巴家族也会继续努力。’”

拿破仑三世的这些赞美话语给在场所有的人留下了深刻的印象。就像我曾说过的，拿破仑三世总是能抓住这样的场合向过去的君主致以应有的敬意，而这也很好地诠释了他尊敬先人的品性。不难发现，拿破仑三世之后的政府未能这样做，即似乎不倾向于仰慕先人及其事迹。拿破仑三世的私人秘书还记录道："在演讲结束时，拿破仑三世不仅十分温和、平静，而且甚至变得更开心了一点。拿破仑三世说道，'为伟大领袖的雕像揭幕和向世界宣布我们庞大的军事港口落成时，我们——作为一个伟大的民族，不应对我们的未来感到焦虑。一个国家越强大，它的子民就会越受鼓舞。一个依靠群众的自由意志建立的政府不会成为任何政党的奴隶——只有当有必要保卫国家荣誉或人民的利益时，战争才会爆发。'"后来，谈及这趟旅程——尤其是演讲的结尾部分时，拿破仑三世说道："实际上，那句没有被察觉到的话非常重要——它打开了一扇解决意大利问题的大门。"

在这些正式的典礼和维多利亚女王的访问之后，拿破仑三世和欧仁妮皇后视察了法兰西西北部地区的布列塔尼，并且希望可以进一步赢得这个地区天主教徒和保皇党人的人心。这次视察不仅安排得井井有条，而且十分成功。由于在布列塔尼受到了人民的热烈而衷心的欢迎，欧仁妮皇后总是回忆起那次旅程。拿破仑三世说道："虽然自在位以来，我们已经得到了数不清的致敬和欢迎，但它们都与这次欢迎无法比拟——这样的掌声是对统治者那颗疼痛而疲倦的心灵最好的慰藉。"

拿破仑三世的随行书记员还做了这样的记录："拿破仑三世乘坐'布列塔尼'号游轮从瑟堡航行到布雷斯特。布雷斯特的居民聚集在一座小山上——他们可以从这座山上看到海。由于附近村庄的居民不断赶来，这座山上的人越来越多。在圣路易斯教堂里，坎佩尔岛的主教对欧仁妮皇后说，'您的到来提醒了我们的人民——您的配偶就是人民的父亲。一个庄重而洪亮的声音告诉所有的法兰西人，您是虔诚的天主教徒。您的善行每天都没有中断。'这些话让欧仁妮皇后深为感动。

"拿破仑三世参观了医院和城镇，出席了一个由市政府当局举办的舞会。拿破仑三世和欧仁妮皇后坐在红色高台下的王座上，而五十位手里拿着旗帜、穿着民族服装的布列顿农民夫妇列队走来并且跳起了民族舞蹈。这一幕令拿破仑三世和欧仁妮皇后忍俊不禁。

“拿破仑三世和欧仁妮皇后还参观了西蒂斯护卫舰，海军学生的学校，以及博尔达水手的实习学校。拿破仑三世对这两所学校的学生们说道：‘孩子们，永远不要忘记，真正的爱国主义是首先想到国家，然后才是它的统治者。’当晚，博尔达水手的实习学校举办了许多精彩的表演和欢庆活动。拿破仑三世和欧仁妮皇后说他们将永远记住这些有趣而热情的年轻人。

“1858年8月12日，拿破仑三世和欧仁妮皇后离开了布雷斯特，而在从布雷斯特到坎佩尔的路上，人们欢呼不断并且护送着皇家车队——农民骑着自己的马，带着法兰西的国旗，护送着皇家车队从一个村庄到另一个村庄。从兰德诺到坎佩尔，拿破仑三世和欧仁妮皇后穿过的凯旋门不少于十二座，每一处都聚集了附近社区的居民——他们被穿着神圣长袍的牧师、市长、市政议员和戴着圣赫勒拿岛奖章的人领导着。坎佩尔组织了一场热情洋溢的招待会和一个乡间舞会，以及一场巨大的烟花表演。不幸的是，很多人都被火花所伤。拿破仑三世的外科医生安托万-约瑟夫·约伯特

外科医生安托万－约瑟夫·约伯特

悉心照顾着病人，而欧仁妮皇后非常感动，并且派德•卡多雷侯爵找到了所有的伤者。1858年8月13日早晨，人们得知伤者的伤情没有加重。拿破仑三世和欧仁妮皇后立即给伤者送去了慰问的礼物。有一个伤势较轻的小女孩收到了一份两百法郎的礼物。这个小女孩把这份礼物交给了她的妈妈，并且只留了二十法郎给自己。小女孩将其中的一个法郎硬币穿了一个孔，戴在脖子上，纪念那个她口中说的‘善良的皇后’。后来，欧仁妮皇后得知了这件事，并且因此一直关注着她，在各方面帮助她。”

在给朋友的信中，欧仁妮皇后写道：“不仅天气非常好，而且从洛里昂到路易斯港的海边短程旅行也很愉快。这两个城镇之间的水域点缀着星星点点的轮船、游艇和帆船——它们不断地把度假者送到路易斯港。在港口有几艘军舰，圣米歇尔堡垒为我们的到来鸣炮致敬，而一艘艘渔船则列队在我们的航道两边，如同外形奇特的篱笆。城镇的官员和穿制服的军官迎接了拿破仑三世。为了欢迎我们的到来，市长专门致了欢迎辞，而那里的年轻女孩按照古老的习俗给我送来了鲜花。然后，在观众的欢呼声中，我挽着拿破仑三世的胳膊，穿过了城镇的大门，走向了沃班建造的堡垒。这座堡垒周围的景色令人惊叹——一边是港口，一边是在地平线上有着鲜明轮廓的城镇的房屋。从堡垒中向前看去，可以看到普罗尔墨的教堂的尖顶——教堂的草棚点缀在绿色的山谷中，一片闪闪发光的蔚蓝色的海水在不停地涌动着。远处，格鲁瓦岛的轮廓模糊不清。这个港湾每年都会举行一场壮观的仪式——路易斯港、洛里昂、普罗尔墨和格鲁瓦岛的渔船都会聚集在一起，而神职人员会来到一个像小教堂一样的轮船上，唱着赞美水手们的《海星颂》，以创造万物的上帝的名义保佑和祝福这片海城。因此，即使在大浪中，贫苦的渔民也可以撒网并且有信心捕到更多的鱼。

“拿破仑三世走进一个堡垒并且检查了大炮。经过几次检验后，拿破仑三世带我去了他曾在斯特拉斯堡惨败时住过一段时间的房间，而那时，他正准备启程去美国。这时，一件令人感动的事情发生了——一位老妇人问候了拿破仑三世。这位老妇人叫波莉欧可斯，是一位炮手的遗孀，也正是曾在路易斯港照顾过当时还未称帝的拿破仑三世的人。‘我记得你，’波莉欧可斯女士说道，‘你一点都没有变，看起来就像以前一样。那时的你是一个非常善良的年轻人。’然后，波莉欧可斯女士说到了一些细节，并且向拿破仑三世展示了他曾在路易斯港用过的家具——那张他曾伏案工作过的书桌，那个他曾用来盛茶的瓷杯，马赛的圣母像，用来装饰他曾用过的壁炉的亨利四世的画像，以及一些仍然放在那里的咖啡杯。‘你还记得吗？’波莉欧可斯女士问，‘有一天，我去橱柜的顶部拿一些桌布时，你扶着我走了下来。’‘那我今天再伸手扶你一次，我的女士。’拿破仑三世回复道，并且和她亲切地握了握手，而我对这样的场景感到很好奇。我鼓励波莉欧可斯女士说说她的家人和周围的情况。波莉欧可斯女士告诉我，她有两个孩子，而其中一个目前是康斯坦丁的士官，不仅生活贫困，而且由于庞大的家庭开支，还欠着一笔钱。听完波莉欧可斯女士的话，拿破仑三世立即保证将帮助她的儿子，而波莉欧可斯女士所有的家庭成员都感谢并且祝福了拿破仑三世。”

私人秘书记录道：“在回洛里昂的路上，拿破仑三世和欧仁妮皇后去了一趟军械库，并且参观了几艘正在建造或维修的军舰。那些工人热情地迎接了拿破仑三世和欧仁妮皇后。如果有什么可以直击拿破仑三世的心，那么一定是下层人民的认可。一时之间，欢呼声如此之大，导致海军建设部的负责人甚至听不清拿破仑三世提出的关于建造船的问题。实际上，虽然负责人当时正命令工人保持安静，但拿破仑三世说道，‘不要阻止他们。我喜欢听他们欢呼——我宁愿重复自己的话题，也不愿意让他们停止欢呼。’

“几个小时后，‘卡尔瓦多斯’号从考登船坞下水。离开码头前，拿破仑三世和欧仁妮皇后饶有兴致地检查了帐篷。欧仁妮皇后在一群木匠制作的纪念雕饰前停下了脚步。雕饰周围有美丽的花朵装饰，而欧仁妮皇后摘下了其中一朵花给围绕在她身边的工人看，说道：‘我应该把这收藏起来并且当作一份纪念品。’对工人们来说，这些话十分具有感染力——他们爆发出了震耳欲聋的欢呼声和喝彩声。

“1858年8月15日是圣母升天节，而人们虔诚地庆祝着这个节日，并且在布列塔尼的守护神圣安妮的雕像下祈祷。在埃讷邦，处处都是人们的欢呼声。有一道凯旋门上镌刻着这样的话：‘向我们的皇帝陛下致以布列塔尼人民的感谢；为我们的皇后陛下送上所有的美好祝福；愿上帝保佑皇太子——所有的布列塔尼人都爱他。’圣吉尔、布兰德希昂和科鸣尼的所有地方布满了纪念碑和鲜花，到处都是一派热烈的气氛，一直延续到欧赖镇。”

在另外一封长信中，欧仁妮皇后这样写道：“欧赖镇是一个充满回忆的地方，而就在离欧赖不远的卡纳克镇，巨石上留有德鲁伊教的痕迹，田野里布满了纪念碑和墓石牌坊。1364年，在卡纳克镇的入口处的一次至关重要的行动中，让•德•蒙福特和查尔斯•德•布卢瓦受到了打击。杜•格斯克林参与了那次行动。查尔斯•德•布卢瓦丢掉了性命，而让•德•蒙福特成为布列塔尼公爵约翰五世。1795年，在卡纳克镇附近的一块草地上，共和党的士兵以殉道者的名义射杀了基伯龙镇的不幸的犯人们——他们是保皇党牺牲者，而一座刻有铭文的纪念碑矗立在那里。

“卡纳克镇建在山上。皇家军队列队行走在弯弯曲曲的大街上，最后到达了港口。在布拉韦河的大桥处，某个渔夫早就已经安排好了一种带网的雨篷。此外，镇上的工人也建好了另一座纪念碑。从欧赖镇到有圣安妮雕像的圣安妮教堂的路上满是为我们欢呼的朝圣者们——这些布列塔尼人的善意让我们感动不已。布列塔尼人刚烈骁勇，用心地向我们表明他们也是法兰西人——他们都戴着三色的帽徽；女人们都佩戴着和法兰西三色旗颜色一致的丝带做成的装饰物；飘扬的法兰西三色旗随处可见。在布列塔尼人用泥巴做成和茅草覆盖的房屋的门上，挂着他们祖传的最好的衣服、十字架、精美的画像——这些是他们拥有的所有财富，而这一切都是为了庆祝他们的君主拿破仑三世的到来。我为此很受感动。在圣安妮教堂附近的一个村舍，我看到了一面墙上刻着这样的文字——语言粗略却令人感动——‘虽然拿破仑三世和欧仁妮皇后在圣安妮的雕像旁没停留多久，但我们将永远记住他们’。后来，我们经过了一座凯旋门，拱门上面写的一些字，让我们想起了法兰西的光辉岁月。

“由于我对来圣安妮教堂朝圣的朝圣者非常感兴趣，有人告诉了我一些相关信息：很久之前，一个叫圣安妮的女孩为圣母玛利亚而建的小教堂出现在了普兰玛瑞特的一片叫博森诺的旷野中。不仅没人会耕种这种曾经建过教堂的地方，而且甚至公牛都拒绝踏上这片土地。在博森诺耕田时，人们要小心教堂。在博森诺附近有个叫科安娜的小村庄，而这个小村庄的名字就为了让人们想起曾经为圣母玛利亚而建的教堂。17世纪初，有个很敬畏上帝的朴素的农民住在科安娜。这个叫尼克拉兹克的农民有着奇怪的经历——传说上帝更愿意向那些谦卑的人，而不是骄傲的人揭露守护神圣安妮的神秘——上帝反复对尼克拉兹克讲圣安妮，并且告诉他圣安妮是基督的外祖母。虽然尼克拉兹克是一个被牧师嘲笑、厌恶并且当作成疯子看待的人，但他的信仰从来没有动摇过。

“美好的事情总会发生——这也证实了基督的话——在从天而降的火炬指引下，两个农民于田野中发现了一座雕像。起初，这座雕像矗立在草坪上，而经过讨论后，大家觉得有必要为它建立一个祭坛。1628年7月4日，祭坛建造完成并且吸引来了三万个朝圣者。在雕像下面祷告了几年后，尼克拉兹克安详地去世了。后来，每年的纪念日，那些成千上万的虔诚的人也会祭奠尼克拉兹克。据说，在咽下最后一口气之前，善良的尼克拉兹克很平静地说：‘这里是受祝福的小岛，而圣安妮是我的主人。’直到现在，尼克拉兹克仍然被安葬在这个不可思议的雕像发现地。

“自那时起便开始流行去圣安妮教堂朝圣，而至高无上的罗马教皇也鼓励这样做——教皇不仅为那些去朝圣的人祈福，而且会奖励他们。人们祈祷的很多愿望都实现了。由于布列塔尼人的虔诚，在圣安妮雕像所在处做祷告成了当地的重要习俗。奥地利的安妮来这里求子，路易十三、路易十四、路易十六，以及英国的亨丽埃塔•玛丽亚等人也曾送过礼物，并且用此表示他们的虔诚和对高贵的圣母的祝福。

“圣安妮教堂坐落在一个巨大的庭院的末端，而周围的一些建筑起初是加尔默罗修道院，后来又成了基督教学校。这个庭院里面有三组柱廊，外面有圣坛。通过两个巨大的楼梯可以登上圣坛，而这两个楼梯被称为圣梯。正是由于这座高高的圣坛，两万多人蜂拥而来，教堂的墙上的许愿贴数不胜数。

“为了显得庄重和显赫，我们自然要做好准备。庭院里面聚集着上千个朝圣者，而教堂的门口站着许多优秀的牧师。此外，周围还有上面提到的基督教学校的学生们。所有人都在等待着我们的到来。教堂、圣梯和圣坛之间铺着由华丽的顶篷保护着的绿色天鹅绒，绿色天鹅绒上仿佛有金子点缀着。教堂前面，即圣安妮雕塑下面，放着拿破仑三世的王冠和一些蓝色的旗帜——如你所知，蓝色象征着皇帝的威严，而这意味着皇室家族将会受到布列塔尼圣母的保护。

“正午时分，炮声、音乐和激烈的欢呼声迎接着我们的到来。接着，一位年过八旬的主教走上前做了一个感人至深的演讲，而演讲内容主要是对拿破仑三世为法兰西和教堂做的一切表示感谢。这位年迈的主教说：‘尊贵的陛下，我们祈祷特殊的恩典降临到您身上，而这些祷告将由我这个老牧师来做。’这位年迈的主教祈求上帝给予拿破仑三世祝福，并且以‘祝福皇帝和皇室家族’结束了自己的演讲。这位年迈的主教充满激情的话使我深受感动，而拿破仑三世的感动不比我少。我尽可能地回忆一下拿破仑三世的话——回复年迈的主教时，拿破仑三世说：‘皇室必须要做好榜样，而这需要向好的榜样学习。根据我们国家古老的习俗，在这个纪念日，我来到这里向上帝祈祷——在尽自己所有的努力管理法兰西的同时，我也希望上帝能够将我管理的这个国家变得繁荣富强。我很开心能够得到一个如此德高望重的主教的欢迎，也很期待各位祷告的恩典能够在我身上降临。愿法兰西人民拥有像在天堂一般的幸福。’我觉得拿破仑三世简短的演讲虽然委婉，但很精彩，反响也很热烈——在我和拿破仑三世从讲台下来，以及与牧师和皇室成员穿过庭院的过程中，人们一直在鼓掌喝彩。接着，我们走进了教堂，坐在了我们的位置上。我们听神职人员讲关于圣安妮的故事，听唱诗班和旁边的人吟唱的赞美歌，而教堂外面的人群也在跟着唱。

“步兵乐队营造了浓烈的宗教气氛。圣坛上有人在做弥撒，基督教学校的学生交替唱着歌。弥撒结束的时候，人们听到一个声音——这个声音希望圣安妮能够保护拿破仑三世、欧仁妮皇后和皇室。与此同时，人们开始欢腾。每个人心中都激情澎湃，而合唱队的声音淹没在了成千上万的人们的欢呼声中。

“宗教祷告活动之后，拿破仑三世向主教赠送了六万枚奖章，作为参加圣安妮宗教仪式的纪念品。接着，教堂里面开始吟诵赞美诗。然后，庭院里形成了举行仪式的队列，而队列后面有一面壮丽的旗帜。这面由白色云纹丝绸做成的旗帜上有金色刺绣，一面绣着圣安妮的头像，另一面绣着法兰西国徽。这条旗帜是我们送来的礼物之一，而另外一个礼物是放着圣安妮雕像的镀金的壁龛。然后，我们去参观了门徒们背诵《圣经》的学校。拿破仑三世告别了老主教及牧师们——由于担心这一天的劳累会影响主教的身体，他说道：‘主教，如果这一天让您劳累过度的话，那么我这一天收获的喜悦马上就会消失殆尽。’”

在欧仁妮皇后写的另一封信中，我看到了这些话：“瓦讷人民给我们的欢呼是

奥地利的安妮

路易十三

路易十四

亨丽埃塔·玛丽亚

那么热烈，给我留下了深刻的印象。拿破仑三世在庭院中颁发好奖励后，我们离开了瓦讷。在瓦讷城外，有一群农民跟随着我们——他们有的骑马，有的坐在马车里，而马车里塞满了人。马儿们拉着马车挤在一起往前走，仿佛形成了一条长绳子。由于每个人都试图超过旁边的人，导致我们前面带头的马车不得不加快步伐。在门肯，格朗尚，以及其他地方，鲜花和旗帜遍布各处。在距瓦讷十二英里处，我们的马车停了下来——我们停在了一座凯旋门前。这个被鲜花和旗帜，以及各种农业用具包围着的凯旋门通往平原上的一个小屋，而这座小屋是由拿破仑三世的堂妹艾丽莎·拿破仑·巴乔基公主建造的。艾丽莎·拿破仑·巴乔基公主邀请我们去这个小屋里吃午饭。在凯旋门上，农民们用布列塔尼语写着欢迎辞'欢迎来到科呵尔特'。来自学校的孩子们在我们面前撒花，而两个女孩给我们献上了花束。艾丽莎·拿破仑·巴乔基公主亲切地招待了自己的客人们，而我们也很热情地拥抱了她。接着，我们参观

艾丽莎·拿破仑·巴乔基公主

了整个小屋。这个小屋里面挂满了波拿巴家族不同成员的画像。我们的午宴是在一个粗陋的大厅里进行的——这个大厅用粗削的树木做成，地上布满了苔藓和植物。除了两位随从，与我们在一起的还有让-巴蒂斯特·菲利贝尔·怀兰特、巴拉盖·海耶尔和几个布列塔尼人。

“路旁边的平原上有很多长头发、坐在马背上的农民。这些农民的服饰很特殊——他们戴着宽边帽，穿着带有红黑刺绣的白色衣服。每个村庄都有自己的旗帜，并且遵从他们的牧师和公共长官的领导。据我所知，为了能够看到拿破仑三世，一些农民走了六十多英里。很多人聚集在这块荒野上。由官员、圣赫勒拿岛和克里米亚的老兵们，以及年轻姑娘们构成的代表团进入了科呵尔特的这个小屋的庭院。我听说，自从亨利四世以后，再没有王室成员来过布列塔尼——难怪人们的热情如此高涨。艾丽莎·拿破仑·巴乔基公主为人们准备了各种各样的食物。

“由于材料都是从巴黎一块块运过来的，科呵尔特的这个小木屋仅耗时一个半月就搭建好了。小木屋可以环顾整个平原，而它周围的风景令人愉快并且印象深刻。艾丽莎·拿破仑·巴乔基公主为周围地区做了很多好事。艾丽莎·拿破仑·巴乔基公主买了很多土地，引入了法兰西和苏格兰品种最好的羊，把草原变成了牧场和人工草皮。艾丽莎·拿破仑·巴乔基公主甚至参与了矿石开采，并且发现了史前巨石，而这些史前巨石与卡纳克镇和洛克马里亚凯镇的那些很相似。艾丽莎·拿破仑·巴乔基公主以思科格国王为榜样，而她的到来成为布列塔尼的一个福音。这次对科呵尔特的访问是我经历过的最有趣的旅途之一——多年后，我对这次旅行仍记忆犹新。”

下面是欧仁妮皇后的信中的最后一个片段：“在庞蒂维-拿破仑维尔，一切均已布置妥当，只待我们的到来。一千五百位布列塔尼骑兵已列好队列。这些骑兵头戴大圆帽，穿着白色外套，而外套里面是巴斯克衫。从拿破仑三世和我面前经过时，这些骑兵们的大圆帽抖动着。一些女士和她们的丈夫们坐在同一辆马车上。这些女士穿着喜庆的服饰——大多是有很多刺绣的红色礼服。我得知骑马的人群中不仅有农民，而且还有市长和地主们。这个地方的接待惯例包括致欢迎辞，以及在晚上点上明灯、放烟花和跳民族舞蹈。因为这种民族舞蹈不仅很欢快，而且有各种舞步，所以观众们很爱看——我更加爱看。

“旅行还在继续，我们穿过北海滨，并且跨过了卢代阿克县。卢代阿克县也有一座精致的凯旋门，民众对我们的接待同样很热情。在从庞蒂维-拿破仑维尔到卢代阿克县的路上，三百位来自格拉克市的骑士护卫着我们。到达卢代阿克县后，三百位农民护卫着我们——他们护送着我们先到达了科尔莱市，然后又到了彭特甘普镇。在彭特甘普镇，我们的马车穿过了另一座凯旋门。在普卢格纳斯特村时，我发现了一座里面有苔藓和鲜花的漂亮的凉亭。蒙孔图尔镇的美景着实让我感到吃惊，镇上还存留着以前用来抵挡各种围攻的古老城墙。蒙孔图尔镇坐落在山坡上，周围有两个迷人的峡谷。从战略位置上来看，蒙孔图尔镇很重要。有的人聚集在哥特式拱形门下，有的人在山两边。蒙孔图尔镇的牧师热烈地欢迎了我们的到来。河水潺潺地流过花岗岩石——水儿似乎都在说‘热烈欢迎’。”

这次的官方考察很成功——虽然是国内的访问，但引起了国外的关注。据说，维多利亚女王和阿尔伯特亲王饶有兴致地阅读了关于这次考察的报道。一位法国大使对一些英国皇室成员说道：“所有一切都证明第二帝国深得民心。”维多利亚女王点头表示认同。得知这些事情时，拿破仑三世说道：“是的，我很确信一点——一个统治者只有在国内受尊重，才会在国外被尊重。让所有的公众都参与进来就如同给我们的军队注入力量。虽然有时候花太多精力在下层民众身上会导致我被嘲笑，但我不认为这是浪费时间或者精力——现在，我相信维多利亚女王一定会赞同我的观点。”

第 11 章

访问普鲁士和埃及

1860年是第二帝国最有威望的时候。1860年夏季，拿破仑三世对位于德意志西部的巴登的访问证明了第二帝国的威望。拿破仑三世在巴登会见了一些君主和德意志的王子们，其中包括普鲁士、巴伐利亚、符腾堡、萨克森和汉诺威的国王们，拿骚和萨克森-科堡-哥达的公爵们，霍亨索伦家族的王子们，在巴登很有威望的康斯坦丁•尼古拉耶维奇大公，第六代巴登大公弗里德里希一世及其夫人路易丝•玛丽•伊丽莎白。这次会晤举世瞩目。几年后，谈及这次会晤时，拿破仑三世说道："那是一次重要的会面。那时，我被视为欧洲事务的仲裁人和君主权力的保护者。由于罗马问题，意大利的地平线上阴霾骤起。与此同时，普鲁士和俄国不仅所有的一切都很平静，而且还和法兰西加强了友好交流。"

法兰西对西班牙的友好政策已经实施了很长时间，而通过这种方式，法兰西不仅能确保西南边境的安全，而且可以防止欧洲发生全面战争。拿破仑三世一直认为侵犯伊利比亚半岛是他那伟大的叔叔即拿破仑一世所犯的严重错误。法兰西第二帝国永恒不变的一项努力就是增强自身和西班牙的友好关系。事实上，1870年普法战争的起因就是法兰西人害怕普鲁士国王会戴上西班牙的王冠。1863年秋季，一个机遇出现了——由于能让法兰西政府对自己的邻国示好，这个机遇被牢牢抓住了。整个夏季，第二帝国的皇室成员都待在比亚里茨。1863年10月，拿破仑三世和皇太子返回法兰西时，欧仁妮皇后登上了"埃格勒"号游艇，并且在1863年10月18日于西班牙城市瓦伦西亚登陆。欧仁妮皇后的一位随从保存了这次访问记录，而其摘录如下：

“从瓦伦西亚到马德里的路上，人们用热情的欢呼庆祝欧仁妮皇后的到来。因此，我们直到1863年10月18日21时才到达目的地。在车站，我们受到尊贵的西班牙配国王[1]弗朗西斯科一世的接见。一些高级官员陪伴着西班牙配国王弗朗西斯科一世。欧仁妮皇后乘坐着一辆八匹马拉的四轮马车，并且在不久后就到达了被灯光点缀着的宫殿。再一次进入这座富丽堂皇的宫殿时，欧仁妮皇后显得特别激动。这座宫殿由西班牙国王卡洛斯三世在鼎盛时期建立，曾被阿尔卡扎占领过。1863年10月19日，欧仁妮皇后告诉我，她脑海中浮现出了一幕幕儿时的记忆，第一次来

弗朗西斯科一世

① 配国王是女王的王夫的一种称号。配国王不仅在礼制上的地位与女王平等，而且待遇也形同国王。

这座宫殿时，她的母亲玛丽亚•马纽埃拉•基尔巴特里克负责看管西班牙女王玛丽亚•伊莎贝拉•路易莎•德•博尔冯的衣橱，并且在西班牙上流社会的交际圈中取得了成功。

“宫殿很宏伟，而宫殿正门前的台阶是用一块块坚固的黑白相间的大理石做成的。每一级台阶上都站立着一位威严的长戟兵。西班牙女王玛丽亚•伊莎贝拉•路易莎•德•博尔冯站在第二级台阶上，等着和欧仁妮皇后打招呼。西班牙女王玛丽亚•伊莎贝拉•路易莎•德•博尔冯亲切地亲吻了欧仁妮皇后，然后带她去了西班牙配国王弗朗西斯科一世为她预留好的房间。不一会儿，一位绅士给欧仁妮皇后送了一个盒子。盒子里面放着一把金银打造的极具艺术性的钥匙——这是宫殿的钥匙。欧仁妮皇后被这暖心的行为深深地感动了。1863年10月20日，在西班牙女王玛丽亚•伊莎贝拉•路易莎•德•博尔冯、西班牙配国王弗朗西斯科一世和安娜•缪拉的陪同下，欧仁妮皇后参观了这座城市。1863年10月20日夜晚，欧仁妮皇后在剧院观看了精彩的演出。剧院的舞台布置得如同童话世界。有两千多位宾客到场，剧院里的女士们都佩戴着闪耀的珠宝。欧仁妮皇后坐在舞台对面的大座位上，而她两边分别是西班牙配国王弗朗西斯科一世和西班牙女王玛丽亚•伊莎贝拉•路易莎•德•博尔冯。欧仁妮皇后天生就能吸引众人的目光——她到哪儿都是焦点，受到热烈的欢迎。在场的许多宾客都曾是欧仁妮皇后在杜伊勒里宫、贡比涅宫或枫丹白露宫的客人，而所有人都知道欧仁妮皇后是多么爱自己的祖国——她多么希望西班牙能在欧洲联盟中再次扬眉吐气！

“当然，欧仁妮皇后希望自己在西班牙的每个地方受到的热烈欢迎都能被世人看到。一天晚上，欧仁妮皇后在法兰西大使馆会见各个外交使团，并且利用这个机会表达了自己的感激之情。欧仁妮皇后记得很清楚，有一位法兰西使节是著名演说家和政治家奥迪隆•巴罗的弟弟阿道夫•巴罗。阿道夫•巴罗曾让警察去追捕菲利斯•奥尔西尼的一个同谋，并且希望以这种方法来阻止菲利斯•奥尔西尼的暴行。后来，出现了一个更好的机会让西班牙人民看到欧仁妮皇后对西班牙的感激之情。这个机会就是在宫殿举行的豪华舞会，以及外交使团为欧仁妮皇后准备的舞会。欧仁妮皇后惊讶于舞会的宏大规模和壮丽景象。一个华丽的水晶制枝状大烛台吸引了她的注意——这个烛台悬挂在由蒂耶波洛绘制的天花板上，体现着西班牙君主的宽阔心胸。在舞会上，欧仁妮皇后特意向上指了指这件艺术杰作，很兴奋地告诉西班牙配国王弗朗西斯科一世：'威尼斯的艺术家们表达了拿破仑三世和我想表达的情感。'我们也喜爱由红色天鹅绒装饰并且镀着金边的墙。一组大理石桌子吸引了欧仁妮皇后的目光——这些桌子放在十二个大镜子前面，而桌子上放着价格不菲的艺术品。

"1863年10月21日，欧仁妮皇后离开了马德里。1863年10月21日10时，西班牙女王玛丽亚·伊莎贝拉·路易莎·德·博尔冯来到欧仁妮皇后的房间，而她身后跟着西班牙的大公们和全部的王室成员。欧仁妮皇后已经收拾妥当，只等待着出发。虽然马车和来时一样，但八匹马装上了红白相间的马具。这些马儿曾把我们从车站送到这里来，而现在又要把我们送回车站。西班牙女王玛丽亚·伊莎贝拉·路易莎·德·博尔冯与我们同行。欧仁妮皇后上火车时，西班牙女王玛丽亚·伊莎贝拉·路易莎·德·博尔冯送给了她一个由红宝石和钻石做成的手镯作为纪念。"

一番深情的道别之后，欧仁妮皇后和西班牙女王玛丽亚·伊莎贝拉·路易莎·德·博尔冯各自离开了。几年后，欧仁妮皇后和西班牙女王玛丽亚·伊莎贝拉·路易莎·德·博尔冯频繁见面——后者退位后定居在法兰西的巴黎，一直到1904年去世。西班牙女王玛丽亚·伊莎贝拉·路易莎·德·博尔冯和欧仁妮皇后一直都保持着很好的关系。第二帝国灭亡后，欧仁妮皇后如果去巴黎，那么一定也会去西班牙女王玛丽亚·伊莎贝拉·路易莎·德·博尔冯居住的位于克莱贝尔街道的卡斯蒂尔莱昂宾馆。现在，卡斯蒂尔莱昂宾馆已经变成了一个现代商务宾馆。

1846年10月10日，当时只有十六岁的西班牙女王玛丽亚·伊莎贝拉·路易莎·德·博尔冯嫁给了自己的堂兄第四代加的斯公爵弗朗西斯科·达西斯，而后者因此成为西班牙配国王弗朗西斯科一世。同一天，法兰西国王路易·菲利普一世的小儿子，即蒙庞西耶公爵安托万·德·奥尔良迎娶了西班牙女王玛丽亚·伊莎贝拉·路易莎·德·博尔冯的妹妹路易莎·费尔南达公主。这样的联姻扰乱了原本友好的英法关系——英国从中看出了西班牙和法兰西的王位会归属于同一个家族的可能性。实际上，1869年，蒙庞西耶公爵安托万·德·奥尔良曾真的意图获取当时空缺着的西

蒙庞西耶公爵安托万·德·奥尔良

路易莎·费尔南达公主

班牙王位。因此，拿破仑三世的目标之一就是联合西班牙一起处理所有英国、法兰西、西班牙这三个姊妹国之间的矛盾。1864年8月16日，西班牙配国王弗朗西斯科一世访问了圣克卢宫。这次策划了很长时间的访问至关重要，而拿破仑三世和欧仁妮皇后也很重视它——个中原因前已述及。

西班牙配国王弗朗西斯科一世虽然在他人生的最后几年经常来巴黎，但在1864年8月16日之前对法兰西首都了解并不多——他此前一直没有来过巴黎。因此，拿破仑三世想要西班牙配国王弗朗西斯科一世在几天内对现代巴黎有一个大概认识。拿破仑三世虽然介绍了巴黎的军事、艺术、工业及景观，但没有提及文物宝藏。此外，拿破仑三世等人一致决定要为这位路易十六的后裔在凡尔赛宫举行盛大的欢迎仪式——这次仪式可以和1855年维多利亚女王来访时的欢迎仪式相媲美。

关于这个欢迎仪式的安排，时任第二帝国外交大臣杜兰德·卢伊斯和西班牙使节伊斯图斯讨论了好几次。伊斯图斯虽然已经七十四岁的高龄，但不仅显得很年轻，而且思维很活跃，一点也不迟钝。拿破仑三世和欧仁妮皇后总是很喜欢与伊斯图斯交谈——伊斯图斯很是健谈，讲起话来抑扬顿挫、重点突出、风趣幽默，而这些都是他长时间历练的结果。在过去的十年，伊斯图斯作为西班牙大使去过英国三次，而这种经历导致他对去法兰西的美国大使说道："你可能会把我们外国的使者想成是安德鲁·杰克逊总统的后代。"这显然是一种暗示——据说，安德鲁·杰克逊总统倾向于向美国公众介绍新政府，并且以此来改变美国政府机构的官员。

在杜兰德·卢伊斯和伊斯图斯为安排这个欢迎仪式召开的讨论会上，杜兰德·卢伊斯向谢威尔先生宣布了下面这个十分丰富的计划：

"第一天，在圣克卢宫做演讲；第二天和第三天，参观首都纪念碑，在杜伊勒里宫举办宴会，在剧院欣赏歌剧；第四天，在战神广场阅兵，参加凡尔赛宫的晚会；第五天……"

这时，伊斯图斯微笑着打断了杜兰德·卢伊斯的话，说道："第五天是大使的葬礼。"

所有人都认同了杜兰德·卢伊斯的这个计划。1864年8月16日晚，拿破仑三世去了圣克卢公园里一个临时车站，并且在那里见到了西班牙配国王弗朗西斯科一世。

西班牙配国王弗朗西斯科一世来访期间，歌剧院里有一场盛大的演出。拿破仑三世、欧仁妮皇后和一些尊贵的宾客坐在歌剧院的中心的一个大包厢里。为了建中间这个大包厢，歌剧院推倒了几面隔墙，即为了这个欢庆活动，几个小包厢被打通并且建成了这个大包厢。在此之后，这个包厢又重新被精心地装饰了一番。当时，因为有外交使节团的人，所以大包厢左边的普通包厢挤满了人。

由于一个突发的不幸事件——魅力十足的莎多利卡公主的生命危在旦夕，欧仁妮皇后十分伤心和难过。莎多利卡公主是西班牙前摄政王玛丽亚•克里斯蒂娜和第一代安扎赫公爵奥古斯丁•费尔南多•穆尼奥斯•桑切斯的女儿，欧仁妮皇后非常喜欢莎多利卡公主。莎多利卡公主已经病了好几年。那天，利用西班牙配国王弗朗西斯科一世在大使馆会见西班牙移民的时间，欧仁妮皇后去看望了年轻的莎多利卡公主。莎多利卡公主虽然十分虚弱，但仍相信自己有康复的可能。欧仁妮皇后不仅陪了莎多利卡公主一会儿，而且答应过几天会再来看望她——这让莎多利卡公主非常高兴。由于被莎多利卡公主感动了，欧仁妮皇后承诺自己一定会再来看她。随后，欧仁妮皇后伤心地离开了。几天以后，虽然欧仁妮皇后按照承诺来看望了莎多利卡公主，但场景不是莎多利卡公主期待的那样——莎多利卡公主再也无法活着看看那些雅致的西班牙花朵了。这些西班牙花朵被从它们原先所在的阳光明媚的地方移植到了富丽堂皇却令人倍感难过的圣路易岛的宫殿里。圣路易岛的宫殿是地方行政长官在17世纪建造的，由勒伯特尔•利伯恩和罗西埃装修和布置，并且因为伏尔泰而名垂千古。历经多年的变迁后，圣路易岛的宫殿成为莎多利卡公主的财产，而直到现在，很多去巴黎游玩的旅客仍然会去参观圣路易岛的宫殿。在凡尔赛宫将要举办盛大庆典的那天早晨，欧仁妮皇后收到了莎多利卡公主的死讯。欧仁妮皇后立刻捎信让自己的陪读布韦小姐过来陪着她。欧仁妮皇后和布韦小姐坐着驿车离开圣克卢宫，迅速穿过了布罗涅森林，并且在驶过了几个码头后到达了圣路易岛。

除了莎多利卡公主最亲近的朋友，充满了抑郁气息的圣路易岛的宫殿一概不对外开放。欧仁妮皇后立刻赶到了莎多利卡公主躺着的房间。莎多利卡公主躺着的房间里挂着红锦缎，而波浪状的头发微微遮住了她的脸。莎多利卡公主那年轻美丽的脸上非但看不出任何痛苦的痕迹，反倒有一种超自然的宁静——一种在死亡面前超脱的强大的宁静。只有靠床的蜡烛能给房间带来一点点光亮，而在昏暗的房间里，欧仁妮皇后哭着祈祷了很久。欧仁妮皇后将带来的花儿放置在棺木上，离开了。莎多利卡公主长得有点像第一代安扎赫公爵奥古斯丁•费尔南多•穆尼奥斯•桑切斯。欧仁妮皇后突然想起了自己深爱的姐姐——在她弥留之际，欧仁妮皇后却没有时间看望她。

在返回圣克卢宫的途中，欧仁妮皇后一直很悲伤。然而，到达宫殿前，欧仁妮皇后必须抛开这些悲伤的情绪并且为去凡尔赛宫做准备——凡尔赛宫里已经为西班牙配国王弗朗西斯科一世的到来精心准备了极其华丽的庆典。虽然这件事很好地诠释了统治者身上的连自己都很厌恶的一点，即身不由己，但在那些事不关己的人看来，这些最高统治者们都是最快乐的人。

1864年8月16日15时，皇室成员们驱车从圣克卢宫出发，并且很快到了特里亚农宫。过去几年，欧仁妮皇后一直收集着曾经属于玛丽•安托瓦内特的物品并且将其放置在特里亚农宫。欧仁妮皇后很自豪地向西班牙配国王弗朗西斯科一世展示了她的收藏，而西班牙配国王弗朗西斯科一世也十分认同她的这项事业。

在第二帝国的君主党人士到来之前，很多宾客已经聚集在了凡尔赛公园——实际上，因为很多邀请函已经被发到了巴黎官员和上流社会人士的手中，所以这些人一大早就开始聚集起来。1864年8月16日18时，拿破仑三世、欧仁妮皇后、波拿巴家族的王子们和所有的大臣们一起来到了公园的主喷泉群，即星喷泉、克罗纳德喷泉、阿波罗喷泉、勒托喷泉、海神喷泉和弗洛拉喷泉。莫里哀的话剧《罗马森林公主》第一次上演正是在莱茵河旁的这片小森林里，而这个话剧如此有名，导致拿破仑三世和欧仁妮皇后不止一次地想去探索与旧政体有关的新奇事件。

参观完公园后，皇室成员们回到了凡尔赛宫——他们从大理石庭院进去，停在了进入宫殿大厅的台阶前，而每级台阶上都站着护卫。画廊、美术馆、栏杆和栏杆的支柱都装饰着鲜花和蕨类植物——看上去路易十四的这座宫殿又再次焕发了光彩。路易十四拥有杰出的朝臣、敬重国王的侄孙，而这位侄孙现在正是凡尔赛宫尊贵的客人——西班牙配国王弗朗西斯科一世。

女士们换好礼服后，宾客们再次聚在一起并且开始享用晚宴。晚宴过后不久，

皮埃尔·高乃依

赛克戏剧院里上演了一出精彩的芭蕾舞剧，而皮埃尔·高乃依和莫里哀的合唱也配合了这次演出。在路易十四时代，这出芭蕾舞剧曾在特里亚农宫里演出过，而当时著名的舞蹈家菲欧可夫人在芭蕾舞剧中化身为爱神，舞姿非常优雅迷人。

芭蕾舞剧过后是华丽的烟火节目。烟火使夜晚看起来更美了。无论是君主、宾客们，还是大群的围观者，都认为美丽的烟火就像夜晚的精灵一样。这里再提一个有关欧仁妮皇后的小细节：当时，欧仁妮皇后穿着一件用了很多玫瑰装点的白色的薄纱礼服，并且在肩上披了一件长羊绒披风，而这件披风是用镶金线的红色布料制成。第一束烟花绽放后，欧仁妮皇后说自己想离开观景台。欧仁妮皇后挽着西班牙配国王弗朗西斯科一世的胳膊和他一起在人群中散步，而他们身后只跟着一个女侍者和查理·德·莫尼伯爵。观众们是如此热情——热情地想向欧仁妮皇后打招呼，甚至欧仁妮皇后的披风都被弄破了，而拿破仑三世因此略有不安。欧仁妮皇后重新站到拿破仑三世身旁，即站到了有保护栏的平台上时，拿破仑三世说：“你肯定很想大喊‘我爱你们，我的人民！’”那晚，路易十四的凡尔赛宫热闹非凡。这个夜晚的结尾和它的开始一样精彩和出色——在镜厅举行的宴会结束了这个夜晚的盛会。在宴会期间，宾客们不仅欣赏了歌剧和管弦乐团的演奏，而且都热情地为之鼓掌。这使人回想起西班牙配国王弗朗西斯科一世的评论：“即使单单是为了这场演奏，从马德里到巴黎的旅程也是值得的！”

在皇室的节日记录里，这是传奇的一天。1864年8月17日2时，皇室成员和朝臣们回到了圣克卢宫。经过了1864年8月16日的一整天不间断的庆祝活动和1864年8月17日上午的欢乐时光之后，欧仁妮皇后终于可以说自己累了。然而，欧仁妮皇后感到十分满足——她实现了自己的想法，即通过为路易十四的侄孙准备一个真正独特的宴会来表达对“太阳王”路易十四的尊重，而会让人联想到路易十四统治时期的辉煌。

在圣克卢待了八天后，西班牙配国王弗朗西斯科一世离开了法兰西。在这八天时间里，每到一个地方，西班牙配国王弗朗西斯科一世都受到了热烈的欢迎，而这使他非常高兴。1868年，西班牙王室因革命运动而被迫离开西班牙时，西班牙配国王弗朗西斯科一世仍记得这趟旅程——他去了法兰西，并且在1902年于巴黎去世。西班牙配国王弗朗西斯科一世在法兰西流亡时，拿破仑三世和欧仁妮皇后经常去看望他。西班牙配国王弗朗西斯科一世不仅不止一次地感谢拿破仑三世和欧仁妮皇后对他的拜访，而且曾说自己永远忘不了在凡尔赛宫的日子。

西班牙配国王弗朗西斯科一世离开后，欧仁妮皇后希望能进一步展示她对自己的祖国西班牙的热爱。因此，欧仁妮皇后去拜访了西班牙的玛丽亚·克里斯蒂娜王后，即斐迪南七世的孀妇。玛丽亚·克里斯蒂娜王后是西班牙女王玛丽亚·伊莎贝拉·路易莎·德·博尔冯和另外几个出色人物的母亲——其中一个就是安帕哈公主。玛丽亚·克里斯蒂娜王后住在香榭丽舍大街的一栋豪宅里。这栋豪宅后来成了酒店，并且因玛丽亚·克里斯蒂娜王后曾居住于此而闻名。除了玛丽亚·克里斯蒂娜王后，第十二代乌泽斯公爵埃马纽埃尔·德·克吕索尔的夫人，即莫尔塔马尔的安妮·德·罗什舒阿尔也在此处住了将近二十年。

这次值得纪念的旅行虽然结束了，但已经使西班牙和法兰西的关系变得更加

玛丽亚·克里斯蒂娜王后

亲近，而这也说明了拿破仑三世的确在为了法兰西的利益而努力。与此同时，欧仁妮皇后也对这件事有很大的兴趣——她不仅很爱法兰西，而且不会忘记自己的祖国。

早在1864年初秋，有消息称，为了陪同拿破仑三世去查隆斯营地演习，萨伏依公爵翁贝托特地来到了法兰西。人们认为，用盛大的庆典去接待意大利国王维托里奥·埃马努埃莱二世的儿子是很有必要的。显然，意大利王国继承人这次来访是为了政权过渡做准备。虽然意大利的首都是都灵，但为了不同省的更大利益，人们认为把首都迁移到佛罗伦萨是很有必要的。意识到迁都的必要性之后，意大利国王维

萨伏依公爵翁贝托

维托里奥·埃马努埃莱二世

托里奥•埃马努埃莱二世十分懊恼——他不得不让都灵，即萨瓦王室的发祥地不再享有特权。然而，迁都是出于行政、战略和议会的考虑，而这些方面的考虑不容忽视。曾任意大利外交大臣的尼格拉伯爵科斯坦蒂诺在法兰西宫廷颇受欢迎，总是小心谨慎地不提到这件事，即意大利政治家的一个秘密愿望就是希望有朝一日能进驻罗马。意大利的政治家们认为，迁都佛罗伦萨能朝进驻罗马这个目标迈进一大步，如果没有第二帝国1870年的溃败，那么他们进驻罗马这个目标不一定会实现。加富尔伯爵卡米洛•本索对太快地进驻罗马持反对态度，并且声称国家应该总有一个明确的目标可供追求。在这次访问中，虽然每个人的脑子里都装着这些事情，但没有人把它说出来。甚至对欧仁妮皇后——一个不关注意大利政治的人来说，这些事都关系重大。要去罗马教廷时，欧仁妮皇后发现这些事情和自己也有着密切的关系。欧仁妮皇后害怕意大利国王维托里奥·埃马努埃莱二世那些充满野心的目标和计划——每个人都知道欧仁妮皇后在这些事情上的观点，而她也因此避开了当时的这些焦点问题。

1864年到达巴黎时，萨伏依公爵翁贝托只有二十岁。萨伏依公爵翁贝托虽然很努力地尝试模仿意大利国王维托里奥·埃马努埃莱二世的言谈举止，但他长得非但一点也不像意大利国王维托里奥·埃马努埃莱二世，反倒很像奥地利的阿德莱德王后。为了对年轻的萨伏依公爵翁贝托表示敬意，拿破仑三世在圣克卢宫举行了盛大

奥地利的阿德莱德王后

卡斯蒂尔女伯爵弗吉尼亚·奥德修斯

的庆典和接待会——这把圣克卢宫变成了剧院。这位年轻的萨伏依公爵翁贝托亲切又谦和。有名望的卡斯蒂尔女伯爵弗吉尼亚·奥德修斯出席了一次庆典——那场景至今还深深地印在我的脑海中——卡斯蒂尔女伯爵弗吉尼亚·奥德修斯来到年轻的萨伏依公爵翁贝托面前，而萨伏依公爵翁贝托承认自己对能见到她感到十分惊讶，并且认为她和自己想象的一样。实际上，这样的情况是很少发生的。

结束了在查隆斯的秋季演习后，萨伏依公爵翁贝托回国了。由于在法兰西受到了热烈欢迎和接待，这位不幸的未来意大利国王很是高兴。从此以后，虽然在奥托·冯·俾斯麦的影响下，意大利的政治家极力与法兰西保持距离，但萨伏依公爵翁贝托在心里始终给法兰西和法兰西人民了留一个温暖的位置。在法兰西第二帝国期间——尤其是初期，拿破仑三世把法兰西和意大利维系在一起。如果19世纪初期，法兰西和意大利的皇室成员们能聚到一起的话，那么令人愉快的事情便会发生。法兰西和意大利坚固的友好情感很大程度上是拿破仑三世建立的，而这次探访是基石之一。

萨伏依公爵翁贝托离开后，欧仁妮皇后去参观了施瓦尔巴赫的温泉。施瓦尔巴赫是拿骚的一个小镇，当时由末代拿骚公爵阿道夫·威廉·卡尔奥古斯特·弗里德里希统治。1866年，由于在普鲁士与奥地利之间的冲突问题上公开支持了奥地利，末代拿骚公爵阿道夫·威廉·卡尔奥古斯特·弗里德里希被剥夺了对拿骚公爵领地的统治权。然而，1890年，末代拿骚公爵阿道夫·威廉·卡尔奥古斯特·弗里德里希成了第四代卢森堡大公阿道夫一世。

欧仁妮皇后遭受着神经痉挛的折磨，并且无法进食，导致她变得很虚弱。虽然医生建议欧仁妮皇后跨过法兰西边境去施瓦尔巴赫疗养，但鉴于当时的政治局势，欧仁妮皇后不愿意听从医生的建议。后来，欧仁妮皇后虽然答应了，但提出了一个条件，即必须免去一切宫廷礼仪并且对自己住在普鲁士的事情严格保密。经过一些必要的外交谈判和办理了正式手续后，欧仁妮皇后终于可以不仅以皮耶枫伯爵夫人的身份出行，而且免去了那些繁杂又令人疲乏的各种礼节。如果我没有记错，这是欧仁妮皇后第一次使用这个便利的化名，而皮耶枫这个名字来自贡比涅宫附近一座历史悠久的华丽城堡。

1864年9月5日19时，欧仁妮皇后乘坐皇家列车离开了圣克卢，并且在1864年9月6日6时左右到达了边境。当时，坐火车出行的法兰西官员必须先给普鲁士官员让路。普鲁士官员表达了他们的愿望——他们想向欧仁妮皇后表达他们的敬意。虽然时间还很早，但普鲁士官员们认为他们有必要遵从欧仁妮皇后的特殊要求，即让欧仁妮皇后和她的随从们进入普鲁士。随后，普鲁士官员们给欧仁妮皇后送上了一束稀有的兰花，并且附上了一张卡片，而卡片上是一段小曲形式的赞美：普鲁士最美的花都赶紧绽放吧，来欢迎法兰西最美的花儿——欧仁妮皇后。这种十分浓重的日耳曼式恭维很有力地说明了普鲁士人民对法兰西友好的感觉，而这种友好的感觉甚至存在于普鲁士官员的世界里。这些善良的人们非常热情，甚至用由兰花制成的花环装饰皇家列车的火车头——这种方式虽然富有诗意，但打扰了欧仁妮皇后休息。欧仁妮皇后亲切地感谢了普鲁士官员的心意。接着，火车很快就行驶在了普鲁士的土地上。

由于普鲁士人民都知道了欧仁妮皇后即将到来，因此，欧仁妮皇后的化名未能掩盖她的身份。每到一个地方，都会有数不清的人群来迎接欧仁妮皇后，这更加证明了我一直以来的看法——如果奥托·冯·俾斯麦和其他普鲁士的高官没有迫使普鲁士和法兰西开战，那么两个国家的人民可以和平共处。

火车迅速地从莱茵河上的一座大桥上开过，穿过有许多粉色石屋的美因茨，最后到达了威斯巴登。一路上，欧仁妮皇后都在观察这片土地，以及这片土地上的人民——这是她多年来第一次来到德意志。德意志吸引着欧仁妮皇后，因为它在很多方面都和法兰西都不一样。实际上，这次跨越莱茵河的旅程重新激起了欧仁妮皇后本已减弱的对旅行的兴趣。

末代拿骚公爵阿道夫·威廉·卡尔奥古斯特·弗里德里希不仅派遣自己的侍从为欧仁妮皇后服务，而且请求欧仁妮皇后在接下来的行程中使用他的马车。然而，这辆马车刚好当班，由一些穿着橙蓝色制服的马车夫驾驶着。由于不想改变任何已经安排好的行程，欧仁妮皇后对末代拿骚公爵阿道夫·威廉·卡尔奥古斯特·弗里德里希的好心表达了谢意，然后便和自己的侍从一起上了那辆租来的四轮马车。欧仁妮皇后的马车行驶了两个小时，穿过了一个有许多山丘的美丽山村。到达施瓦尔巴赫时，虽然正下着倾盆大雨，但当地的人们顶着大雨热烈地欢迎了欧仁妮皇后的到来。

欧仁妮皇后住进了一栋看上去很朴素的郊区住宅，并且开始过上了温泉疗养地的普通访客的生活。欧仁妮皇后是许多人关注的焦点——似乎每个人都很好奇她的身体状况。当然，这些关注是善意的。不久后，欧仁妮皇后感觉自己不仅面容有了一些肉眼可见的变化，而且身体也开始一点点地变得强壮有力。显然，这些神奇的温泉水正发挥着不同寻常的功效。

这次随同欧仁妮皇后出行的人中有一些宫廷里的女士，即霍施兰博伯爵的两个女儿——贝都因伯爵夫人和波埃泽伯爵夫人。霍施兰博伯爵以前是驻普鲁士的法兰西公使，而他的两个女儿了解普鲁士人，精通德语，并且曾在普鲁士受过一段时间的

美因茨

威斯巴登

教育——这也是她们成为跟随欧仁妮皇后出行的人选的主要原因。此外，在欧仁妮皇后的随从里，还有几个宫廷里的男性高官。

接下来对欧仁妮皇后在施瓦尔巴赫的日常生活的描述都是从一位皇室成员写的信中获得的。在这里，我第一次公开这些信函：

“我们所有人都适应了普鲁士的时间和生活模式。欧仁妮皇后不仅按时喝温水，而且享受着那里有名的温泉沐浴——对她来说，温泉确实很好。每天，欧仁妮皇后按部就班地沐浴和散步，在沐浴和散步前，大家会一起享用当地美食——樱桃和烤肉。有一天，为了表示对欧仁妮皇后的尊敬，一只从法兰西来的小母鸡被送上了餐桌。欧仁妮皇后因为沉浸在谈话中——这使她有些心不在焉，所以没有注意到放在她面前的东西。不久后，看到那道放在餐桌上的美食被转了一圈，在场的人却没有享用时，欧仁妮皇后问为什么没有人吃。有人答道：‘欧仁妮皇后，因为这道菜肴散发着一种奇怪的气味。’欧仁妮皇后品尝了这道菜，并且笑着说：‘哦？你们是打算让我先吃吧！’

“欧仁妮皇后先品尝了一下那道菜，结果是令人失望的。从那以后，我们都认为吃当地的鸡肉或其他食物即可。欧仁妮皇后想过一种很健康、很简单的生活。然而，由于欧仁妮皇后的身份，她不可避免地要为皇家接待一些访客。在前往埃维昂小镇的途中，荷兰王后符腾堡的索菲特意抽出了几个小时来看望欧仁妮皇后。荷兰王后符腾堡的索菲很喜欢欧仁妮皇后，而且与皇后定期通信。

“普鲁士国王威廉一世宣布自己将和荷兰王后符腾堡的索菲一同来拜访欧仁妮皇后。普鲁士国王威廉一世派人送来了一大束玫瑰，并且请求‘皮耶枫伯爵夫人’允许他向她表示敬意。当时，普鲁士国王威廉一世正和自己的女儿，即第六代巴登大公夫人路易丝·玛丽·伊丽莎白一起待在巴登。欧仁妮皇后虽然当时隐姓埋名，但不可能回绝普鲁士国王威廉一世的来访。因此，普鲁士国王威廉一世来看望了欧仁妮皇后。由于想尊重欧仁妮皇后的保密意愿，普鲁士国王威廉一世把自己穿的制服换成了普通百姓的衣服，并且把自己勋章、绶带藏在了大衣里。众所周知，普鲁士国王威廉一世对女士非常绅士和尊重。对欧仁妮皇后，普鲁士国王威廉一世不仅十分欣赏，而且一直是用父亲般的语调去和她交谈——他确实比欧仁妮皇后要年长很多。”

普鲁士国王威廉一世此行还有一个目的。普鲁士的政界人士都在努力减轻欧仁妮皇后对他们的厌恶，并且想让欧仁妮皇后到普鲁士周边的地方走走。在这个重视贵族制的国家里，君主的小小举动都尤为重要。欧仁妮皇后感到十分懊悔——有人告诉她，柏林宫廷的人都知道，在这次跨过了莱茵河的旅居中，她一直在研究如何避免在与普鲁士的皇室成员的交流中做出妥协或让步。毫无疑问，在当时的情况下，即丹麦刚刚被普鲁士和奥地利强迫着宣布与石勒苏益格-荷尔斯泰因和劳恩堡决裂——这件事刚好发生在末代拿骚公爵阿道夫·威廉·卡尔奥古斯特·弗里德里希的领地上，虽然欧仁妮皇后身体上的不适使她的这种回避行为看上去很合理，但在欧洲人看来，这可能是一种不友好的象征。普鲁士人希望法兰西能在这些悬而未决的冲突中保持绝对的中立态度。于是，普鲁士国王威廉一世希望通过自己去影响欧仁妮皇后，使皇后能接受他们的探访或者去拜访他们。

人们没有忘记，有一次，法兰西似乎想站在丹麦的立场上干预这件事。然而，某些原因导致法兰西放弃了这种想法，并且被迫采取了中立的外交政策。实际上，欧仁妮皇后完全同情丹麦，反对普鲁士的政策——普鲁士的政策导致那三个公爵领地[①]归属于两个战胜国，即普鲁士和奥地利。显然，在这样的情况下，欧仁妮皇后对于普鲁士国王威廉一世的探访不会感兴趣——这次探访不仅会让欧仁妮皇后更加难过，而且无法改变任何东西。可以肯定的是，普鲁士国王威廉一世认为通过自己的谦恭可以改变欧仁妮皇后的反对态度，并且能让欧仁妮皇后同意与他的妻子奥古斯塔王后在巴登会面。虽然普鲁士国王威廉一世很努力地推进这件事，但欧仁妮皇后坚决拒绝，理由是她健康状况糟糕，必须遵从医嘱进行疗养。因此，普鲁士国王威廉一世放弃了这件事——他虽然没有流露出过多的情绪，但毫无疑问会十分沮丧。

我在此引用一位记者的记录——这位记者记录了一些欧仁妮皇后在普鲁士旅居时的情况："欧仁妮皇后希望自己已经接待完了所有的来访者——由于会占据很多疗养时间，欧仁妮皇后并不想过问政事。欧仁妮皇后小心翼翼地沐浴和饮水，并且按照计划好的行程在周边地区享受着短途旅行。欧仁妮皇后游览了施朗根巴德。据说，施朗根巴德附近的泉水有能让肌肤永久青春与嫩滑的神奇功效，而这泉水

① 即石勒苏益格、荷尔斯泰和劳恩堡三个领地。

的神奇功效归功于沉积在河床上的毒蛇蛋。欧仁妮皇后和随行的女士们入乡随俗，用手沾了些泉水。虽然由于水很清澈，欧仁妮皇后和随行的女士们的肌肤在那一刻变得非常白皙，但手上的水一旦变干，她们又恢复到了之前的模样——年老的依旧年老，年轻的依旧年轻。我们哈哈大笑，而欧仁妮皇后也由衷地笑了。

“因为威斯巴登游客众多，所以欧仁妮皇后不常去那儿——主要还是因为她不想面对那些贵宾们。欧仁妮皇后一次都不曾去休闲宫。因此，贝都因伯爵夫人和波埃泽伯爵夫人表示要去赌博沙龙时，欧仁妮皇后只是在马车中等待着她们。也许是为了碰碰运气，欧仁妮皇后给了她的侍读，即布韦小姐一些金路易。布韦小姐在赌博轮盘的桌上进行赌博，并且赢了相当于赌注三十六倍的钱。然而，还没等到运气有所转变，三位女士都或多或少地被她们在那里看到的场景影响了——她们都离开了赌场。

“正如预料的那样，末代拿骚公爵阿道夫·威廉·卡尔奥古斯特·弗里德里希来觐见了欧仁妮皇后。末代拿骚公爵建议欧仁妮皇后应该花一天的时间走到猎屋。猎屋不是特别远，而末代拿骚公爵喜欢在那里逐鹿打猎。欧仁妮皇后欣然同意，并且徒步去了拉普拉特——那是一个可以看到邻国的宏伟全景的绝佳位置。这不是欧仁妮皇后第一次游览拉普拉特——欧仁妮皇后不仅早在1849年就来过拉普拉特，而且能清楚地回忆起当时的情形。在猎屋，末代拿骚公爵阿道夫·威廉·卡尔奥古斯特·弗里德里希率领着自己所有的随从恭迎欧仁妮皇后。在欧仁妮皇后暂住期间，末代拿骚公爵阿道夫·威廉·卡尔奥古斯特·弗里德里希给她展示了1849年的登记册，而欧仁妮皇后母亲的两个名字，即特巴伯爵夫人和蒙蒂若伯爵夫人并排写在登记册上。餐厅里有鹿角、各种动物的毛皮，以及典雅的家具，而午餐已经备好。欧仁妮皇后表示自己将永远记得这次短途旅行，末代拿骚公爵阿道夫·威廉·卡尔奥古斯特·弗里德里希的彬彬有礼和盛情款待，这些独特的家具，以及她之前见到的宏伟景象。

“通常，在夏天的傍晚，所有的窗户都是敞开的。一位或两位女士坐在钢琴前弹奏着钢琴。动听的音乐声飘荡在凉爽的夜风中，飘入行人的耳朵里。一个傍晚，极具音乐天赋的贝都因伯爵夫人演奏《浮士德》时，几位提洛尔人经过，并且停下来询问是否能为我们表演，而正如他们说的——‘该轮到我们了’。随后，这些提洛尔人唱起了美妙的歌曲。这些提洛尔人包括四个男人和一个女人。在一个多小时的时间里，欧仁妮皇后和其他的女士们都被这些提洛尔人的美妙嗓音迷住了。提洛尔人的歌唱结束时，大家都在挽留音乐家们，而他们同意第二天再走。

“第二天早上，贝都因伯爵夫人匆匆忙忙进了布韦小姐的房间，明显十分不安。‘恐怕，’贝都因伯爵夫人说，‘昨晚发生了可怕的事情。我的女仆听到朱利恩•格拉维埃的房间里传出了尖叫声。’贝都因伯爵夫人认为，那些提洛尔歌手一定是土匪——他们闯入了朱利恩•格拉维埃的房间并且杀害了他。”

“贝都因伯爵夫人的女仆的房间就在朱利恩•格拉维埃的楼上。贝都因伯爵夫人不仅反复地说着这件事，而且加了许多的细节。贝都因伯爵夫人说自己凌晨时分听见一阵噪音，好像有人在挣扎，而她意识到那是朱利恩•格拉维埃的声音——朱利恩•格拉维埃说着‘上帝啊，带走你的受害者吧’之类的话。无论那意味着什么，女士们都十分惊恐。由于担心欧仁妮皇后受到惊扰，女士们都尽力克制着自己。终于，贝都因伯爵夫人和布韦小姐决定去敲朱利恩•格拉维埃的房门。

“‘怎么了？’朱利恩•格拉维埃懒洋洋地问道。

“‘你还活着吗，朱利恩？’门外传来了女士们的声音。

“‘活着！为什么这样问？我好着呢！’

“‘可是你没事吧？’

“‘没事。能有什么事呢？我整晚都睡得可香了。你们想怎样？’

“女士们完全放心并且冷静了下来。等欧仁妮皇后一醒来，女士们就说出了自己心中的惊恐。因此，欧仁妮皇后召见和询问了那位女仆，而那位女仆坚持自己的故事，并且宣称那是提洛尔人干的。那位女仆说朱利恩•格拉维埃肯定被杀了，而她非常清楚地听见他说出的最后一句话是‘上帝啊，带走你的受害者吧’。

“这时，朱利恩•格拉维埃出现在人们的视线中，而欧仁妮皇后由衷地大笑，并且让他解释这件离奇的事。一开始，朱利恩•格拉维埃十分尴尬，但最后融入了这欢乐的氛围。朱利恩•格拉维埃向大家坦白他昨晚做了个噩梦。毫无疑问，朱利恩•格拉维埃做梦时叫出声了。这一件小小的事逗乐了欧仁妮皇后和随行的女士们。

“原来，有两个法兰西人——其中一位是房尼尔银行的董事费米先生，而另一位是拿破仑三世的副官的儿子、天才画家皮尔子爵——来施瓦尔巴赫并且冒充成提洛尔人，通过演唱各种各样的歌曲来取悦我们。后来，这件事流传开来——当然，朱利恩·格拉维埃的噩梦这件小插曲也没有被遗漏！”

在普鲁士参观期间，有更多证据表明，在政治上，欧洲已经开始受第二帝国控制。欧仁妮皇后虽然处处都用化名掩盖自己的身份，但还是接待了比之前提到的更多的高贵客人。出于礼貌，原本在达姆施塔特的沙皇亚历山大二世及妻子玛利亚·亚历山德罗芙娜皇后去施瓦尔巴赫拜访了欧仁妮皇后。随后来的是第六代巴登大公弗里德里希一世，而应普鲁士王室的要求，他再次邀请欧仁妮皇后访问巴登。

最终，由于在普鲁士受到了热烈欢迎和盛情款待，欧仁妮皇后无法再以非正式访问的形式继续自己的治疗。因此，欧仁妮皇后采纳了拿破仑三世的建议，同意在巴登待上几个小时。第十一代汉密尔顿公爵威廉·汉密尔顿的夫人玛莉·阿美莉埃·伊丽莎白·卡洛琳当时也在巴登城堡。第十一代汉密尔顿公爵夫人玛莉·阿美

玛莉·阿美莉埃·伊丽莎白·卡洛琳

莉埃·伊丽莎白·卡洛琳是第二代巴登大公夫人斯蒂芬妮·德·博哈尼·德·博阿尔内的女儿，同时也是拿破仑三世的表妹。根据安排，欧仁妮皇后应该去巴登城堡并且在那附近游览一番。

欧仁妮皇后在巴登的旅途被安排得尽可能低调，甚至没有引起这片地区的人们的注意——仅有几位王子在巴登等着欧仁妮皇后。为了能在一个比较方便的时间到达巴登，欧仁妮皇后暂时住在曼海姆。在曼海姆的宾馆里就餐时，克赛·布里萨克伯爵收到了一封电报，而为了不泄露皇后的身份，他没有理会这封电报——关于这封电报的后续事件将在下文揭晓。

在从曼海姆到巴登的路上，欧仁妮皇后一行都穿着休闲的旅行服。到达卡尔斯鲁厄车站时，欧仁妮皇后惊奇地发现车站挤满了人——不仅有穿着制服的军官，而且还有演奏着《奥尔唐斯·德·博阿尔内王后》和其他乐曲的军乐团。在第六代巴登大公弗里德里希一世的陪同下，普鲁士国王威廉一世亲自到车站迎接欧仁妮皇后。随后，普鲁士国王威廉一世、第六代巴登大公弗里德里希一世和一些军官加入了欧仁妮皇后一行。欧仁妮皇后震惊于这突如其来的接待，并且询问这是怎么回事——事先并没有人告知她这件事，而她本可以以更好的方式会见这些贵客。普鲁士国王威廉一世回复说自己之前已经发过电报给克赛·布里萨克伯爵了。现在，整件事情的来龙去脉清楚了，而普鲁士国王威廉一世机智地回复道“我们无须您做准备”时，所有人都笑了起来。

还有其他惊喜——当火车停靠在被鲜花和旗帜装饰着的巴登车站时，大家发现奥古斯塔王后和第六代巴登大公夫人路易丝·玛丽·伊丽莎白早已那里恭候欧仁妮皇后。奥古斯塔王后和第六代巴登大公夫人路易丝·玛丽·伊丽莎白穿着礼服盛装出场——那礼服与欧仁妮皇后的旅行服和其他女士们的服装大不相同。一番问候之后，欧仁妮皇后一行坐篷车去了第十一代汉密尔顿公爵的府邸，而根据安排，欧仁妮皇后当晚要在此参加第六代巴登大公弗里德里希一世为她举办的盛大晚宴。这场晚宴直到第二天凌晨才结束。

由于突然的高温天气和需要出席接待仪式，欧仁妮皇后提出：在经历短途旅行后，由于身体疲惫，她想去休息一下。小憩后的欧仁妮皇后还穿着睡衣，甚至连房门都没有打开，而普鲁士国王威廉一世突然宣布要来拜访欧仁妮皇后。由于这是普鲁士国王威廉一世的官方拜访，欧仁妮皇后不仅不可能不进行接待，而且出于宫廷礼节，也不能让他等待。因此，欧仁妮皇后又匆匆穿上了旅行服，即一条黑丝的裙子，一件红色羊毛紧身衣，以及当天早上她穿过的海豹皮制的披风。在半个多小时的谈话中，这些衣服令欧仁妮皇后感到窒息。

普鲁士国王威廉一世走后，欧仁妮皇后换好了服装，打算回访奥古斯塔王后。在宫殿里，欧仁妮皇后发现，奥古斯塔王后，第六代巴登大公弗里德里希一世和他的夫人路易丝·玛丽·伊丽莎白，以及所有的朝臣都聚集在一起等待着她。欧仁妮皇后成了关注的焦点。莱娜伯爵夫人非常了解巴黎和宫廷里的女士们。

之后，欧仁妮皇后又换了一套礼服，去了第六代巴登大公弗里德里希一世的夏宫——经常有欧洲名流来此小住。在丰盛的宴席后，一阵音乐响起——奥古斯塔王后邀请了著名的演唱家波林·维亚多夫人在君主们面前献声。欧仁妮皇后特别感激这一关照——拿破仑三世和整个法兰西皇室都很喜欢这位著名的演唱家。

波林·维亚多夫人

在巴登，虽然普鲁士国王威廉一世和奥古斯塔王后，以及第六代巴登大公夫妇都希望欧仁妮皇后再多待些时日，但欧仁妮皇后不得不谢绝，并且告诉大家她已经延迟了起程的时间，不能再耽搁了——来接欧仁妮皇后的专列正等着她。起程之前，奥古斯塔王后邀请欧仁妮皇后喝咖啡，而欧仁妮皇后接受了这一友好的邀请。第二天8时前，欧仁妮皇后到达了奥古斯塔王后的寓所。奥古斯塔王后在寓所备好了早餐，而每个人都盛装出席。奥古斯塔王后穿着白色蕾丝裙，戴着饰有羽毛的蓝色帽子——这一非常有品位的打扮令所有人印象深刻，而这可能是欧仁妮皇后最后一次与奥古斯塔王后见面了。虽然奥古斯塔王后从未去过法兰西，但她当时的谈吐、举止等表现令欧仁妮皇后在很长一段时间内都记忆犹新。

当时，奥古斯塔王后已经接近五十岁了。奥古斯塔王后虽然神色疲惫，但个子很高，并且有一双蓝眼睛，风姿绰约，十分优雅。奥古斯塔王后将自己的头发用五十年以来一直流行的波浪束发带绑着，而这让她在一定程度上看起来有一种古典美。社交广泛的奥古斯塔王后是一位非常聪明的女士，不仅能说一口流利的法语，而且熟读法兰西文学作品。第一次见到欧仁妮皇后时，奥古斯塔王后就温柔而热情地对待她，而奥古斯塔王后那体贴的话语和愿望都得到了回报。总而言之，奥古斯塔王后特别喜欢欧仁妮皇后。

关于普鲁士国王威廉一世和奥古斯塔王后，前述的那位记者曾写道："众所周知，这对皇室夫妇关系不好，奥古斯塔王后很少和普鲁士国王威廉一世在一起。虽然奥古斯塔王后和普鲁士国王威廉一世的孩子们尽力使他们二人在一起，但他们的关系仍然十分疏远。这次普鲁士国王威廉一世和奥古斯塔王后一起在巴登短暂逗留是十分罕见的情形。有人告诉我，奥古斯塔王后不仅对自己的丈夫从来没有任何影响力，而且有着完全独立的宫廷——这里的宫廷更倾向于知识性质而不是政治性质。"

奥古斯塔王后在生命的尾声虽然身患疾病，但仍然保持着非常高贵的行为举止，并且在努力维持着自己的特权。奥古斯塔王后虽然穿着象征皇室的紫色礼服，但疲于参加一天的政治活动，只是像旁观者一样默默注视着。然而，值得牢记的是，1870年的战争期间，奥古斯塔王后虽然对军事和政党的影响微乎其微，但很有善心，并且用自己的力量减轻法兰西士兵的伤痛。欧仁妮皇后一直记着这些事情，导致她对奥古斯塔王后特别有好感。在巴登的那些日子里，奥古斯塔王后、她的女儿路易丝•玛丽•伊丽莎白和其他人都很关心欧仁妮皇后。然而，很快，出人意料的悲剧便使整个欧洲都震惊了。

火车出发的时间定在9时45分，普鲁士国王威廉一世和所有的朝臣都恭送欧仁妮皇后上了车。到达圣克卢时，欧仁妮皇后发现一封电报正等着她——那是来自奥古斯塔王后的电报，目的是询问欧仁妮皇后旅行的最新消息。傍晚时分，第二封电报到了，而这一次是来自巴登大公的电报，内容类似于奥古斯塔王后的询问和亲切的问候。欧仁妮皇后虽然从来不后悔与奥古斯塔王后有亲切友好的关系，但总觉得她们如果能早点培养感情，那么或许能做些什么来避免两国关系彻底破裂。

开凿苏伊士运河一直是拿破仑三世特别重视的一项工程——如果拿破仑一世的工程师对红海水位没有计算错误的话，那么这项工程很早会就开始。斐迪南先生是欧仁妮皇后的一个亲戚，而他的帮助最终使这项工程取得了成功。拿破仑三世给予了自己能给予的全部帮助，解决了在工程进程中时不时出现的各种各样的外交和政治困难。因此，这项伟大的工程顺利完成时，法兰西政府无疑是庆典的主角。

1869年11月16日，在苏伊士运河完工庆典的前一晚，几艘军舰护送第二帝国的一艘游艇驶向了塞得港。欧仁妮皇后站在甲板上——她要于1869年11月17日出席完工庆典。拿破仑三世已经告知法兰西议会他希望欧仁妮皇后出席，欧仁妮皇后应该见证“法兰西人的努力与智慧，以及代表法兰西利益的工程”，这是欧仁妮皇后参加庆典的原因。

在这次驶向伟大工程的航行中，众多衣着华丽的随从陪着欧仁妮皇后。不仅仅是法兰西，甚至整个欧洲都以君主之礼接待欧仁妮皇后，导致她对这次航行记忆犹新。欧仁妮皇后重访了自己三十五年前曾去过的苏伊士运河，并且在那里仍旧受到了热烈欢迎。1905年，在“马其顿”号上，第一次见到埃及海岸的轮廓的那一刻，欧仁妮皇后突然产生了一种强烈的情感，而这情感使她热泪盈眶——如同幻灯片一样，曾经的一幕幕突然涌入了她的脑海。

在君士坦丁堡，欧仁妮皇后首先拜访了奥斯曼帝国苏丹阿卜杜勒-阿齐兹一世。

欧仁妮皇后来到苏伊士运河

阿卜杜勒-阿齐兹一世没有吝惜财力，而招待会非常地隆重，令人印象深刻。土耳其人的想象力很丰富——他们甚至将欧仁妮皇后想象成了一位加冕的妇人，而一位大臣告诉欧仁妮皇后此事时，她评论道：“我相信，在这些善良的人们眼中，我的性别没有败坏这一顶极具性别意识的王冠。”这位大臣非常礼貌地向欧仁妮皇后保证：“您几乎等同于苏丹。”

欧仁妮皇后乘坐的“埃格勒”号一到达，立刻有一队插着旗帜的船前来迎接她。三十声炮响宣告了我们的到来，并且导致一大群人涌在博斯普鲁斯海峡两岸。最终，“埃格勒”号轮船停泊在了贝利宫前。一艘划艇向天鹅绒制、镶着金边的红色高台迅速靠近时，欧仁妮皇后察觉到那是阿卜杜勒-阿齐兹一世亲自前来迎接她。阿卜杜勒-阿齐兹一世用隆重的仪式将欧仁妮皇后护送到了贝利宫。

阿卜杜勒 – 阿齐兹一世

阿卜杜勒-阿齐兹一世渴望展示自己的礼貌。出于对欧仁妮皇后的尊敬和关照，阿卜杜勒-阿齐兹一世甚至想亲吻欧仁妮皇后的手。然而，出于对穆斯林习俗和友好感情的尊重，欧仁妮皇后小心地婉拒这给予她的敬意，并且温婉地感谢了阿卜杜勒-阿齐兹一世的友善。欧仁妮皇后告诉阿卜杜勒-阿齐兹一世，自从驶入土耳其的水域，她就因看到的所有的美丽景色而产生了深深的愉悦感。

1869年11月17日，欧仁妮皇后参加了苏丹的阅兵仪式。欧仁妮皇后坐在巨大的用法兰西国旗色调的天鹅绒和布料装饰的高高的看台上，检阅了两万两千名士兵。虽然欧仁妮皇后已经见过了许多欧洲的优秀军队，但那些土耳其士兵身上流露出的原始、野蛮和莽撞使她着迷，而这一记忆依旧保留在她的脑海中。

傍晚时分，博斯普鲁斯海峡灯火通明。所有宫殿、公共建筑、亭台和皇家的船都闪烁多彩的灯光——从军火库到医院，一切都仿佛在燃烧。在这个美丽的夜晚，以及星光闪烁的天空下，寂静的大海赋予了这幅壮观的景象无法形容的庄严，而欧仁妮皇后为自己看到的景象感到高兴，并且反复表达自己的愉悦和感激。与此同时，欧仁妮还因拿破仑三世和皇太子不能亲眼看到这些难以忘怀的场景而感到惋惜。在这些场景中，法兰西常常受到称颂。从那天起，欧仁妮皇后尽情游览了地中海最东端，并且在那些水域上度过了许多开心的日子。

然而，与在埃及受到的礼遇相比，在土耳其的这些日子就都显得暗淡了。对法兰西来说，苏伊士运河的落成典礼不仅举行得十分成功，而且体现了对人类文明的顶礼膜拜。那天，在19世纪最伟大的工程的庆典中，欧仁妮皇后被奥地利皇帝弗朗茨•约瑟夫一世、普鲁士王室的王子、荷兰的王子和公主们、阿卜杜勒-卡迪尔埃尔-埃米尔、斐迪南先生，以及许多其他名人簇拥着，并且以法兰西和法兰西全体国民的名义出席了这一盛典。法兰西在资金上大力支持斐迪南先生的工程，而且引以为豪。自始至终，欧仁妮皇后坚持不懈地支持着斐迪南先生，不仅起初就十分赞赏他的伟大工程，而且提供了强有力的支持，使斐迪南先生信心十足。

在一些顶尖的工程师和外交官的记录中，有这样一些话语：“欧仁妮皇后说自己对这项伟大的工程的完成没有发挥任何作用。欧仁妮皇后在典礼上的举止是如此自然，让人觉得她视这项工程为神圣的事业。每个人都对欧仁妮皇后抱有崇高的敬意。人们对欧仁妮皇后的感情中还有一种发自内心的感谢。庆典的场景令人眼花缭乱。参加庆典的人不仅有穿着亮丽的东方和非洲的服饰的，而且还有穿着西方的制服的。虽然法兰西皇室成了众人瞩目的焦点，但欧仁妮皇后没有在大家的这种敬意中过度骄傲。欧仁妮皇后希望众人意识到女性也可以分享皇权和尊贵的地位。”

苏伊士运河的庆典完成前，鲍尔主教发表了演讲——这位口才绝佳的主教在演说中提到了欧仁妮皇后，而这些话语虽然极尽阿谀奉承，但表明了他对皇后的敬意，导致欧仁妮皇后难掩自己激动而喜悦的心情。鲍尔主教的话语如下：

“那些参与这伟大工程中的人都知道您发挥的作用，并且知道这作用十分巨大。虽然安静地做重要的事情是您的风格，但历史应该记录下这一点，即这一伟大的工程很大程度上有您的功劳这一事实——在这一点上，历史将只是直接叙述真相。历史记录将加上这一条，即这一工程是借助您的力量才得以完成，而每一个法兰西人都对苏伊士运河有着美好祝愿，并且在钱财和人力上十分慷慨。”

1869年11月17日，以“埃格勒”号游艇为首的载着王子们的小型船队启航了，而这首次开启了进行全球贸易的尝试。然而，一个不幸的意外拖延了出发时间——一艘在前方行驶的埃及通信船因在沙滩上搁浅而阻断了航行。这一情况一经通报，埃及总督伊斯梅尔就十分激动，大发雷霆。德•莱赛普斯先生沉着冷静地命令：“我们要么把船从海滩上移下来——这是不可能的，要么放火烧了它，要么炸了它。”幸运的是，第一个方案成功了。因此，对这次航行而言，这一意外只是轻微的拖延。两个小时后，在另一艘通信船发出可以通行的信号后，船队再次出发。

欧仁妮皇后对这个事故一无所知。那艘倒霉的通信船转入了运河的一个站点，而听见来自这艘船发出的轰鸣后，欧仁妮皇后以为是埃及总督伊斯梅尔正在为了对她表示敬意而鸣炮。欧仁妮皇后向德•莱赛普斯先生询问，而德•莱赛普斯先生解释了事实。据说，欧仁妮皇后这样评论道：“虽然我怀疑了总督，但这怀疑反倒让他得到了好处。他们盛情地招待我，导致我错误地认为轮船的轰鸣也是在向我表示敬意。”

几分钟之后，德•莱赛普斯先生将自己的未婚妻布拉甘德小姐带到了欧仁妮皇后面前。虽然这位年轻女孩与六十岁的德•莱赛普斯先生之间有年龄上的差距，但在与她交谈之后，欧仁妮皇后毫不犹豫地向德•莱赛普斯先生表示道贺，并且告诉德•莱赛普斯先生，她明白德•莱赛普斯先生为何要娶布拉甘德小姐。“运河完工了，而你应得到回家安养天年的权利。”“虽然我那些消息灵通的朋友们向我保证，”德•莱赛普斯先生说，“挖一条运河比和年轻的妻子生活幸福简单多了，但我相信我都可以做到。”后来，德•莱赛普斯先生的确做到了。

民风开放的埃及小镇伊斯梅利亚有来自世界各地的人。欧仁妮皇后一行抵达伊斯梅利亚，那里美如仙境。在伊斯梅利亚，为了满足人们观看军队的阅兵和欣赏贝都因美景的需求，许多的单峰驼被加装了鞍子。数百位骑兵们的连帽斗篷在风中飞扬，而他们灵活地在空中挥舞着长卡宾枪然后迅速将其射向行动敏捷的动物。这些骑兵们在马镫上站直，并且以闪电般的速度穿行在尘埃和烟雾之中。另外一些骑在单峰驼身上的阿拉伯人也参加了这次演练，并且把他们手中的标枪掷向很远的地方，而碰到硬物后，标枪又弹了回来。看到这一幕的人群通过爆发出欢呼声表达了他们的惊叹。

晚会之前，人们看到了跳旋转舞蹈的托钵僧①。有些苦行僧在他们的牙齿之间咬着一块燃烧的煤炭或铁块，以惊人的速度转动脚跟；有些苦行僧用锐器刺入耳朵、舌头和身体其他部位，并且直到受不了才停止；有的苦行僧咀嚼仙人掌叶，或吃活蛇和蝎子。所有这些或多或少都会让人们恶心或者激起人们病态的好奇心。欧仁妮皇后最感兴趣的是托钵僧的宗教仪式——他们或坐或站，形成一个圈，然后唱歌或念着“伊拉拉”，直到力量消耗殆尽，而伴随着歌曲，他们的身体也会跟着动起来——他们的头时而向前，时而向后，时而从右向左转动。一个人走进圈子中间跳起舞蹈，而他的步伐很快，并且只有完全疲惫时他才会停下来。然后，另一个人接着走进来跳舞。虽然现在在西方这些仪式广为人知，但当时欧仁妮皇后访问埃及时并非如此。因此，这些奇怪的仪式给欧仁妮皇后留下了深刻的印象。

在总督宫殿的舞会上，孟加拉彩灯发挥了重要的作用。只用了不到六个月的时间，这座周围都是花园的宫殿就建成了。人们纷纷来到这里。酋长们穿着华丽的服装，腰上系着饰有金子和宝石的皮带，而这些衣饰给这个色彩斑斓的场景进一步增

① 托钵僧是苦行僧，属伊斯兰教，狂舞为其礼拜仪式的一部分。

添了丰富的色彩，导致人们久久不能忘记。在总督和王子们的陪同下，欧仁妮皇后走进了舞会，并且毫不着急离开——她从来没有见过这样新奇的场面。凌晨1时的时候，仆人们送来了精美的晚餐，而欧仁妮皇后感谢了埃及总督伊斯梅尔的细心与周到。

1869年11月18日，欧仁妮皇后一行访问了苏伊士。《巴黎画报》的画师，即曾经手绘过苏伊士运河各个部分的图画的里翁先生送给欧仁妮皇后一本水彩画画册。欧仁妮皇后小心翼翼地保存着这本珍贵的画册，而这本画册陪伴她度过了这个难忘的旅程。然而，不幸的是，这本画册在1871年杜伊勒里宫的火灾中被烧毁。1869年11月20日，星期六，其他一些君主和首领们的船抵达了苏伊士。礼炮齐鸣致敬外宾，场面再次变得壮观而美妙。所有的船都列着队。宏伟的海港灯火辉煌。高高的山顶映衬着天空。红海渐渐平静下来。无数的小鱼在船之间游来游去。欧仁妮皇后在游艇的甲板上待了很长时间——她一边喝着酒，一边欣赏着这壮丽的场景。埃及总督伊斯梅尔说："显然，陛下被这景象深深吸引了。""的确如此。"欧仁妮皇后回答道。埃及总督伊斯梅尔补充道，"德·莱赛普斯先生说运河本身的景观就很美。""我完全赞同他的观点。"欧仁妮皇后的回答充满了热情。

为了对外国君主表示敬意，开罗举办了另一个舞会，但欧仁妮皇后无法参加。参观完埃及的塞拉比尤姆后，欧仁妮皇后决定去游览尼罗河——这是她最美好的梦想之一。1869年11月27日，欧仁妮皇后给拿破仑三世写了一封有趣的信：

我亲爱的路易：

在去尼罗河的阿苏昂的路上，我写下了这封信。虽然我们感觉并不凉爽，但由于有一些微风，热度是还可以忍受的——在阳光下就有点受不了。每天，我都会通过电报收到你和孩子的消息。对我来说，你们的宝贵消息让我开心。我总是被那条把我和我爱的人联系在一起的友好的海岸吸引。我很高兴拥有如此令人着迷的航程。虽然我想向你描述一下，但其他人比我更加聪明，也更加善于写作，并且因此承担了这个任务。所以，看起来，我最好保持沉默。

那封信触及了当时风雨交加的法兰西政治，信的后面的内容如下：

昨天的事情让我很苦恼。虽然我不在巴黎，但你的电报告诉我一切都顺利，这让我欣慰了很多。每个民族都需要看看其他的民族，这样就可以更好地理解自己国家的一些不公正。我认为，我们非但不应该灰心，反倒要抱着宽容的心态向前迈进——有时，让步并不是一件不好的事情。因此，我希望你在内阁的发言能阐明这一点。在未来，你越是需要有力的支持，就越要让人民看到我们的想法和意图，而不是只展示手段。自从离开法兰西后，我虽然和你相隔万里，也不清楚法兰西的事情，但始终坚信有了人民的支持才能带来实实在在的力量。我不喜欢突如其来的变化，并且坚信在同一个统治者手下无法进行两次政变。我的这些谈论有些随意，并不严谨——虽然你比我更了解这些问题，但我必须说些什么——亲爱的，你是了解我的——虽然我的心紧靠着你，但我的精神喜欢在太空漫游。在焦虑和担忧的日子里，我一定会选择陪在你身边。

远离那些人和事物可以使我呼吸一种对身体和精神都有益的宁静空气。我希望亲爱的你一切都好，快乐一点，别让自己的心太累。就像需要制定无懈可击的宪法一样，我们也需要强大的精神力量。当然，考虑一件事情需要心思细密。我虽然经历过这样的事情，但已经忘记了过去那些不愉快的事情。虽然我的生活曾经似乎已经结束，但我的儿子让我的生活得到了重生。我把那些真正的快乐留在了心中。

与此同时，在沿岸的五十码宽的空间，我享受着我的旅行，享受着日落和这野性又怡人的自然。沙漠的后面是沙丘，而整个沙漠都被烈日照耀着。

永远相信你的忠诚。

欧仁妮

写完这封信不久后，欧仁妮皇后回到了法兰西。欧仁妮皇后发现，她不在时，法兰西出现了一朵小乌云——这朵小乌云最终成了一场严重的欧洲政治风暴，并且破坏了普鲁士和法兰西之间的关系。在法兰西君主东巡期间，许多国家表达了对法兰西的崇高敬意，而欧仁妮皇后则竭尽全力地避免发生灾难。在过去的几年中，欧仁妮皇后不仅曾回顾过这个时期，而且总觉得如果德意志统一的热情没有成为“固定观念”，那么就不会发生1870年的冲突——如果不是这些日耳曼扰乱分子搞破坏，“东方和平”将会在西方继续盛行。

第12章

第二帝国时期的宫廷生活

在从1830年波旁王朝复辟结束至1852年第二帝国建立的二十多年间，法兰西可以说从来没有所谓的宫廷生活。拿破仑三世知道法兰西人非常喜欢宫廷仪式。因此，成为皇帝后，拿破仑三世尽可能地丰富第二帝国的皇室的宫廷生活，而在这些努力中，欧仁妮皇后竭尽所能地辅助着他。

在上个章节中，我们看到，1869年，在苏伊士运河落成典礼前的几个月，拿破仑三世曾亲自介入这项工程，而在这项工程的建设过程中，拿破仑三世并没有因如此巨大的工作量而给予埃及总督伊斯梅尔及其儿子侯赛因•帕查王子任何好处。1869年夏季，在未来的将军即家庭教师德•卡斯特陪伴下，侯赛因•帕查王子去圣克卢宫学习了一个月。

起初，虽然整个生活习惯的改变让侯赛因•帕查王子感到有些不安，但拿破仑三世、欧仁妮皇后和皇太子对他十分热情周到。侯赛因•帕查王子很快就摆脱了不安的心情，并且感到了平静与愉悦。当时只有十六七岁的侯赛因•帕查王子很有魅力。侯赛因•帕查王子中等身材，橄榄色的肤色，澄澈的黑色眼睛，法语讲得非常标准，虽然有时有些害羞，但和蔼可亲。从那时起，侯赛因•帕查王子就成了知识界的一分子——在英法两国，他不仅有许多朋友，而且受到知识分子们的尊敬。

从在四十年前的那个夏季踏上圣克卢的那一刻起，侯赛因•帕查王子的心智和思想就在不断地进步。在谈话时，侯赛因•帕查王子会时不时地提及埃及，并且询问欧仁妮皇后将要进行的航行计划。正如拿破仑三世对侯赛因·帕查王子的父亲，即埃及总督伊斯梅尔说的那样，侯赛因·帕查王子“以他礼貌的行为和举止让每个人都感到高兴”。侯赛因·帕查王子和当时仅有十三岁的皇太子见了几面，就迅速成了好朋友。侯赛因·帕查王子和皇太子或在皇太子的骑师贝肯先生的指导下一起骑着马，或者一起在私人公园里散步，或在皇太子忠实的发小路易·康诺的陪同下在附近的体育场中玩耍。有时，侯赛因·帕查王子和皇太子会和其他伙伴玩耍，其中包括第十五代阿尔瓦公爵的儿子惠斯卡、朱尔·埃斯皮纳斯和让-尼古拉·科维沙男爵的儿子，以及我和我的哥哥。顺便说一句，欧仁妮皇后常常费心地为自己的儿子寻找合适的玩伴。

让－尼古拉·科维沙男爵

从皇太子出生后直到第二帝国末期，对皇太子健康的担心，由于皇太子不在皇宫或巴黎引发的焦虑，以及对皇太子的其他各种担忧实际上很大程度上改变了拿破仑三世和欧仁妮皇后的宫廷生活的精神。拿破仑三世和欧仁妮皇后永远无法忘记皇太子对他们的生活和他们建立起来的政权是多么珍贵。让我举个例子说明拿破仑三世和欧仁妮皇后对所有与皇太子有关的事情是多么关心——我对此事仍记忆犹新：

1865年，在杜伊勒里宫举办舞会前的一天，一个迷人的年轻女孩——梅勒·罗宾突然发烧了。然而，虽然发着烧参加舞会有一定风险，但梅勒·罗宾还是恳求自己的母亲让她参加这个舞会。梅勒·罗宾是一位优秀的舞者，那天晚上皇太子非常关注她。跳了一晚的华尔兹后，梅勒·罗宾回到家里便病倒了。经过检查，医生发现梅勒·罗宾得了麻疹。四十八小时后，这个可怜的孩子因病死亡。听到这个消息时，我们都很痛苦。

当时，麻疹不仅正在巴黎流行，而且危害很大——新的危险病例不断上报。不幸的皇太子感染了麻疹，而宫廷的医生们都说他是被梅勒·罗宾传染的。康复后，为了驱散笼罩着巴黎的恐惧，皇太子出现在了公众面前。1865年3月16日，即皇太子生日时，得到允许后，他便驱车出去了。欧仁妮皇后虽然对此感到非常不安，但不想干涉皇太子——特别是当拿破仑三世嘲笑欧仁妮皇后把皇太子当作围裙宝贝时。然而，欧仁妮皇后很快发现自己不应该过早地让康复的皇太子出门。这个季节虽然天气晴朗，但仍然非常寒冷。皇太子非但没有从远足中得到好处，反倒在回到皇宫时感到一阵寒意。事实上，在此后几个月期间，皇太子的身体情况都没有好转，而这导致宫廷生活不得不进行一些改变。

说回我们的埃及朋友——1869年7月初，埃及总督伊斯梅尔应欧仁妮皇后的邀请参加了运河完工的庆祝活动。仪式非常壮观：电灯第一次——也是最后一次把圣克卢宫周围的花园照得明亮辉煌。此外，庆祝活动还有烟火表演助兴，而花园被全部开放以便让公众更好地欣赏。皇太子和自己的同伴坐在座位上——几个男孩仍然清晰地记得他们在城堡的阳台上欣赏到的场景。放烟花之前，一群优秀的演员在火星沙龙表演了贡迪内的戏剧。受到好奇心的影响，几乎没人去火星沙龙看戏剧——

人们纷纷进入花园，甚至似乎一心想进入宫殿。为了防止人群通过窗户进入宫殿，立即清理城堡周围的“阳台”变得很有必要，而通过这项举措，庆祝活动没有发生混乱。

放完烟花后就是舞会。舞会各方面均已布置妥当。一个有趣的细节可以说明第二帝国的宫廷礼仪不是僵化的——得知埃及总督伊斯梅尔的衣柜里没有紧身短裤时，其他先生们都按照宫廷的命令穿上了外套和长裤。这场宴会在阿波罗画廊和邻近的沙龙举办。这是第二帝国最重要的宴会之一。政府官员、社会名流和杰出的外籍人士们都受到了邀请，而他们穿的各种服装和制服产生了很好的效果。温暖的天气使客人可以在美丽的树下漫步，而这使晚间的娱乐活动魅力无穷。

我在这里举一个宫廷奉承的例子。虽然欧仁妮皇后一直不鼓励奉承，但宫廷自古以来就有这样的做法。一位著名的勃艮第代表向欧仁妮皇后介绍自己的女儿，由于感觉那个女孩有点害羞，欧仁妮皇后便对女孩说：“不要害怕。小姐，你需要什么帮助？”

阿波罗画廊

阿斯图里亚斯亲王

“啊，夫人，”这位漂亮并且有点早熟的孩子答道，“如果一个人可以因仰望您而感到喜悦，那么这个人唯一的需要就是能够看着您。”

听到这句恭维话的人们都感到十分惊讶。这句答得非常巧妙的话完全是女孩当时想到的，而不是事先准备好的。

顺便说一句，这是圣克卢宫的最后一场宴会。1870年的不幸战争即将到来，而这座城堡及其所有的艺术珍品和文物均在大灾难中被烧毁。令人难过的是，这里虽然曾经是华丽的宫殿，但如今只剩下了一块草皮。

1869年，西班牙女王玛丽亚·伊莎贝拉·路易莎·德·博尔冯和后来成为西班牙国王阿方索十二世的阿斯图里亚斯亲王曾两次来到皇宫。受到过度肥胖折磨的西班牙女王玛丽亚·伊莎贝拉·路易莎·德·博尔冯像往常一样和蔼可亲，亲切地微笑着并且对每个人都说了善意的话。我对这次访问记忆深刻。伴着钢琴声，人们都翩翩起舞，而这是我第一次听到这么吸引人的钢琴声。这欢乐的气氛打破了圣克卢宫的夜晚的单调。卫戍部队的官员、皇室成员们，以及许多其他人都一起跳起了舞。皇太子和自己的同伴在跳舞，而心情不错的拿破仑三世也一同跳起舞来。

在圣克卢宫的另一个夜晚，西班牙女王玛丽亚·伊莎贝拉·路易莎·德·博尔冯乘坐狂欢车穿过了布洛涅森林。由于白天天气有点闷，到了夜晚时，西班牙女王玛丽亚·伊莎贝拉·路易莎·德·博尔冯和客人们会出去寻找一点新鲜空气。到达塞纳河边的草地时，西班牙女王玛丽亚·伊莎贝拉·路易莎·德·博尔冯和客人们走下马车，开始享受着河边的美丽景色。与此同时，这里正在举办一个皇家派对。三位小王子——法兰西的皇太子，阿斯图里亚斯亲王和侯赛因·帕查王子参加了派对。虽然在友人的陪伴下，三位小王子只是像放了假的学生一样玩耍，但谁能猜到他们的未来呢？

许多轶事与第二帝国时期的圣克卢宫有关。以下是人们通常了解不到的情况：

研究完恺撒的人生后，拿破仑三世的思想自然而然地开始关注与罗马历史有关的事实、日期和名字。宴客时，拿破仑三世会很好地利用这种场合向某位客人发问来解答自己在古代史方面的疑惑。因此，当谈话转向这些问题的时候，每个人都会一下子紧张起来并且低头看着地板——这样便不用与拿破仑三世对视，并且避免在回答不出时被嘲笑。“没有什么比别人的失败更让人高兴的了。”在这种情况下，如果有人回答不出时，那么似乎他或她周围的人都会幸灾乐祸。

拿破仑三世似乎被大家一起做的不自觉的低头动作逗乐了。每当问了一个非常复杂的问题，而回答者在脸红或者结巴后仍然无言以对时，拿破仑三世常常不禁笑得像孩子一样。甚至在会见大臣们时，拿破仑三世可能也会有类似的历史方面的提问，而大臣们实在无法回答出来的情况常常会逗乐拿破仑三世。毋庸置疑，选择“无辜的”回答者时，拿破仑三世还是很有技巧的。拿破仑三世不仅从来不会选侯赛因·帕查王子——他可能会反问拿破仑三世，而且也不会选侯赛因·帕查王子的家庭教师，以免削弱侯赛因·帕查王子的导师的威望。

另一则轶事涉及当时刚从非洲返回的加利费侯爵加斯顿·亚历山大·奥古斯

特。加利费侯爵加斯顿·亚历山大·奥古斯特曾担任非洲军队的指挥官。一天上午，加利费侯爵加斯顿·亚历山大·奥古斯特来到了圣克卢宫的餐厅前面的沙龙里，而每个人都欢迎他——加利费侯爵加斯顿·亚历山大·奥古斯特是个“受欢迎的人”。然而，在没有受邀请的情况下，加利费侯爵加斯顿·亚历山大·奥古斯特选择在这个时候来到皇宫着实让人有些惊讶。当班的仆人告诉加利费侯爵加斯顿·亚历山大·奥古斯特，由于已经接近早餐时间，拿破仑三世和欧仁妮皇后可能随时会来。然而，加利费侯爵加斯顿·亚历山大·奥古斯特没有任何不安并且继续等待着。突然，加利费侯爵加斯顿·亚历山大·奥古斯特听到了脚步声，立即藏到了屏风后面。拿破仑三世、欧仁妮皇后和皇太子进入了餐厅。拿破仑三世一家回复在场的仆人们的问候时，加利费侯爵加斯顿·亚历山大·奥古斯特从自己躲藏的地方出来，站在了拿破仑三世一家面前恭敬地向他们鞠躬。“啊！加利费侯爵加斯顿·亚历山大·奥古斯特！”拿破仑三世和欧仁妮皇后同声说道，“你从哪里来的？”拿破仑三世笑了起来。加利费侯爵加斯顿·亚历山大·奥古斯特笑着对拿破仑三世做了解释。因此，拿破仑三世说道：“你来和我们一起吃早餐吧。”而就如同收到了正式邀请一般，加利费侯爵加斯顿·亚历山大·奥古斯特一点也没有客气。那天早晨，加利费侯爵加斯顿·亚历山大·奥古斯特不仅特别开心，而且十分健谈。像往常一样，加利费侯爵加斯顿·亚历山大·奥古斯特是餐桌上的主角，而这让拿破仑三世在早餐结束时对他低声耳语道：“加利费侯爵加斯顿·亚历山大·奥古斯特，如果你不够风趣和幽默，那么我可就要去邀请别人了。”

1870年的战争期间，圣克卢宫处处充满了悲伤的情绪。拿破仑三世和皇太子离开后，一切都变得冷冷清清。在侄女的陪同下，“摄政”的欧仁妮皇后留在圣克卢宫里。拿破仑三世的助手朱利恩·格拉维埃和波拿巴家族密切关注着国内外的各种事件，并且焦急地等待着法兰西军队的消息。在长时间的焦虑等待中，朱利恩·格拉维埃从未离开过欧仁妮皇后。朱利恩·格拉维埃和自己的家人都住在圣克卢宫，随时听候欧仁妮皇后的差遣。1870年8月7日夜晚，前线的坏消息传到了圣克卢宫。进入欧仁妮皇后的套房时，朱利恩·格拉维埃发现她眼含泪水，一言不发，而她手里拿着一封克赛·布里萨克伯爵破译的电报。在电报中，拿破仑三世写道：“军队解散了。我们必须勇敢面对这个事实。”朱利恩·格拉维埃一言不发。然后，克赛·布里萨克伯爵把电报的第二部分做了一定程度的压缩：“所有的情况还有转机。”读这些话时，欧仁妮皇后松了一口气——我记得她说道：“感谢上帝。我们还有希望。”

欧仁妮皇后立即下令返回巴黎，并且把国家文件和所有的私人物品都收集起来。欧仁妮皇后仍旧住在杜伊勒里宫，并且把用来装饰圣克卢宫的艺术品转移到了卢浮宫和国家图书馆。由于这项明智的措施，许多珍贵的画作和其他艺术品幸免于难，其中包括许多曾经属于玛丽·安托瓦内特的价格昂贵的物品。从一开始，欧仁妮皇后就感觉到，如果情况变坏，那么这个政权就会受到威胁。由于欧仁妮皇后在这次危机中总是记着这一点，法兰西皇室的私人财产、文件和其他珍贵物品被破坏的程度大大降低了。

让我们回到第二帝国时期的宫廷生活中一个幸福的阶段。虽然在1858年1月出现的悲剧，即菲利斯·奥尔西尼事件和由“上校演讲”于英格兰引发的复杂的情况，并且极大地破坏了拿破仑三世的宫廷生活，但随后，法兰西还是恢复了平静。1858年5月底，拿破仑三世和欧仁妮皇后在枫丹白露宫停留了一段时间。

枫丹白露用异于平常的热情欢迎了拿破仑三世和欧仁妮皇后。在荷兰王后符腾堡的索菲、符腾堡皇太子、拿破仑·热罗姆、玛蒂尔德·波拿巴公主、荷兰的亚历山大王子、拿骚的尼古拉王子、若阿基姆·缪拉、英国大使、考利女士、荷兰和符腾堡的大臣们，以及许多其他显要人物的陪同下，拿破仑三世、欧仁妮皇后和皇太子来到了这些张灯结彩的街道，拿破仑三世一行算得上是一支声势浩大的队伍，而且在当时引发了许多好评。一个参议员评论道：“一个能聚集这么多伟大人物的政权背后是国家和整个欧洲的支持。”在那时，这个评论可以说非常正确。

后来，在森林中最美丽的一个地方，拿破仑三世一行举行了一场舞会。一块平整的绿色草坪上遍布着美丽的花朵，而伴着动人的音乐，年轻的男人和女人们翩翩起舞。有一天早晨举办了一场逐鹿博弈，而同一天夜晚，许多民众得到了允许，通过金门，进入了椭圆庭院。去拜访法兰西国王弗朗索瓦一世时，神圣罗马帝国皇帝查理五世曾经过这条由雕塑和壁画装饰而成的华丽通道。拿破仑三世总是向自己的客人指出这条通道，并且说这是枫丹白露宫最有趣的地方之一。在这欢快的日子里，

弗朗索瓦一世

神圣罗马帝国皇帝查理五世

拿破仑三世曾出现在了枫丹白露宫的阳台上，而荷兰王后符腾堡的索菲挽着他的胳膊，共同接受人群的欢呼。

虽然不久后，荷兰王后符腾堡的索菲和符腾堡皇太子离开了枫丹白露宫，但这样的欢乐气氛仍然持续了三周。外交使团的显要客人、内阁成员及其妻子来到了枫丹白露宫。枫丹白露宫的生活非常平静。虽然有各种干扰和娱乐活动，但大家都决心充分享受冬日的小径和精神上的休憩。过去，拿破仑三世常说："君主的职责之一就是让社会各阶层的臣民都能开心。"

在枫丹白露，长途驱车和狩猎是主要的娱乐活动。君主和客人们喜欢的另一种消遣是即兴访谈森林里和森林周围的艺术名人。一天，拿破仑三世和欧仁妮皇后驾着一辆他们喜欢的轻便马车，停在了画家亚历山大-加布里埃尔·德康斯的屋前。在

亚历山大－加布里埃尔·德康斯

拿破仑三世和欧仁妮皇后到来的前几分钟，亚历山大-加布里埃尔·德康斯才知道他们要来，便匆忙地从画室里拿出几幅画。拿破仑三世对亚历山大-加布里埃尔·德康斯的画作很感兴趣，并且不断称赞这位天才画家出色的作品。还有一天，欧仁妮皇后参观了由修女操持的儿童之家。欧仁妮皇后看着孩子们做游戏，并且为孩子们分了蛋糕和糖，这让孩子们很是高兴。有一次，由工人组成的合唱团唱着名为《皇帝捕猎》的合唱曲时，拿破仑三世和大家为工人们喝彩，并且给工人们送上了香槟。酒斟满后，拿破仑三世举起酒杯说道："先生们，让我们为政治与音乐的和谐而干杯。"工人们高声欢呼着作为回应。又一个下午，欧仁妮皇后和自己的贵妇人们意外地撞见了罗莎·邦贺，并且发现她穿着一身男性化的衣服。欧仁妮皇后称赞了罗

罗莎·邦贺

莎·邦贺画的那些精美的动物图案。所有的这些事不仅使城堡里的客人很高兴，而且让宫廷在周边地区大受欢迎。一位市长说："拿破仑三世来到枫丹白露时，我们觉得路易十六的时代似乎已经回来了。"

离开枫丹白露宫之前，拿破仑三世像往常一样检阅了守备部队，并且授予了几位军官十字勋章。在拿破仑三世离开那天，枫丹白露小镇上的人们又穿上了节日盛装——这个宁静又古老的地方，一切将重新变得平静。"我们会一直睡到下个夏天。"向欧仁妮皇后告别时，一位和蔼的老市长说道。

1861年，波斯和暹罗的大使的到来使枫丹白露小镇的居民欢欣鼓舞。当时，苏丹和沙赫从来没有亲自来过欧洲国家，而法兰西人对他们的了解仅限于《天方夜谭》。因此，得知一位波斯大使将到法兰西来时，拿破仑三世和欧仁妮皇后都认为，在东西方文明的交流中，这一刻不应该被遗忘。拿破仑三世甚至建议欧仁妮皇后也应该出席官方的大使招待会——在那以前，欧仁妮皇后从未参加过任何这类典礼。欧仁妮皇后对此很感兴趣，并且决定不仅要穿全套的宫廷礼服，佩戴上最精美的珠宝，而且要带上所有的宫廷女子。一切都已经准备就绪。盛大的仪式不仅给大使们留下了深刻的印象，而且为枫丹白露的庆祝活动增添了不少欢乐。

波斯大使们离开不久后，法兰西官方宣布一个暹罗大使团正往枫丹白露来。在亨利二世的美术馆里，拿破仑三世接见了暹罗代表团——这是一种全新的体验。好奇的暹罗使者们到达枫丹白露宫前，就已经通知了法兰西的官员们，他们带来了暹罗国王拉玛四世送给拿破仑三世的礼物，而这些礼物必须由他们亲自呈上。拿破仑三世虽然一开始告诉使者们不必行下跪礼，但得知这会冒犯暹罗时，只好允许使者们按照自己的方式行礼。

在为暹罗使者们举办的招待会上，欧仁妮皇后再次被宫廷女子簇拥着出席。虽然了解暹罗人的法兰西官员们告诉这些女士们不要嘲笑她们看到的任何事，但这些其实都不必要——就像一位女士在仪式结束后说的那样："看见那些可怜的人像畜生一样在地上爬来爬去时，我感觉很痛苦。我敢肯定，在场的人都不会发笑。"

那位不幸的使者头上顶着一个装满了礼物的金色大杯子。为了前进，那位使者用肘关节推动自己向前——在一定程度上，这需要由他的膝盖辅助完成。那位使者

拿破仑三世接见暹罗代表团

的前行既缓慢又痛苦，而终于爬到王座前时，他已气喘吁吁，几乎说不出话来——显然，他累坏了。看到这里时，拿破仑三世再也坐不住了。他从宝座上起身，走下台阶，帮助筋疲力尽的使者站起来并且从他头上拿下了礼物。拿破仑三世热情地向那位使者表示了感谢。这新颖、独特却令人痛苦的仪式终于结束了。当晚，拿破仑三世对身边的朋友说道："如果这是法兰西的礼节，那么来法兰西访问的人一定会越来越少。"

除了杜伊勒里宫，法兰西皇室最喜欢的三个居住地分别是圣克卢宫、枫丹白露宫和贡比涅宫。在这些迷人的地方中，圣克卢宫不仅非常接近巴黎，十分方便，而且与拿破仑一世和第一帝国的荣耀联系密切，也因此备受拿破仑三世喜爱。拿破仑三世曾说："有时候，走过这些两边长着茂盛树木的道路时，我总觉得自己似乎可以和伟大的拿破仑一世直接交流。无论如何，我总能够在圣克卢宫得到灵感。从圣卢克宫回到杜伊勒里宫后，我不仅意志更加坚强，内心更加勇敢，而且灵魂也更加宁静。"枫丹白露宫与拿破仑家族历史上的许多令人悲伤的事情联系在一起，并且因此成了拿破仑三世沉思冥想的绝佳地点，而欧仁妮皇后则倾心于大森林，如在丹尼科德驱车和散步。此外，第二帝国时期的贡比涅宫的许多城堡和森林都被忽视了。我将会在后面介绍第二帝国时期的贡比涅宫发生的一些有名的社会与艺术活动。

宫廷生活中常常会发生一些有趣的事情，以下是其中一个例子：

贡比涅宫和枫丹白露宫的客人们经常在养狗场周边闲逛。有一次，在贡比涅宫的几位女士陪同下，欧仁妮皇后去看猎狗。这几位女士中有一位是奥地利大使查理·冯·梅特涅先生的娇妻宝琳·冯·梅特涅。莫斯科瓦亲王埃德加·拿破仑·亨利·内伊扮演东道主的角色，并且使用古老的皮鞭在来访者面前表演。大家开始欣赏莫斯科瓦亲王埃德加·拿破仑·亨利·内伊那些时髦又强壮的狗，而他对此非常满意。突然，欧仁妮皇后的一个同伴大声说：

"你的狗一定有跳蚤，并且肯定会把某种病毒传染给我们。"

"不，女士，"作为一位有名的猎犬大师，莫斯科瓦亲王埃德加·拿破仑·亨利·内伊回答道，"每天都有人给我的狗洗澡。你不必害怕。它们没有跳蚤。"

随后，欧仁妮皇后一行询问了莫斯科瓦亲王埃德加·拿破仑·亨利·内伊这些

宝琳·冯·梅特涅

莫斯科瓦亲王埃德加·拿破仑·亨利·内伊

狗的卫生情况、品种、奔跑速度和其他细节。在谈话过程中，查理•冯•梅特涅的夫人宝琳•冯•梅特涅在一只狗的头上捉到了一只跳蚤，并且小心地把它塞进了莫斯科瓦亲王埃德加•拿破仑•亨利•内伊的衣领里——在参观期间，莫斯科瓦亲王埃德加•拿破仑•亨利•内伊不仅成了欧仁妮皇后一行消遣的对象，而且一直被那只存在于他想象中的讨人厌的虫子烦扰着。

贡比涅有一个习俗，即每位女士都会挑选陪同她到餐厅并且坐在她旁边的绅士，而因这个习俗曾产生过一件有趣的事——查尔斯•圣-佩韦是这件事的主角。

赫克伦女士是一位非常聪明和杰出的女性，并且希望能有机会与碰巧和她一起住在贡比涅宫的著名评论家查尔斯•圣-佩韦交谈。有一天，赫克伦女士用贡比涅宫里流行的方式对查尔斯•圣-佩韦说："查尔斯•圣-佩韦先生，你明天能带我出去吃晚饭吗？"

查尔斯•圣-佩韦误解了，或者说完全没有理解赫克伦女士的意思。查尔斯•圣-佩韦没有足够的自信想象年轻的赫克伦女士会喜欢上他，只能认为这个奇怪的提议仅仅是一个女人的无心之言。然而，查尔斯•圣-佩韦开始胡思乱想：如果答应赫克伦女士的要求，那么不仅在贡比涅找到一个偏远得能够绝对保证隐私的旅馆很难，而且说不定还会引起一些不愉快的后果。最终，查尔斯•圣-佩韦决定就自己的这个困境向玛蒂尔德•波拿巴公主吐露心声并且征求她的意见。玛蒂尔德•波拿巴公主发自内心地笑了起来，向查尔斯•圣-佩韦解释了赫克伦女士的话——她只是希望有人陪她去城堡的餐厅而已。

"好吧，"诙谐的查尔斯•圣-佩韦回答，"我以为我懂法语，却发现我对贡比涅宫的行话不太熟。"随后，查尔斯•圣-佩韦也笑了起来。

通常，贡比涅宫的夜晚是在交谈和跳舞中度过的。无论客人们的地位、职业和年龄如何，拿破仑三世和欧仁妮皇后总是非常礼貌地和他们谈话。欧仁妮皇后特别关照刚刚踏进社会的年轻人和能为宫廷生活增添生气的人，而在拥挤的杜伊勒里宫，要给予他们关照相对更加困难。然而，在更加安静的贡比涅宫，这样做更容易。欧仁妮皇后总是利用在贡比涅宫的机会，将未来的精英们拉进宫廷。拿破仑三世为欧仁妮皇后的努力鼓掌并且提供了帮助。可以说，欧仁妮皇后的努力获得了回报。

查理·冯·梅特涅

我在此举一个贡比涅盛行的简单生活的例子。有时候，宫廷里的人们不会随着由客人们转动的机械钢琴的音乐跳舞，而欧仁妮皇后会建议各种各样的智力游戏。欧仁妮皇后特别喜欢被称为“小论文”和“提问和回答”的游戏，而奥特维·富伊叶、查尔斯·圣-佩韦、普罗斯佩·梅里米、阿塞纳·侯赛叶等聪明的作家也加入游戏中，导致这个游戏变得更加有趣。宫廷里的一个人给出了如下解释：

“我记得，有一天晚上，我们厌倦了那些老套的游戏时，有人提议听写，而听写包含法语中非常难的词组和语法，以及作文的晦涩难懂之处。虽然大家的错误数量很多，但奇怪的是，查理·冯·梅特涅的错误比其他人都少，并且取得最后的胜利。我已经记不清都有哪些作家出席了晚会并且参加了听写，只记得查尔斯·圣-佩韦把听写的内容写出来念给大家听，并且算出每个人的错误。查尔斯·圣-佩韦最认可的一个观点是外国人比法兰西人更了解法语。

“有时候，贡比涅宫的人们会在早晨或下午去打猎，或是驱车穿过美丽的森林去著名的皮耶枫城堡。拿破仑三世正在用他的私人财力修复皮耶枫城堡，而欧仁妮皇后在这里收集了一些很有价值的盔甲。之后，贡比涅宫的人们通常会在下午茶时间于沙龙中聚会。我曾在聚会期间听过一些令人愉快的谈话。在贡比涅，像纪尧姆·维克托·埃米勒·奥吉尔和阿塞纳·侯赛叶这样的人才拥有光辉、才华和智慧并且能与阿尔弗雷德·维尼和弗朗索瓦·庞萨德交流，而维克多·杜鲁伊、尤金·拉比奇和保罗·费瓦尔互相辩论，十分有趣。贡比涅宫有埃德蒙·阿布、巴斯德、J.B.仲马和勒维里耶的学识和风趣，不同文化领域的天才像古诺、迈尔贝尔、赫伯特、杰罗姆、昂布卢瓦慈·托马斯，以及其他一些类似的名人。这些人用自己的音乐或对艺术的精彩评论填满了沙龙。虽然所有这些人，以及许多卓越的先生们和女士们都曾穿过贡比涅宫的这间古老的沙龙，但第二帝国刚建立时，贡比涅宫还是一个发霉、死气沉沉的地方。这些人会聊各种话题，而我永远都不会忘记那些时间和他们参与的这些有趣的智力竞赛。”

1832年以前的贡比涅没有剧院——虽然最初设计时，建筑师加布里埃尔考虑到了这一点，但路易十五没有将其付诸行动。路易·菲利普一世的长女路易斯-玛丽公主嫁给比利时国王利奥波德一世时，贡比涅宫被选为举行婚礼的地点。宫殿北端的网球场里临时搭建了一个剧院。这个剧院是一个长方形房间，里面有许多座位。这个剧院虽然在路易·菲利普一世统治时期没怎么被使用过，但在第二帝国时期，尤其是从1852年到1859年，不仅几乎每年都有戏剧演出，而且总共来过将近五十个代表团，其中包括巴黎著名剧院的剧团。邀请函上的演出时间是8时，但直至8时30分，拿破仑三世和欧仁妮皇后坐在皇家包厢前的两把扶手椅上后，戏剧才开场。皇家包厢把整个房间的宽度拉长了，而它前面是专属于穿着低胸礼服的女士们的第一看台。受邀至皇家包厢的宾客和官员大约有七十位。第一看台上面的一等包厢和皇家包厢里还坐着来自城镇和附近地区的宾客，而第二排的包厢主要提供给城堡里的服务人员，并且预留了一些空位给各个级别的军官。

从拿破仑三世和欧仁妮皇后进入剧院直到入座，每个人都站了起来，随后，戏剧开始了。幕间休息时，身穿制服的男仆们会给宾客们端上冰块、宾治酒和果露。一次幕间休息期间，拿破仑三世和欧仁妮皇后从敞开的皇家包厢退到小厅里——他们将在这里召见和祝贺当晚的男女主角。表演定在23时30分左右结束，而鞠躬离开的演员们将会得到一顿精美的晚餐，并且在次日2时左右花费一至两个小时乘火车去巴黎。剧团的所有成员不仅能得到报酬，而且可以被邀请到皇宫中用餐——有些表现卓越的演员甚至有机会和拿破仑三世在同一张餐桌进餐，而其他人则在宫殿中的其他桌子上用餐。演员们的报酬按照他们在巴黎能得到的最高报酬来支付。在贡比涅宫表演戏剧能否成功取决于许多因素——面对那些爱起哄的观众时，演员们的表现可能会很糟糕，而如果观众们过于冷淡，没有人拍手喝彩，那么演员们也容易情绪低落，导致表演欠佳。

贡比涅宫也有业余的戏剧演出，而演员们是宫廷里的宾客。这些表演不是在剧院里，而是在贡比涅宫里的一个大房间里进行的。这个大房间里搭建了一个临时舞台，而戏服是从宫廷的衣橱里借来的。这个舞台的监管是欧仁•埃马纽埃尔•维奥莱-勒-迪克。欧仁•埃马纽埃尔•维奥莱-勒-迪克是修复了皮耶枫城堡和一些法兰西其他著名遗迹的大名鼎鼎的建筑师，而我一直很喜欢与他打交道。很遗憾，在后来的日子里，欧仁•埃马纽埃尔•维奥莱-勒-迪克似乎忘记了曾经给予他经济资助的人。在这方面，我能够理解欧仁•埃马纽埃尔•维奥莱-勒-迪克——他也只是个普通人。在生活中，那些身居高位的人比卑微的人更容易背弃已经失去权力的朋友。在宫廷中，不知有多少忠诚的仆人热情地支持着第二帝国，直到他们谦卑的生命结束。

欧仁妮皇后曾多次加入过这些私人的业余戏剧表演，并且和安德罗伯爵一起出演了奥特维•富伊叶的《侯爵夫人的画像》。我记得很清楚，在1865年的一个星期一的夜晚的招待会上，由于知道查理•冯•梅特涅的夫人宝琳•冯•梅特涅非常喜爱这个业余戏剧表演舞台，欧仁妮皇后对她说："你应该请求马萨为贡比涅写一部戏剧，而你将成为主角。"宝琳•冯•梅特涅抓住了这个机会，热情地投身其中，并且真的让马萨写了一个剧本。我记得，在这个剧本中，皇太子也有几句台词，并且表演得也很好。台下的人鼓掌时，皇太子有点不知所措，直到把所有的台词讲完，皇太子才

阿尔弗雷德·维尼

维克多·杜鲁伊

尤金·拉比奇

埃德蒙·阿布

离开。由于不明白鼓掌是什么意思，走下舞台后，皇太子问道："这个噪音是不是因为台下的人不想听呢？"听了皇太子的话，大家不禁都笑了。这就是皇太子——谦卑是他从小就有的优点之一，而他从不认为自己说的或做的值得表扬。虽然事实表明皇太子的确是位英雄，但他如果能成功地逃离那些野蛮人的袭击，那么永远也不会觉得自己是位英雄。

我讲一个和马萨的戏剧有关的逸闻趣事。这件事情十分滑稽，而在这件事里，拿破仑三世是主角。幕间休息时，拿破仑三世去了幕后，并且在绿色的房间里遇见了惟妙惟肖地扮演了梅利奈特和德·加利费的人，以为他们是真正的骑兵。拿破仑三世问马萨这些士兵是谁，而马萨回答："陛下，他们是替补，一个来自贡比涅第九十九团，而另一个来自荣军院。"因此，拿破仑三世像往常一样亲切地走到那两个人身边，并且对他们说了几句话。被拿破仑三认为是骑兵的人背对着拿破仑三世，在镜子里看见了发生的事情，而他迅速地转向拿破仑三世，并且将拿破仑三世误认为团里的一个二等兵，大声说道："你想干什么？"然而，他很快意识到了自己的错误，并且以很谦卑的口吻说道："对不起，陛下！"这让拿破仑三世着实吃了一惊。拿破仑三世转身对马萨说："舞台监督先生，我想为你选择的小配角祝贺你！"拿破仑三世对马萨的戏剧非常满意，不仅送给了他一份《尤利乌斯·恺撒》的副本，而且在卷首的空白处题词道："从恺撒的评论员，到恺撒的评论员。拿破仑三世。"

贡比涅宫里也会进行一些字谜游戏，而字谜的作者主要是弗朗索瓦·庞萨德和阿尔韦里克。不仅身着华丽服装的宫廷女士，而且皇太子和他的几个伙伴也参加了游戏。有两个字谜尤其受欢迎：一个是弗朗索瓦·庞萨德写的名为"和谐"的字谜，而皇太子认为谜底是丘比特。另一个是阿尔韦里克写的"疲惫不堪"。皇太子和自己的小伙伴们纷纷来猜，并且都认为"疲惫不堪"的意思是由于长时间的纵马打猎而耗尽了力气。这个字谜让皇太子忠诚的骑术老师贝肯先生很苦恼——他不认为像自己的学生这样的皮肤白皙的骑马高手会在长时间的骑马打猎后筋疲力尽！有人安慰贝肯先生道："这仅仅是想象中的狩猎。"贝肯先生回答说："是的。然而，在巴黎的报纸上，有人会说它是一次真正的狩猎。"显然，贝肯先生虽然优秀，但对记者们感到恐惧。

在第二帝国时期，这种对字谜和戏剧的偏好体现得很明显，而在枫丹白露宫和贡比涅宫尤为如此。这引起了一些批评——当然，这些批评并不公允。欧仁妮皇后把这些非难及对她造成的不良影响写在了一封给朋友的信中。后来，我看了这封信，并且觉得有必要把它附在下面。

“1860年7月，我不能掩藏自己的伤心了。由于在枫丹白露宫有点轻微的胸痛，我回来了。对那些没有恶意的人，我还是倾向于宽容他们。在这一生中，我遇到了一些人——他们心怀邪恶，并且会毫无根据地将邻人撕成碎片。我对自己说：‘一个人到底为什么要让那些对他友善的人伤心？我不仅感到深受打击，而且对这种人的种种感情已经变成了猜疑——友情自然也减弱了。’这就是为什么在枫丹白露宫的最后几天我如此伤心。这段后来在报纸上出现的文字一定来自某个在场的人——这个人不仅把这些信息交给了怀有恶意的政党，而且满足了公众的好奇心。关于这件事情，我简单地说说自己的感受吧——我虽然时刻准备好了去与我的敌人针锋相对，但能这样对我的朋友们吗？此外，我姐姐的健康状况也让我十分焦虑。然而，感谢上帝，她已经好些了。这就是为何我总是忧心忡忡。我一直都告诉自己不能如此，一定要克服这种忧虑。”

拿破仑三世虽然一直都不太关心运动，但仍然意识到了狩猎在一个王朝中的重要性。对于这种消遣，欧仁妮皇后虽然也是个外行，但和拿破仑三世观点一致——他们都认为这有利于提高皇室成员的活力。毫不夸张地说，第二帝国时期对皇室狩猎的重视不仅在君主制的法兰西从来没有被超越过，而且在派头上也绝对不逊于欧洲的其他王室。不仅我曾不止一次听到皇室的客人们这样说过，而且我们的大使和使馆专员也这样说过，而他们的话并不是恭维话——他们参加过不同的欧洲王室的狩猎活动，是最有话语权的人。

那些皇家狩猎马车一般会在枫丹白露待上九个月，在贡比涅待上三个月，皇室成员偶尔也会在离贡比涅、费诺城和马尔黎几英里远的圣日耳曼、朗布依埃、奥斯堪布的森林里狩猎。在枫丹白露参与狩猎活动的人数比不上贡比涅，因为贡比涅的狩猎时间正好是金秋时节。

在狩猎的日子里，不同等级的猎手在清晨就开始工作，而带着食物和各种行李的马车会先他们到达。穿着便装，戴着三角帽的猎手们负责看护着场地和放出动物，而这些工作结束后，他们会部署护林人看守猎场，然后回到集合地点。急急忙忙吃完早餐后，猎手们穿上整齐的制服，而猎犬的主人们也会带着包裹抵达。男仆们负责看管猎犬并且根据猎犬的经验和年龄对它们进行分配。

有一次狩猎是在贡比涅森林中一个叫“国王之井”的风景如画的地方进行的。这个露天场地在森林的中心。七条壮观的小径穿过法兰西国王弗朗索瓦一世时期种植的上等橡木会集于此，而其中一条小径常常停满了受邀前来狩猎的宾客的马车。在开阔的地方，拿破仑三世、欧仁妮皇后和皇太子的马匹休憩着，而它们旁边还有官员、皇室成员、客人、猎人和马夫的马匹。随后，猎狗和看管它们的侍从，以

骑在马上的欧仁妮皇后

骑在马上的拿破仑三世

及负责狩猎的官员等也抵达了。通常，拿破仑三世会在正午时分与大家见面，而大家会脱帽致敬。与狩猎成员中的重要人物简单交谈后，拿破仑三世和欧仁妮皇后骑上骏马，宣布狩猎开始。所有马车列队前行。猎人在队首，而紧随其后的是君主、宾客们、皇室成员和狩猎区域的驻军官员。不习惯骑马的客人会坐在拖车或由马儿拉着的又大又漂亮的马车车厢里。整支队伍规模庞大，令人印象深刻。我记得我们曾邀请了一位来自阿尔及利亚的重要人物——他骑着漂亮的阿拉伯骏马，其姿势很有气势。比起接下来的狩猎活动，拿破仑三世对这些英姿飒爽的骑手更感兴趣——至少欧仁妮皇后是这样想的。夜晚，用过晚餐后，大家在宫殿中赞美阿尔及利亚贵宾的马术，而阿尔及利亚贵宾把自己的优秀的马术全部归功于那些骏马。我们都很高兴，阿尔及利亚贵宾谦恭、真诚的品质深深地打动了我们。

在狩猎期间，森林中所有的露天地点都有重兵把守。森林中的警卫穿着整齐的制服——绿色的法式短外套、长长的黄色绑腿，以及尖尖的帽子。穿着猎服的拿破仑三世骑马飞驰于森林中的道路上。虽然这些私人猎场中的森林并不算特别茂密，但拿破仑三世会避开有树林和灌木丛的复杂路段，他前面有猎人，身后也有其他皇室成员陪伴着。有点肥胖的拿破仑•热罗姆似乎也十分享受这种追逐。若阿基姆•缪拉和他的妹妹安娜•缪拉常常位于贵客席中。有一样重要的东西——“纽扣”，请容我在此对它做个说明。“纽扣”是这些有权来狩猎的人穿着的特殊猎服上的装饰品，由狩猎大师颁发，象征着一种荣誉。因此，“纽扣”“有着纽扣”等类似的表达是指这些穿着皇家狩猎礼服的人。人们不仅追逐这种荣耀，而且有时甚至会在贡比涅玩“扣子扣子你在哪儿”这个游戏。

一些大臣、外交使团的成员、军队副官和皇室侍从们有资格别纽扣，而那些提出需要纽扣的军官和法兰西国内公民同样可以被授予纽扣。由于各种各样的原因，坐在拖车上参与狩猎的第二代德•巴萨诺公爵拿破仑•胡格斯•约瑟夫•马雷特和德•康巴塞雷斯公爵也能穿这种制服。在外交使团的成员中，华丽的服饰使英国大使考利勋爵和奥地利大使查理•冯•梅特涅先生看上去十分英俊，并且给我留下了深刻的印象。在女士中，德•布兰库尔女伯爵是我们最欢迎的宾客——她是博尼法斯•德•卡斯特拉优雅动人的女儿，他是一位优秀的女骑手，经常在狩猎中获得各种荣誉。在狩猎过程中，另一位引人注目的人就是画家雅尔丹——他将狩猎和艺术完美地结合在了一起。在狩猎过程中跟着猎狗时，雅尔丹想出了为皇家狩猎活动作画的主意，而这使他闻名于法兰西第二帝国。由于其中保留了法兰西皇室生活的经典场景，这些画作在今人眼中十分有趣——如果没有雅尔丹，那么这些场景就都得消失在历史的长河中了。

前面提到了制服。这些制服是绿色的、带着宽领子的法兰西短外套，其材质为天鹅绒。由金色和银色的狩猎饰带装饰的马甲背心是天鹅绒材质。灯笼裤是山羊皮制的，而三角帽被黑色羽毛点缀着。此外，领结和手套都是白色的。君主的制服也有几分相似。拿破仑三世在帽子上装饰着白色的羽毛，在胸前别上了荣耀之师的星状徽章。欧仁妮皇后穿着绿色的衣服的领口和装饰都是深红色的天鹅绒材质的，而领口边装饰着饰带，口袋边装饰着装饰品。欧仁妮皇后穿着没有饰带的绿色服饰，戴着点缀着白色羽毛的三角帽子。所有这些形形色色的漂亮服饰，以及一些官员们的华贵服饰，组成了一种有着强烈冲击力的服装秀并且令人过目难忘。有时，这些美好景象的回忆会在我脑海中浮现，而我最难以忘怀的还是那几天在枫丹白露的顶级狩猎盛会。回忆中不仅有原本的狩猎事宜，而且有落叶和花香带来的大自然的独特魅力。对贡比涅的狩猎，欧仁妮皇后有很多独特的回忆，而其中有一件事情令她难以忘怀：一天早晨，一只鹿被赶到了圣路易斯的鱼池边——这是森林中一个如画一般美丽的地方，而当天的狩猎活动也已接近尾声。这时，让所有人意外的事发生了——另一只被路贝尔克萨先生和切耐尔先生的猎犬追赶着的鹿也跑到这儿来避难，而它就在这儿被杀死了。君主邀请猎手们参加皇家宴会，并且对他们卓越的狩猎技巧表示祝贺。

因为狩猎过程中很容易发生意外，所以我们采取了各种各样的预防措施。幸运的是，在整个第二帝国期间的狩猎活动中很少发生伤亡事件，而这或许是因为我们的各种措施——例如，我们会细心挑选仆人、马匹及猎人。然而，不可避免的小事故总是会发生，而其中一件不幸的意外事故一直在我脑海中挥之不去。这个事故发生在一个女猎人们聚集的农场。一只鹿突然冲向猎狗并且在人群中造成了巨大混乱。法兰西财政大臣阿希尔•福德受了伤。警卫长德拉鲁的马因此丧命，而德拉鲁也被甩出很远。与此同时，泰尔夫人的马受惊后冲撞了玛蒂尔德•波拿巴公主的车厢并且使她受了重伤，而泰尔夫人的脚也伤得不轻。这些不幸受伤的女士们只好乘坐专车回了巴黎。

在另外一起事故中，拿破仑三世的性命受到了威胁。过去，拿破仑三世常常亲自结果那命不久矣的鹿。拿破仑三世虽然枪法很好，但常常和动物离得太近。有一次，拿破仑三世的猎物冲向了他，而他快速地弯下腰躲过了攻击。欧仁妮皇后目睹了那只被激怒的野兽从拿破仑三世身上跃过，自然被吓了一大跳。我还想起了其他事，在枫丹白露的森林里，一只鹿冲向兰伯特男爵，而这位倒霉猎手的左臂被鹿的犄角给刺穿了。费卡洛斯的奥宾医生是一位非常优秀的骑手，十分钟爱自己的骏马，并且参加了每场狩猎。然而，有一次，在贡比涅狩猎时，奥宾医生摔断了腿，而这成了他终生的遗憾——他不得不坐在跟在猎狗后面的马车中。虽然我还可以列举好几个这样的意外事件，但就像我之前提到过的，考虑到狩猎的频率和巨大的场地，这些意外是微不足道的。

在法兰西第二帝国时期，虽然很多作家写了有关狩猎的作品，但这些描述并不总是可靠的——特别是那本签有“思凡尼克”的《贡比涅的庭院》。《贡比涅的庭院》中满满的恶意非常明显。《贡比涅的庭院》是一个女人所写。据说，这个女人是一位园林护卫的女儿——显然，她对自己描述的内容并不熟悉。我不仅对这些不公正的批评已经麻木了，而且对大量的谎言也仅是耸耸肩而已。对贡比涅的狩猎最真实的描写是在一本匿名出版的书中，而这本书不仅不出名，而且有一个怪怪的书名——《宫廷男仆的尊严》。

晚上，人们会分发战利品。在枫丹白露，狩猎的庆典是在椭圆庭院中举行的，而在贡比涅，狩猎的庆典是在荣耀庭院举行的。这项别出心裁的盛会的一切都按照皇家狩猎的古老传统来操办。用餐后，拿破仑三世和欧仁妮皇后会去大厅的阳台上。拿破仑三世站在中间，而欧仁妮皇后站在他身后。与此同时，客人们站在君主的两侧并且观赏着火炬队列和其他壮观的景象。庭院的两边站着穿着整齐的男仆。男仆们拿着火炬，戴着羽毛帽子，而帽子外露着精心梳理的头发。在男仆们身后，当地的居民饶有兴趣地围观着这一庆典。

这时，猎犬出场了。狩猎中被打死的鹿成了猎狗们的奖赏——鹿的肉就藏在皮毛之下。猎人提着鹿头并且展示给猎犬们看。号角吹响了，而号声和猎犬们不耐烦的吠声交织在一起，此起彼伏。两声鞭响后，猎犬们冲向躺在地上的死鹿。然后，鞭子又抽动起来，而吼叫的猎犬又被赶了回去。终于，随着号声和人们的欢呼声，猎人们开始剥皮。当猎犬们大声吠着、想要冲向美食盛宴时，手里仍旧拿着鞭子的猎人们站在一旁。这时，号角在庭院的尽头被吹响，而这传达着狩猎追逐中激动人心的气氛。这景象不仅激动人心，而且令人难忘。现在，我再没听到过这样的号声，而即使是在一些有犬类表演和长距离狩猎的猎场中，其景象也比不上四十多年前这极好的皇家狩猎的场景。

第 13 章

宫廷娱乐

在皇室生活中，虽然一些无聊的事情会占据人们大部分的时间和精力——特别是在圣克卢、枫丹白露和贡比涅，但人们也没忘记那些严肃的事情。拿破仑三世和欧仁妮皇后不仅会花很多时间和精力处理政治事务，而且也从来没有忽略过宗教性质的诉求。在宫廷生活的节日盛会中，拿破仑三世和欧仁妮皇后从来没有遗忘教堂。在这方面，拿破仑三世和逐渐长大的皇太子效仿了虔诚的欧仁妮皇后的做法。那时，拿破仑三世有点倾向伏尔泰的主张。然而，作为一个奉天主教为国教的国家君主，拿破仑三世知道在公众面前按照罗马教廷的规则来行事有多么重要。

每周日，杜伊勒里花园的小教堂都会举行弥撒，而拿破仑三世和欧仁妮皇后都会庄重地出席这一仪式。拿破仑三世和欧仁妮皇后身边是他们的仆人、穿着制服的绅士，以及穿着轻便服装的女士，而宫廷的一些随行人员会站在祭坛对面的廊道。在一些特殊的场合，比如说在斋戒时期，拿破仑三世和欧仁妮皇后会坐在教堂中的红色天鹅绒椅子上。神职人员们习惯亲自到门边去迎接君主，而护卫们会通过高声呼喊“皇帝”宣告拿破仑三世和欧仁妮皇后的到来。

在弥撒仪式中，拿破仑三世对自己的言谈举止有着很严格的要求。布道通常会持续一个半小时，而布道坛中总是挤满了著名的演说家。在斋戒和布道期间，杰出的天主教徒阿比·鲍尔不仅曾进行过数次演讲，而且深受拿破仑三世和欧仁妮皇后喜爱——他那通俗易懂的话语和虔诚的宗教礼仪使他在皇室非常受欢迎。最严肃的宗教仪式过后，几把竖琴常常会奏响美妙的音乐。

弥撒过后，拿破仑三世和欧仁妮皇后常会在礼拜庭旁的走廊上待上片刻。通常，拿破仑三世会和一些等待着他的官员交谈，而欧仁妮皇后则会出席在礼拜庭外的蓝色沙龙举行的简短的见面会。然而，拿破仑三世和欧仁妮皇后都不喜欢这一传统——他们从来都不喜欢把宗教习俗和世俗的事情混为一谈。因此，拿破仑三世和欧仁妮皇后只会在小教堂接见最亲密的朋友。

我们将要讲到杜伊勒里花园的日常生活与上文提到的内容十分不一样。我们会讲到与皇家马厩相关的日常管理和情况。在一个井井有条的君主制国家，马匹和马车是十分重要的——皇室生活的这一特点往往影响着社会上盛行的风气。

欧仁妮皇后和拿破仑三世乘坐的马车是一样的，有四轮双座马车，也有四轮四座大马车。在第二帝国末期，欧仁妮皇后的一辆马车被她称为“铜墙铁壁”——她可以把自己关在里面，就像被四面墙围起来了一样。“铜墙铁壁”是一辆深蓝色的四轮马车，而在它四周的嵌板上没有任何扶手作装饰。“铜墙铁壁”的车夫穿着用树脂染色的外套和长筒靴。微服私访医院、慈善机构和各种庆典时，欧仁妮皇后都会乘坐这辆马车。

去圣克卢宫或者其他夏季和冬季的宅邸时，欧仁妮皇后还常常乘坐一种轻型马车。有时，拉着这种马车的是两匹英国小种马——花了一万法郎从伦敦买来的多福和温特·马斯，而有时拉着马车的是另外两匹小的纯种母马，即伊索尔和海琳。

管理马厩的掌马官德·皮埃尔男爵是一位一流的马术师。将偌大的马厩管理得井井有条的德·皮埃尔男爵不仅可以培育出跑得飞快的赛马，而且个性十分和蔼可亲——每个人都对他有着很高的评价。在第二帝国最初的几年，德·皮埃尔男爵不仅是欧仁妮皇后唯一的侍从武官，而且每天中午都向欧仁妮皇后汇报。和德·皮埃尔男爵同时汇报的人还有女家庭教师、侍女们、男家庭教师、私人秘书和图书管理员。如果欧仁妮皇后留在宫殿或者在外出时没有护送的需要，那么德·皮埃尔男爵在第二天之前都可以休息。然而，如果欧仁妮皇后需要搭乘马车的话，那么德·皮埃尔男爵将坐在车厢的右边护送她。到了夜晚，德·皮埃尔男爵会来到皇室餐厅用餐。虽然德·皮埃尔男爵穿着与皇室其他侍从有着同样刺绣的制服，但他的外套颜色是淡蓝色的。

在法兰西西部，德·皮埃尔男爵不仅有一套房产，而且很受人们欢迎——在第二帝国后期，他常常被选为代表，并且因此没有那么多精力像在帝国早期那样为皇室尽心尽力了。因此，德·皮埃尔男爵请求派给他一位副官。拿破仑三世的侍从德·拉·格朗热侯爵被调到了欧仁妮皇后那儿，而德·皮埃尔男爵变成了首席侍从。

欧仁妮皇后骑马时，德·皮埃尔男爵及其妻子总是陪伴在她左右。德·皮埃尔男爵的妻子不仅曾是欧仁妮皇后的一位侍女，而且有着高超的马术。欧仁妮皇后十分喜欢骑马，尤其是在乡间骑马。乡间有着广阔的草坪，而繁文缛节可以被抛诸脑后。因此，欧仁妮皇后可以尽情欣赏自然美景。

欧仁妮皇后的首席猎官是盖约特先生。盖约特先生享有盛誉，品德出众，是一位非常优秀的骑手。盖约特先生曾经在路易·菲利普一世的马厩中工作过一段时间，之后一直为欧仁妮皇后工作至1870年。盖约特先生穿着与拿破仑三世的骑马侍从一样的制服。欧仁妮皇后检阅和狩猎时，旁边跟着两位马夫的盖约特先生会陪伴在她身旁。

欧仁妮皇后的马厩中有二十匹马，而其中包括法布施、卓越的猎手谢弗勒伊，以及她最爱的朗基维斯和伊拉斯提。有几匹马是为女士们准备的，而这些女士包括德·皮埃尔男爵夫人、贝都因伯爵夫人、阿方斯·德·雷尼瓦尔伯爵夫人，以及那些被邀请至枫丹白露和贡比涅的女士们。侍从官员们、猎人们和仆人们的马都是纯种的或是近乎纯种的。总而言之，不仅拿破仑三世和欧仁妮皇后都非常重视和马厩有关的一切，而且众所周知，在马车和马匹方面，无论是法兰西第一帝国，还是复辟的波旁王朝和奥尔良王朝，都比不上第二帝国。法兰西第一帝国、复辟的波旁王朝和奥尔良王朝的君主也没有对皇室设施的这一部分给予如此高的重视。

拿破仑三世和欧仁妮皇后对在杜伊勒里宫举办的舞会十分关注。舞会既有社交意义又有政治意义——在法兰西，一个上流社会的精致舞会可以有多种意义。拿破仑三世有一次笑着说："有人说过，'让我为这个国家作曲，而剩下的听天由命吧。'而我想加上一句，'让我带着巴黎人跳舞，而剩下的都可以交给蒙特马的蹩脚诗人了。'"这些活动十分有趣。

1857年，在外交部举办的化装舞会引起了巨大的反响，而我仍然记得当时的一些细节。亚历山大•科隆纳-瓦莱斯基伯爵打扮成前朝的政治家模样，穿着黑色天鹅绒外套，戴着蓝色的绶带，而他的妻子则像女猎神戴安娜一样出场，身披老虎皮，头戴新月形的宝石，手拿一张弓，肩上背着一个装满了金色的箭的箭筒。许多漂亮的女士穿着各式各样高贵的服装，而她们大多都是官员们的妻子。

西班牙前摄政王玛丽亚•克里斯蒂娜的女儿莎多利卡公主戴着一顶内克帽子，装扮得像路易十六时代的资产阶级女士。西班牙大使的妻子塞拉诺夫人，身着中世纪的服装。玛蒂尔德•波拿巴公主穿着一条蓝色的彩花细锦缎裙子。安娜•缪拉装扮成了旧政权的侯爵夫人。考利女士装扮成俄罗斯贵妇人，穿着一条由金子、华丽的皮毛和许多珍贵的宝石做成的裙子。伯纳德•皮埃尔•马格南身着路易十五时期的猎服。我的母亲弗勒里夫人则模仿玛丽•安托瓦内特时期的贵妇人。

布里戈德公爵夫人是这场舞会最有名的女士之一。布里戈德公爵夫人穿着印第安亚马孙风格的服装和摩洛哥皮革上衣，以及点缀着花、树叶和羽毛的纱裙，而她的长发上有豹头装饰。另一位女士也引人注目——时尚又漂亮的卡斯蒂尔女伯爵弗吉尼亚•奥德修斯装扮得像红心皇后，而她觉得这能够象征自己俘获男人的能力。

很多男士穿着斗篷，戴着面具，而另一些则穿着华丽的服装：瓦迪门斯尼尔先生像查理九世一样穿着金色的天鹅绒外套；德•布列松子爵穿着西班牙风格的服装；阿尔芒伯爵则穿得像路易十五时代的火枪手；德•西龙男爵穿上盛装像瓦卢瓦王朝的侍臣。

这个舞会中另一个引人注目的人物是一个化装成捡破烂的人——他穿着白色的缎子背心、灯笼裤和粉色的袜子，右手拿着银色的钩子，左手拿着灯笼，背后背着一个镀金的篮子，而篮子里装满了栀子花和山茶花。这个捡破烂的人注意到一个穿着斗篷的人慢慢走进这个房间，并且认为那是拿破仑三世。这个捡破烂的人走近拿破仑三世，说道："我正在寻找一个诚实正直的人。我想我已经找到他了。"随后，这个捡破烂的人把灯笼吹灭了。这个诙谐的马屁精是年轻的外交官查里欧伯爵，而他后来小有成就。

虽然大家都知道欧仁妮皇后也在这个舞会里，但没人发现她是如何伪装自己的。有些宾客认为在舞会大厅旁的沙龙里坐着的两位穿斗篷、戴面具的女士是欧仁妮皇后和她的女侍官古斯塔夫·德·蒙特贝洛女伯爵。然而，这些宾客猜错了。装扮成玛丽·安托瓦内特的仆人的圣阿曼德男爵来为“欧仁妮皇后”服务，却发现坐在“欧仁妮皇后”周围的人有外交官、吉尔迪、突尼斯特使和弗朗索瓦·马塞兰·德·康罗贝尔。夜色降临时，那两个穿着斗篷的人不见了。然而，晚餐期间，一个被面具遮住半边脸的波希米亚人脱下斗篷时，人们发现她才是真正的欧仁妮皇后。

1859年，巴黎举行的四场正式的化装舞会分别由杜伊勒里宫、国务部、外交事务部和立法机构筹办。这些化装舞会的作用很大，在当时引起了很大的反响。受邀参加化装舞会的宾客都经过精心挑选，而拿破仑三世、欧仁妮皇后和众议院的议员们不仅都参加了，而且尽最大努力使化装舞会获得了成功。

就外交部举办的化装舞会，我想再多说几句。在杜伊勒里宫以外的地方举办的聚会中，欧仁妮皇后最喜欢的就是在外交部举办的化装舞会，而那时候没人理解为什么欧仁妮皇后喜欢这样。实际上，原因很简单：如果化装舞会在外交部举办，那么用丝缎装饰后的大臣们的办公室就好像变成了女子的闺房，而欧仁妮皇后可以在这里穿上她的斗篷，十分方便。化装舞会的规则就是要穿完全不同风格的服装，包括威尼斯披风或其他面具。

当时，社会上对化装舞会有许多议论——有些虽然是反对这些化装舞会的言论，但都是循规蹈矩的旧派言论。反对者断言，许多令人遗憾的阴谋是通过面具实施的，而面具掩盖着一些见不得人的勾当。这一切都太夸张了。如果化装舞会有阴谋，那么阴谋也只是个意外——许多人根本没有戴面具。这些化装舞会纯粹是一种娱乐，并且在当时很受欢迎。那些很矜持的女人们和那些专注于工作的官员们有时也需要一些娱乐消遣，而服装和化装舞会就能实现这些消遣。在第三共和国统治下，这些古老的习俗已经不被接受，导致人民普遍不再使用面具。因此，公众易于进行批判——批判过去的日子中的一些普遍或流行的做法。然而，那时的大多数人没有在意类似批判或全都按照当时的习俗行事。因此，拿破仑三世和欧仁妮皇后只在前三个化装舞会中戴了面具，穿了斗篷，在杜伊勒里宫的化装舞会上没戴面具。

法兰西财政大臣阿希尔·福德先生及夫人举办的化装舞会是以财务部名义举办的。这场化装舞会上发生了些有趣的事。阿希尔·福德先生及夫人通过杜伊勒里宫的秘密通道进入卢浮宫中财务部举办的化装舞会，导致人们认为他们就是拿破仑三世和欧仁妮皇后。停留了一个小时后，阿希尔·福德先生及夫人离开了，并且对这次大型化装舞会的一切都进行得很顺利感到满意。当时，很多人议论为什么阿希尔·福德先生及夫人来去仓促。然而，很多猜测都是错误的。拿破仑三世善于用眼睛观察事物，说道："我可以看到别人看不到的东西。"

在这个舞会的一个入口处有两位戴着面具的女士，穿着象征战争与和平的服饰。象征和平的女士穿着白色的衣服，头戴橄榄枝环，手拿翠绿的树枝。象征和平的女士把这个树枝交给玛蒂尔德·波拿巴公主，而玛蒂尔德·波拿巴公主回复道："我虽然会接受象征和平的树枝，但不能保证什么。"穿着象征战争的服饰的女士对参加过克里米亚战争的一位将军说道："你能把我的长矛拿来吗？我的职业是战斗。"将军回答道："一枝独秀不是春。"

实际上，国际情况并不稳定。1856年年末，虽然奥地利皇帝弗朗茨·约瑟夫一世访问了意大利，但当地人民没有忘记他是如何施行压迫的。因此，奥地利皇帝弗朗茨·约瑟夫一世受到了极大的冷遇。撒丁岛人经常抱怨奥地利对意大利的政策，导致奥地利受到了很多撒丁岛媒体的骚扰。与此同时，奥地利和法兰西之间的矛盾也日益加剧。1859年1月1日，拿破仑三世对奥地利大使查理·冯·梅特涅先生说："我十分抱歉，法兰西政府和你们的政府的关系不像以前那样要好。然而，请你告诉你的皇帝，我对他的私人情感从没有变过。"奥地利和法兰西之间的矛盾终于达到了高潮。虽然英国派遣了考利勋爵去维也纳化解奥地利和法兰西的矛盾，但他没有完成使命——奥地利、法兰西和撒丁都在积极地筹划战争。在这些动荡的年份，虽然巴黎舞会和其他节日活动增多了，但军事问题越来越突出，并且极大地破坏了社会的安定与和谐。

查理·冯·梅特涅的夫人宝琳·冯·梅特涅和阿塞纳·侯赛叶给19世纪60年代的巴黎社会引入了舞会、音乐等各种娱乐，各种晚会也迅速成为时尚界的潮流。这些娱乐形式最早始于为欧仁妮皇后举办的一个化装舞会。如果我没记错，当时的拿破仑三世穿着威尼斯斗篷，而欧仁妮皇后装扮成了朱诺。舞会设在大使馆的花园里，而花园不仅用一面大镜子装饰着，而且四周挂满了亮蓝色的缎子。在欧仁妮皇后到达前发生了一件滑稽的事情。德·弗勒里厄伯爵装扮成巴黎街头常见的可可小贩，肩上挑着扁担，而箩筐里装满了香槟——这是他准备在舞会上喝的。然而，出乎德·弗勒里厄伯爵意料的是，一些恶作剧者拧开了香槟盖子，导致香槟流了一地。有些人不禁有点愤怒。不少人觉得这场不幸的事故有点可笑。欧仁妮皇后到达前，地上的香槟已经干了，而欧仁妮皇后第二天才得知这件事。

1869年，在奥地利大使馆举行的那场舞会或许是当时最好的政治舞会。这场舞会的女主人穿着黑色的斗篷。爱德蒙·德·普塔莱斯伯爵夫人穿着上好的东方服饰。那晚的音乐把快乐播撒到漂亮又广阔的舞厅的每一处。同一年，在弗里德兰大道，阿塞纳·侯赛叶先生举办了一场著名的舞会，吸引了许多巴黎的明星。

总的来说，在第二帝国时期，外交使节团是一个很重要的团体。拿破仑三世是政治的灵魂人物。大使或大臣都是由君主任命的。外国代表们认为，内阁大臣并不重要——尤其是在一个政权末期时。外国代表们会选择去和法兰西统治者直接会谈并且倾听他的意愿。现已公开的大使们提交给政府的报告充分体现了拿破仑三世与外交使节团的密切联系。实际上，欧仁妮皇后也能对国外发挥很大的影响力。欧仁妮皇后虽然常常陪伴着拿破仑三世并且很容易了解他的所想和所为，但一般不会让外交使团利用自己得到一些信息。只有认为自己已经成为政府政策的急救工具时，欧仁妮皇后才会透露一些信息，而欧仁妮皇后尽可能抓住一切机会让自己成为对法兰西有利的人。

在第二帝国外交使团的成员中，查理·冯·梅特涅夫妇可能是被谈论得最多的人物。查理·冯·梅特涅是个很重要的人物——不仅他是奥地利皇帝弗朗茨·约瑟夫一世很特别的一位朋友，而且他的父亲很有威望。长相英俊、很有礼貌的查理·冯·梅特涅尽力修复着受损的法奥关系。1859年的战役刚结束，查理·冯·梅特涅马上去了巴黎——拿破仑三世邀请了他访问巴黎。此前，在比亚弗兰卡，拿破仑三世就遇见了查理·冯·梅特涅，并且对他有了一些了解。查理·冯·梅特涅对巴黎社会十分了解，很快就找到了杜伊勒里宫并且成为欧仁妮皇后的好朋友。作为一名外交家，查理·冯·梅特涅不仅不怕吃苦、八面玲珑、讨人喜欢，而且在当时很有影响力。1866年，查理·冯·梅特涅努力争取到了拿破仑三世对奥地利的支持。1870年，查理·冯·梅特涅做了一件很有价值的事情，而这件事让法兰西清楚地看到了奥地利援助法兰西的可能性。然而，实际上，是查理·冯·梅特涅的夫人宝琳·冯·梅特涅让查理·冯·梅特涅成为第二帝国时期最有名的男人。率领着外交使团的女特遣队的宝琳·冯·梅特涅或许是杜伊勒里宫里被谈论最多的女人。虽然宝琳·冯·梅特涅的五官一点也不美，有点溜肩，但天生的优雅就藏在这些生理缺陷中，而敏捷的头脑和巧妙的谈话技巧使她成为一名有能力又有名气的女人。宝琳·冯·梅特涅动作大胆，想象力丰富，说话直白，喜欢唱朗朗上口的小曲，而这些小曲中的很多都是当时非常著名的歌星特丽莎的剧目中的。虽然有人说宝琳·冯·梅特涅和特丽莎是

特丽莎

很亲近的朋友，但这种说法毫无根据。宝琳•冯•梅特涅对这些歌曲很感兴趣，而这让特丽莎很骄傲。宝琳•冯•梅特涅是贡比涅宫的常客，而拿破仑三世和欧仁妮皇后都很喜欢查理•冯•梅特涅夫妇。宝琳•冯•梅特涅不仅喜欢组织猜哑谜，而且在服装搭配方面也有明显的天赋。宝琳•冯•梅特涅提出过很多建议，而这些建议从未引起冲突或矛盾。宝琳•冯•梅特涅在某些方面的行为受到了批评——她注重外表时尚，而在行为举止方面则有些不拘小节。我还记得一件小事——请容我在此简单叙述。

像往常一样，宝琳•冯•梅特涅正在排练一个叫《乡村午餐》的小话剧。德•佩尔西尼伯爵夫人是女演员之一，而她有自己的想法。德•佩尔西尼伯爵夫人对自己出演的角色和服装都不满意——她希望通过展示自己漂亮的头发使自己出演的角色更有分量。

宝琳•冯•梅特涅说道："谁听说过在乡村野餐中一个女仆会把自己的长发披在肩上？"

"她们喜欢这样做就这样做啰，"德•佩尔西尼伯爵夫人回答道，"再说了，我们在表演是为了从中获得乐趣的，而展示我的长发能使我快乐。"

"那就不要出现在这个场景里。"宝琳•冯•梅特涅厉声答道。宝琳•冯•梅特涅开始有些生气了，并且把这件不开心的事告诉了欧仁妮皇后。由于平日里最讨厌因一些小事引起的争吵和闲聊，欧仁妮皇后试图躲开。然而，考虑到有关人员的关系，欧仁妮皇后必须说点什么。因此，欧仁妮皇后对宝琳•冯•梅特涅说道：

"我的建议是你让德•佩尔西尼伯爵夫人保留她自己的想法。她想做的说不定会取得好的成效。还有，你应该记住，她母亲是有点古怪的。因此，请你对她宽容点。"

宝琳•冯•梅特涅的回复也有点奇怪：

"这样说来，如果德•佩尔西尼伯爵夫人的母亲有点怪，那么我的父亲也是啊。因此，我根本不打算屈服。"

众所周知，宝琳•冯•梅特涅的父亲桑德尔伯爵因他的怪癖而著名。桑德尔伯爵热爱马术，而他的很多故事都与他的马术绝技有关。桑德尔伯爵经常掉下马。据说，桑德尔伯爵的脑子也是因为骑马摔坏的。此外，有一天，骑马去多瑙河时，桑德尔伯爵还跌伤了背。

宝琳·冯·梅特涅表演得非常好，曾在贡比涅的一次戏剧表演上获得了巨大成功，她始终保持着对戏剧表演的热爱——从法兰西回来后，她仍然常在查理·冯·梅特涅位于维也纳的家中举行戏剧表演。

宝琳·冯·梅特涅不仅很喜欢背诵，而且能流利地背诵马丁·纳多的每首简单却感人的诗歌。宝琳·冯·梅特涅对音乐的爱好不仅没有局限于特丽莎，而且为瓦格纳最终进入巴黎做了许多准备工作。《汤豪舍》第一次在巴黎剧院上演时，有很多人发出了嘘声——法兰西人中有很支持这部戏剧的，也有强烈反对的。宝琳·冯·梅特涅曾说道："我会尽我最大的努力去保全瓦格纳的荣誉。"

马丁·纳多

在巴黎的这些年，无论是社会事务还是政治事务，查理•冯•梅特涅都十分活跃。虽然奥地利刚被法兰西打败了，但正像我说过的那样，查理•冯•梅特涅夫妇表现出了一贯老练的社交能力，并且很快在巴黎建立了自己的圈子，而这个圈子中都是上流社会的重要人物，举办的晚宴、舞会、戏剧表演和招待会一场接一场。查理•冯•梅特涅夫妇打扮得很优雅，而那些被邀请的宾客也受到了盛情的款待。拿破仑三世和欧仁妮皇后不仅经常应邀去奥地利大使馆，而且尽他们所能给这个愉快的地方带去了欢乐。

第二帝国的宫廷的道德和礼节常受到毫无根据的攻击。查理•冯•梅特涅的夫人宝琳•冯•梅特涅受到的指责常多于她应负的责任，而这不仅是因为她的做事和说话方式，而且是因为她的声望。造谣者总是对领导人进行残酷攻击，而拿破仑三世和欧仁妮皇后都是这些批评的牺牲品。谣言成了反对宫廷的方式，导致许多诽谤就应运而生。这些谣言全是恶意的夸张说辞，而造谣者根本给不出细节。这些造谣及恶意中伤令欧仁妮皇后悲伤不已，所以这一章中，我不止一次地提到这个令人不愉快的话题，并且希望世界不仅从此变得更加公正，而且再也没有极端的事情发生。

查理•冯•梅特涅夫妇的一个好朋友是意大利大使的骑士。这位骑士后来成为尼格拉伯爵科斯坦蒂诺。尼格拉伯爵科斯坦蒂诺的出身并不好，但他的个人能力及加富尔伯爵卡米洛•本索给予的信赖与支持使他取得了卓越的成绩。对待女士时，尼格拉伯爵科斯坦蒂诺很绅士，说话有分寸，行为举止颇有礼貌，而这使他在杜伊勒里宫很受欢迎。枫丹白露不仅有尼格拉伯爵科斯坦蒂诺的身影，而且留下了最愉快的回忆。有一次，在湖边举行的一次游艇聚会上，尼格拉伯爵科斯坦蒂诺不仅展现了特别好的嗓音，而且优雅的举止和皮埃蒙特口音吸引了其他人。第一次看到尼格拉伯爵科斯坦蒂诺时，我不认为他是因伯爵尊贵的身份而吸引了众人。尼格拉伯爵科斯坦蒂诺对欧仁妮皇后很友好。尼格拉伯爵科斯坦蒂诺不仅知道欧仁妮皇后关注意大利的宗教问题，而且尽其所能在这方面协助着她。1870年的战争爆发的那一刻，尼格拉伯爵科斯坦蒂诺知道无法指望意大利与法兰西站在一边——法兰西不同意意大利开出的条件，即废除罗马教皇并且让维托里奥•埃马努埃莱二世来统治以确保罗马成为意大利的首都。尼格拉伯爵科斯坦蒂诺犹豫不决——他虽然想宣布他自己对法兰西的忠诚，但不想损害自己的政府。我知道尼格拉伯爵科斯坦蒂诺是一个忠心和诚恳的人，并且对第二帝国的衰落和拿破仑三世的不幸感到痛心。欧仁妮皇后永远不会忘记，1870年9月4日革命爆发时，尼格拉伯爵科斯坦蒂诺和查理·冯·梅特涅是如何冒着生命危险帮助她逃离巴黎的。这些内容将在后续内容中叙述。

在巴黎，与尼格拉伯爵科斯坦蒂诺站在同一边的是一位半官方的外交官，即威马凯迪伯爵。威马凯迪伯爵不仅与拿破仑·热罗姆是很好的朋友，而且经常去玛蒂尔德·波拿巴公主的沙龙。威马凯迪伯爵常常为杜伊勒里宫和都灵内阁传达机密信息。威马凯迪伯爵虽然和蔼可亲，但有点唠叨。在战争前夕，威马凯迪伯爵带来了维托里奥·埃马努埃莱二世的旨意，说意大利会在几个月后支持法兰西。意大利究竟是如何做的已无须我来回答。意大利人应该想想，其在指望第二帝国帮助他们摆脱奥地利的枷锁时，拿破仑三世是如何做的。

说到俄国大使馆，就要说一说莉莎女士了。莉莎女士是俄国军事共济会的保罗·舒沃尔夫伯爵的夫人的妹妹，后来不仅成了俄国有头有脸的人物，而且作为大使访问了德意志。保罗·舒沃尔夫伯爵的夫人最初的名字是贝雷萨斯艾。保罗·舒沃尔夫伯爵的夫人虽然是一位优雅友好的女士，但身体有点虚弱。保罗·舒沃尔夫伯爵的夫人得体的举止和亲和态度使她在俄国和德意志都拥有很多朋友。莉莎女士不仅参与政治活动，而且所办的沙龙在社会有一定影响。莉莎女士人脉广阔，和整个国家有地位的人都有着密切的联系，并且企图在这个王朝占有一席之位。

在整个第二帝国时期，英国驻法兰西大使都是考利勋爵。考利勋爵是拿破仑三世的老朋友，无论是在杜伊勒里宫还是在贡比涅宫，考利勋爵夫妇都很受欢迎。考利勋爵和倒台后的拿破仑三世仍是好朋友，并且经常去拜访拿破仑三世和欧仁妮皇后。考利勋爵的细心让英法两国的君主都很感动。

从华盛顿来到巴黎的里昂勋爵一直跟随着拿破仑三世和欧仁妮皇后，直到第二帝国末期。在美国南北战争时期，里昂勋爵巧妙地处理了美英事务。拿破仑三世永远不会忘记自己在美国的早期岁月。有一次，里昂勋爵对拿破仑三世描述了美国国务卿的情况，而这位国务卿很有能力，并且在困难时期很好地处理了美国的外交事务及墨西哥问题。

保罗·舒沃尔夫伯爵

贝雷萨斯艾

欧仁妮皇后对丹麦大臣冯·蒙特-霍迪福很感兴趣，而究其原因有两个：第一，冯·蒙特-霍迪福迷人的妻子是萨克森驻巴黎的一位大臣的女儿，而她举止优雅，备受社会各界的追捧；第二，冯·蒙特-霍迪福的家族不仅具有显赫的地位，而且其中一人娶了波拿巴上校的女儿，即热罗姆·波拿巴的孙女。波拿巴上校虽然是美国籍，但不仅曾在法兰西军队服役，而且与拿破仑三世和欧仁妮皇后的关系很好，曾经常去奇泽尔赫斯特拜访他们。

普鲁士大臣科尔马·弗雷赫·冯·德·戈尔茨伯爵在巴黎也很受欢迎。科尔马·弗雷赫·冯·德·戈尔茨伯爵非常健谈，很受女士们欢迎，而欧仁妮皇后格外喜欢他讲的社会趣闻。人们经常说，科尔马·弗雷赫·冯·德·戈尔茨伯爵如果不是

科尔马·弗雷赫·冯·德·戈尔茨伯爵

身体欠佳，那么本可以阻止1870年的战争发生。虽然这个问题可能讲不完，但我知道，早在1868年，科尔马·弗雷赫·冯·德·戈尔茨伯爵就预见了这场风暴，毫不犹豫指出了奥托·冯·俾斯麦的阴谋，希望阻止奥托·冯·俾斯麦的恶行，并且表示了对两个国家建立同盟关系的深切盼望。多年之后，拿破仑三世和欧仁妮皇后还是会时常谈起高尚的科尔马·弗雷赫·冯·德·戈尔茨伯爵，并且夸赞他为和平做出的崇高奉献。

虽然对这些外交官们的讲述可能有些不合理，但请容我最后讲一位俄国女大使。这位俄国女大使是贵妇多萝西娅·冯·本肯多夫。多萝西娅·冯·本肯多夫几乎认识当时社会上所有的重要男士。欧仁妮皇后即将嫁给拿破仑三世的前一

多萝西娅·冯·本肯多夫

天，查理·德·莫尼伯爵把欧仁妮皇后带到了多萝西娅·冯·本肯多夫的沙龙。查理·德·莫尼伯爵对欧仁妮皇后说：“你必须让多萝西娅·冯·本肯多夫站在你这一边——她能够影响整个欧洲的宫廷，而这将对我们有利。”在第一次拜访之后，欧仁妮皇后就在记录本上记录了多萝西娅·冯·本肯多夫：“一个个子很高、瘦削、年老干瘪、面色严峻的老妇人。”当时已经六十七岁的多萝西娅·冯·本肯多夫已经丧失了往日的魅力与优雅。多萝西娅·冯·本肯多夫虽然很欢迎欧仁妮皇后，但对欧仁妮皇后即将嫁给拿破仑三世感到十分诧异。

第14章

欧仁妮皇后的侍从班

本书中的许多事件和感想都是基于当时描述事件发生情况的手稿，而本章亦是如此。在接下来的部分中，我会介绍欧仁妮皇后的几个朋友和助手。如果忽视了一些名字，那么请原谅我——这种错误的确难以避免。本章中介绍的这些人不仅在欧仁妮皇后辉煌时期都很忠于她，而且在欧仁妮皇后被流放后也没有忘记她。此外，在本章中，我也会谈及一些宫殿和朝廷仪式的细节。我听说，由于法兰西多年来一直处在共和国制度下，新一代的人们对一些过去的风俗习惯的描写饶有兴趣，而这就是为什么我要在此花费些笔墨来描述一些原本可能看起来很琐碎的事情。

欧仁妮皇后的侍从班没有与拿破仑三世的合并，而是附属于拿破仑三世之下。虽然拿破仑三世和欧仁妮皇后的侍从班的构成人员不同，但实际上，欧仁妮的男管家和女管家只出席那些要求他们出席的仪式，而其他的所有事情，比如晚饭、音乐会、舞会的邀请都由拿破仑三世的侍从班负责。然而，有一件事情是例外——欧仁妮皇后参加的星期一夜晚的舞会是由自己的管家处理。管家不负责欧仁妮皇后的通信往来，以及给慈善团体筹款等这样的事情——这些都由欧仁妮皇后的私人秘书执行。管家也不负责管理欧仁妮皇后的衣橱——这是由直接接受欧仁妮皇后命令的波莱太太掌管的。虽然成对轮候贵妇人们在宫殿里实际要做的事情比较少，但她们的地位是比较荣耀的。每天——大约1时许，一辆有篷的马车会去贵妇人家接她们。后来，这辆有篷的马车变成了四轮马车。贵妇人们达到时，管家们、陪读们及其他侍者们已经在大厅待命了。宫殿里的贵妇人先介绍来访的女士们，而管家们会介绍来访的绅士们。欧仁妮皇后不喜欢太多的接见活动。在法兰西第二帝国末期，常来拜访欧仁妮皇后的是她的侄女——第六代穆西公爵夫人即讨人喜欢的安娜•缪拉、塞西尔•德莱塞茨的夫人及女儿纳代拉克伯爵夫人。在拿破仑三世的统治开始前，欧仁妮皇后和塞西尔•德莱塞茨的夫人就是朋友——那时的欧仁妮皇后还是个小孩子。鉴于塞西尔•德莱塞茨的夫人的政治主张，她一般都在宫廷外私下拜访欧仁妮皇后。无论何时，欧仁妮皇后都欢迎波拿巴家族的公主们和第十五代阿尔瓦公爵夫人玛丽亚•德•萨莱斯•波托卡雷罗•基尔巴特里克及女儿们的到来。

欧仁妮皇后外出并且需要座驾时，宫廷里的规矩如下。首先，欧仁妮皇后找到聚集在管家大厅里的贵妇人们。听命于“重要任务”的贵妇人和管家们会陪同欧仁妮皇后一起乘坐马车，而听命于“次要任务”的贵妇人们乘坐另一辆马车。如果欧仁妮皇后和拿破仑三世一同外出，那么副官和重要的官员们要和他们二人同坐一辆马车，而贵妇人们要坐在第二辆马车上。有时，外出的欧仁妮皇后很晚才回来时，贵妇人们会在管家大厅读书或做刺绣并且等待欧仁妮皇后。如果欧仁妮皇后没有外出，那么轮候贵妇人们就可以外出或坐马车回自己家。然而，晚饭时，贵妇人要再一次返回杜伊勒里宫。晚饭和夜晚的聚会结束后，贵妇人们再一次乘坐马车回家。慈善团体的拜访一般在早晨，而这时会有一个轮候贵妇人陪同欧仁妮皇后。

在聚会上，贵妇人们总是穿着低领裙子，而欧仁妮皇后也一样。在普通场合，贵妇人们虽然也是穿同样的衣服，但不戴珠宝首饰。贵妇人们会把徽章别在连衣裙的左侧。徽章是由蓝色瓷釉做成的，上面用钻石嵌着欧仁妮皇后的大写名字，而字母上面有皇冠图案。轮候的贵妇人和其他的一些夫人们会在自己的衣服上绑上相同的缎带，并且戴着一个双面徽章，而这个徽章一面刻有拿破仑三世的肖像，另一面刻有欧仁妮皇后的肖像，两个肖像都是用钻石框起来的。皇太子的家庭女教师也佩戴着同样的徽章。

现在，我要介绍一下欧仁妮皇后侍从班的其他一些女士。陪读女士要在轮候贵妇人之前到达。陪读女士虽然负责读书给欧仁妮皇后听，但不会经常这样做——欧仁妮皇后更喜欢自己读书。实际上，我可以很公正地说，欧仁妮皇后是一个嗜书如命的人，而如果让别人来给她读一本书，那么这反倒会让她很不舒服。首先，欧仁妮

欧仁妮皇后和她的侍从们

皇后觉得，对年轻的小姐来说，做这件事是十分乏味的——她年轻时也经历过，知道做这件事会让人很疲劳。其次，欧仁妮皇后喜欢略读一本书的一些部分并且读好几遍其他部分，而通过听别人读书则不能这样随意选择。因此，在一定程度上，杜伊勒里宫的陪读女士是个挂名职务。轮候贵妇人到达后，陪读女士会离开——这已经成了一种惯例。

欧仁妮皇后也有一些年轻的轮候贵妇人，而其中一个要在上午陪同欧仁妮皇后去修道院和慈善机构。有时，这些年轻的轮候贵妇人会去参加展览，而管家偶尔也会参加。这些年轻的轮候贵妇人还有一项特殊的任务，即认真将所有现在或者未来有价值的信函、文档和各种文件进行归档。因此，在写这部作品时，我发现自己可以找到一些对我的写作颇有价值的文献。虽然在第二帝国末期，由于时局动荡，一些文档和许多其他形式的文件已经丢失了，但我们设法保存了大部分原稿。

欧仁妮皇后侍从班的大夫人是在欧仁妮皇后婚礼时被挑选出来，并且可以一直待在这个轻松的职位上直到改朝换代。就任大夫人一职的是埃斯灵女公爵安妮·德贝尔，即让-弗朗索瓦·约瑟夫·德贝尔的女儿和著名的安德烈·马塞纳的儿子弗朗索瓦·维克托·马塞纳的遗孀。埃斯灵女公爵安妮·德贝尔不仅长着一张十分讨人喜欢的脸，而且有一头茂密的卷发。埃斯灵女公爵安妮·德贝尔虽然举止有点冷漠严苛，但内心十分善良。无论是在巴黎还是要外出，埃斯灵女公爵安妮·德贝尔都有一个习惯，即每天都会去杜伊勒里宫，并且在离开时都会专门去了解欧仁妮皇后有什么需要。埃斯灵女公爵安妮·德贝尔会以受邀的形式出席所有重要的正式活动，比如招待会或者晚宴。客人的名字对女主人——尤其是像欧仁妮皇后这种地位的女主人总是十分重要的。在慌张的一瞬间，一个人可能会忘记一个很熟悉的名字。埃斯灵女公爵安妮·德贝尔曾多次帮助欧仁妮皇后避免犯错或者因疏漏和过失而自责。多次重大的社交活动后，欧仁妮皇后都会热情地感谢埃斯灵女公爵安妮·德贝尔提供的机智又宝贵的支持。埃斯灵女公爵安妮·德贝尔是欧仁妮皇后从鼎盛时期直至末期的好朋友，为欧仁妮皇后做了许多事，而她那高雅的又不拘一格的沙龙是最吸引人的巴黎政治中心之一。埃斯灵女公爵安妮·德贝尔的一个孙子娶了欧仁妮皇后的一个侄女，而这成为她们之间的又一纽带。

轮候的贵妇人中有一位是风姿绰约的第三代德·巴萨诺公爵拿破仑·雨果·查尔斯·玛丽·吉斯兰·马雷特的夫人波琳·德·巴萨诺波琳·玛丽·吉斯莱恩。第三代德·巴萨诺公爵夫人波林·德·巴萨诺波琳·玛丽·吉斯莱恩履行职责十分谨慎。正如我早先提到的，第三代德·巴萨诺公爵夫人波林·德·巴萨诺波琳·玛丽·吉斯莱恩和自己的丈夫拿破仑·雨果·查尔斯·玛丽·吉斯兰·马雷特吸引了许多优秀的私人朋友去杜伊勒里宫，并且让他们重视这个年轻的政权。拿破仑三世和欧仁妮皇后对第三代德·巴萨诺公爵夫妇十分感激——他们尽职尽责，为帝国做了许多贡献。第三代德·巴萨诺公爵及夫人住在杜伊勒里宫，并且举行了许多聚会，得到了许多资产阶级精英的欣赏。由于很欣赏第三代德·巴萨诺公爵夫人波林·德·巴萨诺波琳·玛丽·吉斯莱恩做的事，欧仁妮皇后经常出席这些精致的小聚会。因此，1868年，对宫廷里的人们来说，第三代德·巴萨诺公爵夫人波林·德·巴萨诺波琳·玛丽·吉斯莱恩的去世是一个沉重的打击，而整个宫廷都在为她沉痛哀悼。第三代德·巴萨诺公爵夫人波林·德·巴萨诺波琳·玛丽·吉斯莱恩的一个女儿嫁给了伊斯皮琉斯侯爵。伊斯皮琉斯侯爵不仅是一位杰出的骑兵军官，而且是皇太子的副官。因此，第三代德·巴萨诺公爵夫人波林·德·巴萨诺波琳·玛丽·吉斯莱恩和欧仁妮皇后的关系也就更亲近了。

第三代德·巴萨诺公爵拿破仑·雨果·查尔斯·玛丽·吉斯兰·马雷特比自己的妻子更长寿一些。法兰西第二帝国没落后，第三代德·巴萨诺公爵拿破仑·雨果·查尔斯·玛丽·吉斯兰·马雷特随拿破仑三世和欧仁妮皇后一起被流放了。第三代德·巴萨诺公爵拿破仑·雨果·查尔斯·玛丽·吉斯兰·马雷特是对拿破仑三世最忠心的人之一。拿破仑三世去世后，他把这份忠心转移到了欧仁妮皇后身上。欧仁妮皇后失去皇太子时，第三代德·巴萨诺公爵拿破仑·雨果·查尔斯·玛丽·吉斯兰·马雷特花费了将近一年的时间陪伴她——只有偶尔为了看望自己的孩子时，他才会离开。欧仁妮皇后要去好望角进行悲伤的朝圣之旅时，虽然第三代德·巴萨诺公爵拿破仑·雨果·查尔斯·玛丽·吉斯兰·马雷特希望能陪欧仁妮皇后一起去，但欧仁妮皇后认为这次航行对一个像他这样年纪的人来说时间过长。最终，欧仁妮皇后同意让第三代德·巴萨诺公爵拿破仑·雨果·查尔斯·玛丽·吉斯兰·马雷特的儿子，即德·巴萨诺侯爵代替他陪伴着她。的确，对第三代德·巴萨诺公爵拿破仑·雨果·查尔斯·玛丽·吉斯兰·马雷特来说，年龄是个问题，而这个问题导致他只能退出宫廷，去享受他的女儿，即伊斯皮琉斯侯爵夫人的精心照顾。在女儿舒适的家中，这位第二帝国忠诚的侍从于九十四岁高龄时去世。第三代德·巴萨诺公爵拿破仑·雨果·查尔斯·玛丽·吉斯兰·马雷特的富有魅力的性格一直持续到了他生命最后一刻。第三代德·巴萨诺公爵拿破仑·雨果·查尔斯·玛丽·吉斯兰·马雷特不仅能回忆很早的事情，而且凡涉及过去的事情他都能以十分有趣的方式讲述。第三代德·巴萨诺公爵拿破仑·雨果·查尔斯·玛丽·吉斯兰·马雷特总是很愉快地回忆起自己还是个小孩子时，拿破仑一世曾经轻轻地拍过他的脸。第三代德·巴萨诺公爵拿破仑·雨果·查尔斯·玛丽·吉斯兰·马雷特曾经见证过两位法兰西皇帝的光辉时刻，而他去世后，每次提到他时，欧仁妮皇后都带着深厚的感情。

虽然几乎所有的贵妇人都去世了，但她们永远都在我的记忆深处。无论是和平时还是在混乱中，这些贵妇人都是如此忠诚。我永远忘不了欧仁妮皇后的好朋友——美丽大方、和蔼可亲的古斯塔夫·德·蒙特贝罗伯爵夫人。失去可爱的小女儿时，古斯塔夫·德·蒙特贝罗伯爵夫人不仅伤心不已，而且变得孤僻——整个宫廷都敏锐地感觉到，这个圈子里少了一位性格开朗的成员。古斯塔夫·德·蒙特贝罗伯爵夫人的丈夫被派去罗马执行保护教皇的命令时，古斯塔夫·德·蒙特贝罗伯爵夫人很快受到罗马人民欢迎——其程度就像在巴黎一样。然而，古斯塔夫·德·蒙特贝罗伯爵夫人从来没有忘记过欧仁妮皇后。每年，古斯塔夫·德·蒙特贝罗伯爵夫人都返回宫殿待上一段时间，来履行自己的责任。1870年，在古斯塔夫·德·蒙特贝罗伯爵夫人生病期间，欧仁妮皇后经常去拜访她。古斯塔夫·蒙特贝罗伯爵夫人离世后，欧仁妮皇后有一种前从未有过的感觉——在世界的另一边，有一位新朋友在等着她。

我早先已经提到过德·皮埃尔男爵，而他的夫人出生在美国，是一位非常优秀的女骑士，而欧仁妮皇后骑行或狩猎时，德·皮埃尔男爵夫人总是陪在她左右。在成为皇后前，欧仁妮皇后就认识德·皮埃尔男爵夫人——当时，德·皮埃尔男爵的岳父索恩先生是美国的一位著名人物，并且深受第二帝国的欢迎。欧仁妮皇后总是不断练习英语，仿佛已经预知到了有一天她会被迫到一个说英语的国家生活。德·皮埃尔男爵夫人说的英语不仅带有美国口音，而且有一些词——尤其是一些独特的美国俚语，是她从大西洋另一边学来的。有时，德•皮埃尔男爵夫人会在讲话时运用一些俚语，而这些俚语不仅对欧仁妮皇后有着特殊的吸引力，而且很讨杜伊勒里宫的人喜欢。

克里米亚战争导致几位杰出的夫人进入了欧仁妮皇后的侍从班，而其中一位是德•洛梅尔伯爵夫人。德•洛梅尔伯爵夫人是远征中被杀的上校的遗孀。同时，另外两个不幸的英雄上校的遗孀，即布兰希恩夫人和比佐太太，被任命为皇太子的保姆助理。在克里米亚战争中去世的布吕阿的遗孀是皇太子的保姆兼首席女教师。洛梅尔伯爵夫人是一个非常友善的人。实际上，上述提到的夫人们都是不幸的战争的受害者，而相比于欧仁妮皇后，这些战争总是离她们更近。过去，拿破仑三世常常把这些妇人比作高贵的女性伤残军人。

轮候贵妇人中举止最端庄、思想最文雅的应该是阿方斯•德•雷尼瓦尔伯爵夫人。阿方斯•德•雷尼瓦尔伯爵夫人虽然是一位女牧师，但不是修女。阿方斯•德•雷尼瓦尔伯爵夫人将对宗教的热情与对世界的认知统一了起来，而这是她独一无二的标志。欧仁妮皇后对阿方斯•德•雷尼瓦尔伯爵夫人的内在性格很感兴趣。欧仁妮皇后曾经提到过阿方斯•德•雷尼瓦尔伯爵夫人："一个真正虔诚的女性却知道上流社会的生活方式——她是这个世界上近乎完美的存在。"

出生于世家庄园的德•玛拉雷特男爵夫人是一位享有很多荣誉的夫人。德•玛拉雷特男爵夫人举止优雅，脾气温和，交际广泛。著名的钱币学家的妻子德•费利克斯•德•索西太太是一位非常虔诚和智慧的女性。在曾经的谈话中，拿破仑三世提到德•费利克斯•德•索西太太时说："如果宫廷里有圣人的话，那么其中一定有她。"其他的贵妇人还有莱弗夫尔•诺蒂斯的女儿德•桑西-帕拉贝雷夫人。德•桑西-帕拉贝雷夫人的沙龙是一个中立之地，而新旧朝廷的人都会参加这个沙龙。此外，还有霍施兰博侯爵的两个女儿，而她们不仅同一天进入法兰西第二帝国皇室侍从班，而且其中一人后来成为贝都因伯爵夫人。贝都因伯爵夫人有着引人注目并且为整个宫廷赞赏的姣好面容。贝都因伯爵夫人的两个儿子，即劳伦特和基尼，都是皇太子亲密的朋友。在第二帝国末期，贝都因伯爵夫人失去了丈夫，并且嫁给了拿

爱德华·莫蒂尔

破仑三世的副官和朋友埃德加·内伊公爵。霍施兰博侯爵的另一个女儿是普安则伯爵夫人，她为人风趣乐观，经常陪伴欧仁妮皇后参加各种各样的旅行。我写这本书时，普安则伯爵夫人仍然在世。图尔·蒙伯格侯爵夫人也是欧仁妮皇后早期出行的伴侣之一。图尔·蒙伯格侯爵夫人是爱德华·莫蒂尔的孙女。当菲埃斯基想要谋杀路易·菲利普一世时，爱德华·莫蒂尔为了救后者而被杀害。维里-科恩迪尔男爵夫人的丈夫成为名誉管家——实际上，所有轮候贵妇人们的丈夫都拥有这个头衔，而这使他们能进入杜伊勒里宫这个圈子。

我要多说说最受喜爱的夫人之一，即已故的阿瓜多子爵夫人。去世时，阿瓜多子爵夫人已经八十多岁了。欧仁妮皇后很了解阿瓜多子爵夫人的第一任丈夫——他死在一家疯人院里。第一任丈夫死后，阿瓜多子爵夫人嫁给了自己的姐夫。阿瓜多子爵夫人出身麦克唐纳家族，和塔列朗、蒙莫朗西和其他法兰西旧时的贵族大家庭都有关系。多年以来，阿瓜多子爵夫人的沙龙是巴黎上层社会的聚会点之一。阿瓜多子爵夫人家里很富有，不仅在塞纳河边拥有一座很豪华的狩猎庄园，而且在爱丽舍大道有一座很大的可以俯瞰爱丽舍宫花园的市内宅邸。

另一位值得一提的贵妇人就是卡雷特太太，即皮埃尔·弗朗索瓦·艾蒂安·布韦的孙女。在陪同拿破仑三世访问布列塔尼时，欧仁妮皇后就被卡雷特太太非同一般的美貌吸引。起初，卡雷特太太是一个陪读。后来，卡雷特太太成了欧仁妮皇后的侍从班中的一位贵妇人。卡雷特太太经常陪伴欧仁妮皇后进行各种旅行和官方访问。拿破仑三世、欧仁妮皇后和卡雷特太太一起出行到纽夏特时，事故正好发生在他们身上——受惊的马匹给他们带来了巨大的危险。很不幸，卡雷特太太的胳膊摔断了。

马里恩太太是一位上校的女儿，也是欧仁妮皇后侍从班的贵妇人之一。1870年战争开始不久前，马里恩太太嫁给了克拉里公爵。克拉里公爵虽然是拿破仑三世的侍从班成员，但后来，为了能全身心地辅佐皇太子，辞去了这个职务并且成了皇太子的副官。克拉里公爵跟随皇室被放逐，后来成为法兰西皇室负责人。在莫斯科患了严重的肝病并且饱受了巨大的折磨后，年纪轻轻的克拉里公爵去世了。克拉里公爵是一个有智慧的顾问、忠诚的朋友，而他的死对皇太子和所有人都是一个巨大的损失。克拉里公爵的儿子不仅很早就是欧仁妮皇后的随从了，而且总是和欧仁妮皇后待在一起，陪伴她出行。克拉里公爵的儿子为欧仁妮皇后最后一次去埃及参观和1908年的印度之行做了很多的工作。

现在让我来介绍欧仁妮皇后的侍从班的男性成员。塔契·德·拉·帕热里伯爵是欧仁妮皇后侍从班的“大当家”。塔契家族有法兰西血统，并且在18世纪移民到了马提尼克。塔契·德·拉·帕热里伯爵是一个非常正直、受人尊敬的人。1802年，塔契·德·拉·帕热里伯爵来到了法兰西，而后来，拿破仑一世把他送到了枫丹白露的军事学校。在第一帝国时期上过战场后，塔契·德·拉·帕热里伯爵变得很有名气，并且于1808年成为伯爵。塔契·德·拉·帕热里伯爵不仅把皇太子的利益看成自己的利益，而且跟随皇太子去了巴伐利亚。1852年，塔契·德·拉·帕热里伯爵被拿破仑三世召回，成了议员并且做了欧仁妮皇后侍从班的“大当家”。可以说，塔契·德·拉·帕热里伯爵是一个很重要的历史人物。拿破仑三世和欧仁妮都很喜欢和塔契·德·拉·帕热里伯爵聊天。兴致高时，塔契·德·拉·帕热里伯爵可以讲出重大事件中最有趣的部分和过去的伟大人物。拿破仑三世总是能在谈论过去的人的过程中找到独特的快乐——这让他感觉距离记忆中的拿破仑一世很近。塔契·德·拉·帕热里伯爵十分喜欢听到拿破仑三世询问拿破仑一世的外表、行为及想法等——这会令塔契·德·拉·帕热里伯爵感到很欣慰。多年来，拿破仑三世的确一直会询问与拿破仑一世相关的事情。最终，拿破仑三世的脑海里能清楚地浮现出当时的景象，仿佛拿破仑一世就在他眼前——他甚至会感觉自己与拿破仑一世在同一个世界里。在法兰西紧随时代潮流的一代人中，没有人能像拿破仑三世一样富有激情和活力，帕热里家族在这方面的贡献可不小。正由于此，欧仁妮皇后总是对帕热里家族的人有一种特别的喜爱。

塔契·德·拉·帕热里伯爵的任务——实际上只是名义上的，是每天来执行欧仁妮皇后的命令。塔契·德·拉·帕热里伯爵夫妇住在杜伊勒里宫马尔桑亭楼里。因为痛风，塔契·德·拉·帕热里伯爵承受了巨大的痛苦。值班时，几乎看不出来他很痛苦。塔契·德·拉·帕热里伯爵夫人虽然会对自己的亲密朋友开放沙龙，但实际上非常喜欢宁静的生活——熟悉她的朋友们喜欢称她为“静静夫人”。塔契·德·拉·帕热里伯爵夫妇有两个女儿。塔契·德·拉·帕热里伯爵夫妇的第一个女儿有一个日耳曼语名字，即瓦尔德纳-弗罗因多斯坦伯爵夫人。塔契·德·拉·帕热里伯爵夫妇的第二个女儿斯蒂芬妮·德·博哈尼伯爵夫人是巴伐利亚州的一位女牧师，性格十分开朗，并且富有才华，在设计化装舞会的方阵舞曲上特别有一套。她把杜伊勒利宫的跳跃舞步换成了跺脚，这极具创意，使气氛十分欢乐。

拿破仑三世曾对斯蒂芬妮·德·博哈尼伯爵夫人做过这样的评论：“斯蒂芬妮·德·博哈尼伯爵夫人写了很多风趣幽默的回忆录，并且在自己有生之年就发表了。然而，出于对家族的担心，斯蒂芬妮·德·博哈尼伯爵夫人采用的是保罗·格罗特的名义。在某些程度上，斯蒂芬妮·德·博哈尼伯爵夫人确实可以算巴拉丁公主。由于说法语时有明显的德意志口音，斯蒂芬妮·德·博哈尼伯爵夫人的话语十分有趣，总是能逗我发笑。斯蒂芬妮·德·博哈尼伯爵夫人虽然喜欢放纵自己去嘲笑别人，但她本质上不是一个坏心眼的人，也算不上长舌妇。斯蒂芬妮·德·博哈尼伯爵夫人的语言虽然经常能带来很多欢乐，但在某些时候，也有点令人难堪。斯蒂芬妮·德·博哈尼伯爵夫人那典型的日耳曼人倾向，她与奥古斯塔皇后，以及许多德意志王子和公主的公开通信，导致她在法兰西人的圈子里遭到了一定的怀疑。斯蒂芬妮·德·博哈尼伯爵夫人同时与两个国家来往密切——一个是她出生长大的地方，而另一个是她姐姐结婚的地方。虽然人们觉得斯蒂芬妮·德·博哈尼伯爵夫人同两个国家之间的密切联系似乎带来了某种危害，但我从来没对她留下这样的印象。”

查尔斯·德·拉·帕热里伯爵是塔契·德·拉·帕热里伯爵的儿子，同时也是欧仁妮皇后的侍从班的第一任管家。1861年，查尔斯·德·拉·帕热里伯爵的父亲死后，他不仅成了议员，而且经拿破仑三世允许，获得了德·达尔贝格公爵头衔——此前，这个头衔一直是他叔叔的。查尔斯·德·拉·帕热里伯爵虽然谈话非常幽默，但样貌丑陋，并且谈话时表情有点古怪，导致他的样貌更丑陋了。此外，查尔斯·德·拉·帕热里伯爵的口味也十分日耳曼式。实际上，除了查尔斯·德·拉·帕热里伯爵的父亲的风格比较偏法兰西式，塔契家族的其他人都比较偏日耳曼式。查尔斯·德·拉·帕热里伯爵一直都在继续举办塔契家族的沙龙，并且使这个沙龙成为大大小小的普鲁士外交家的会面地。在塔契家族的沙龙，你肯定能找到任何一个碰巧来巴黎的重要的普鲁士人——外出去塔契家族的沙龙的侧楼时，拿破仑三世会微笑着说：“我马上要穿过莱茵河了。”而返回到杜伊勒里宫时，他又会说：“啊，我又回到祖国啦！”此外，想学习德语时，欧仁妮皇后常常会去塔契家族的沙龙练习，而她没有空闲时间去塔契家族的沙龙练习时，拿破仑三世就会说：“你需要回到祖国休息一下。”

起初，除了第一位管家，欧仁妮皇后还有一位管家——雷扎子爵。后来，欧仁妮皇后又任命了三位管家。这三位管家分别是哈沃瑞库侯爵，皮耶内侯爵和德·库涩-布黑萨克伯爵。很巧的是，这三位管家都是很有天赋的业余艺术家——哈沃瑞库侯爵是雕塑家，皮耶内侯爵是优秀的绘图员，而德·库涩-布黑萨克伯爵是个不错的画家。欧仁妮皇后一直特别喜欢艺术，而这三位管家刚好凑成了一个小艺术圈子。一些当时的著名画家和雕刻家加入了这个艺术小圈子，带来了一些新思想，而这让杜伊勒里宫也带着一股人文艺术气息。在我写这本书时，皮耶内侯爵是这三位管家中唯一还在世的。皮耶内侯爵虽然一直都住在澳大利亚的一栋大宅子里，但去看过欧仁妮皇后几次。随着时间的流逝，皮耶内侯爵虽然变老了，但还是那么风趣幽默。此外，有趣的是，虽然德•库涩-布黑萨克伯爵的家族反对帝国，但他一直都忠于帝国，而且他的开朗和智慧让他在宫廷中很受欢迎。

出于一些原因，有一位欧仁妮皇后侍从班的贵妇人必须再次提及——那就是波莱太太。波莱太太对欧仁妮皇后和她的圈子有巨大的影响。然而，我必须说明一点，以免大家得出错误的认识。虽然大家都喜欢波莱太太的无私奉献，但她未能博得欧仁妮皇后的完全信任。波莱太太不仅从年轻时就开始为欧仁妮皇后服务，而且一生都未离开欧仁妮皇后。后来，欧仁妮皇后把波莱太太嫁给了一位步兵军官，并且让她做了宫廷金库的出纳员。

波莱太太是欧仁妮皇后身边唯一的西班牙籍贵妇人，说着一口带着奇怪口音的法语。波莱太太犯了些不容忽视的错误。然而，正如前述，波莱太太对欧仁妮皇后非常忠心，而欧仁妮皇后也很感激她的忠诚。波莱太太的嫉妒心和坏脾气常常在仆人中带来些争端与麻烦，而欧仁妮皇后不仅最讨厌此类事情，而且会因此斥责她。有些人认为，波莱太太仗着自己的地位故意如此。

欧仁妮皇后每年会从拿破仑三世那得到一百万左右法郎，而其中十万法郎用于支付服装费用，其他的则用于分发礼品、购买慈善物品等。由于负责着这些私人账目和购买衣服等各种物品，波莱太太与一些商人很熟悉。波莱太太不仅将账目掌管得一清二楚，而且从来没有贪污一分钱。欧仁妮皇后可以放心地让波莱太太管理珠宝、皮草及类似的东西，而波莱太太会把这些东西收拾得井井有条。

在管理侍女方面，谁也比不上波莱太太——当然，这也引起了一些侍女的不满，并且常常需要拿破仑三世和欧仁妮皇后干预，多半似乎是因波莱太太的不公正而引起的情绪。欧仁妮皇后选择尽量避免这些争吵。

每天，欧仁妮皇后梳洗时，波莱太太都会在她身边，接受她的命令并且把这些命令传达给仆人。虽然波莱太太事无巨细地照顾着欧仁妮皇后，但欧仁妮皇后从不允许她越过自己的权限。有一位友人说道："波莱太太从未上升到真正的贵妇人的地位。”由于担心会让波莱太太失望，欧仁妮皇后从不会与她谈论重要事务。欧仁妮皇后十分了解波莱太太的性格——若给她一尺，她定会要一丈，而如果这样，那么就不得不辞退她了。

有人告诉我，波莱太太也曾想尽办法获得晋升，即上升到真正的贵妇人的地位。然而，欧仁妮皇后不允许她晋升。1869年，波莱先生成为上校，而我看到波莱太太参加了一两次大型舞会。波莱先生虽然是一位优秀的丈夫和军官，但在普法战争爆发前于巴黎突然去世了。波莱太太虽然跟随欧仁妮皇后去了英国生活，但发现自己很难适应英国的天气，并且无法继续待在那儿。意识到重建帝国非朝夕之事时，波莱太太选择了回巴黎疗养。然而，没过多久，波莱太太便去世了。在生命的最后几个月中，波莱太太过着孤独的生活——没有人来看望她，也没人再需要她。不得不承认的是，波莱太太的坏脾气让她没有交到贴心的朋友。波莱太太给自己的妹妹和侄子留了一笔十分可观的财富。

正如前述，波莱太太对欧仁妮皇后尽心尽力——每当欧仁妮皇后遇到危险时，她都会挺身而出。然而，波莱太太很胆怯，并且曾因此被宫廷里的人取笑。如果宫廷里有人说："怎么搞的？那个窗帘居然在动！"那么波莱太太会吓得发抖，脸色苍白。欧仁妮皇后也故意逗波莱太太说："波莱，窗帘后面有什么东西在动？"可怜的波莱太太就会全身发抖地走到窗帘那儿，并且用颤抖的手提起窗帘，引得宫廷的贵妇人们开心地大笑起来。

对我写的回忆录感兴趣的朋友叮嘱我务必写上第二帝国期间的时尚潮流和欧仁妮皇后在穿着打扮方面的细节。法兰西帝国的统治者们的外表非常优雅得体——拿破仑一世、拿破仑三世和欧仁妮皇后都是如此。作为皇后或女王，优雅大气的时装和一些珠宝是必不可少的。虽然人们认为法兰西——尤其是巴黎的商业和工业导致第二帝国以前的宫廷缺少优雅的气息，但由于过于奢华和优雅，拿破仑三世的宫廷也受到了人们的批判。然而，请别忘记，这种现象符合当时的社会风气，即奢华和优雅是非常重要的。显然，奢华现在也很重要——不仅无论是在1870年的政治危机，欧洲动荡的时局，还是不稳定的第三共和国时期，人们都强调钱能带来的舒适和快乐，而且无须赘言，优雅是现代世界不可缺少的一部分。

为了优雅，欧仁妮皇后做了不少努力，而一些作家甚至说，欧仁妮皇后把所有的时间都耗费在设计礼服上。当时，有不少类似于“欧仁妮皇后很轻浮”“她对衣服的喜爱过了头”“对奢侈品的欲望不能得到满足”“一件衣服从来不穿两次”的风言风语。的确，欧仁妮皇后经常变换衣服款式——就她的身份而言，这是必需的。虽然欧仁妮皇后有很多款式各异的衣服，但这些衣服不都是礼服。在杜伊勒里宫的日常生活中，欧仁妮皇后的衣服虽然非常简单——有时，不过是简单的外衣搭上一件华丽的斗篷，甚至与周围的人无异，但从外表看起来都很优雅。驱车外出，欧仁妮皇后的帽子和披风都显得很漂亮。虽然我不喜欢谈这些私人的事情，但因为这方面的一些风言风语现在仍存在，所以我有必要澄清——这不是因为欧仁妮皇后，而是出于我的责任。

我将用几段文字写写第二帝国的时尚潮流和当时的穿着打扮。当时，舞会和其他公众仪式上的服装常常都是欧洲社会的谈资。然而，时尚一词真是毁誉参半。虽然当今社会的女士穿的服装或多或少都是比较合身的，但以前的女士们穿的服装都带有裙撑——裙撑就像个铁丝笼，导致三位女士就能把一个中等大小的房间占满！这样的衣服得用多少材料啊！

在法兰西第二帝国时期，穿着带裙撑的衣服出门可真是一门绝活。女士们不仅坐下时得小心里面的铁丝不飞出来或不被折断，而且上马车时得小心裙撑不把裙子罩布挂了。做丈夫和父亲的男士们需要有极大的耐心——女士们不仅出个门需要不少的时间和精力，而且穿着这种带裙撑的裙子时，想挽住绅士的胳膊或与小朋友们握个手都不是简单的事。

带裙撑的裙子的发明者是奥古斯特·博森。据说，奥古斯特·博森前几年以八十岁的高龄去世了。奥古斯特·博森的发明没有让他变得富有——他以四千法郎的价格把自己的发明出售了。然而，购买奥古斯特·博森的这项专利的人获利一百多万法郎。自出现后，带裙撑的裙子越来越受到女士们的欢迎，而到了1860年，优雅的女士都会穿这种裙子。最初，这种裙子被称作笼子，而穿这种裙子的女士会被视为被笼子关住了。此外，法兰西报社的作家还曾专门撰文分析为什么这种裙子会如此受青睐。

早年间，一些个头高大的上层社会的女士们会穿带裙撑的裙子，而后来几乎所有的女性都开始效仿她们——无论是高的、矮的、胖的还是瘦的，女士们都认为自己适合穿这样的裙子，并且穿起来会很美。虽然女士们的丈夫或兄弟们不这样认为，甚至还加以嘲笑和讽刺，但带裙撑的裙子照样流行了起来。虽然许多评论报纸都嘲讽了带裙撑的裙子，但直到法兰西第二帝国的末期，它才渐渐式微。带裙撑的裙子能够流行这么长时间可真让人吃惊。

几年前，有人想让这种裙子再次流行——幸好，他失败了。在杜伊勒里宫，欧仁妮皇后虽然无法无视这种裙子的流行势头，但总是尽量让这种裙子不要撑得过大。带裙撑的裙子这一潮流的结束得感谢华斯——他是一位真正伟大的时尚设计师。华斯首先把裙摆改小，然后又渐渐地去掉了一些铁丝。这种改良版的带裙撑的裙子流行了很长时间。当然，最终，改良版的带裙撑的裙子也被淘汰了，而这或许也是由于欧仁妮皇后对短裙的喜爱——在圣克卢、枫丹白露和贡比涅散步时，欧仁妮皇后喜欢穿短些的裙子。

在1860年以前，女士们的帽子上面有水果和花，像高高的金字塔。这样的帽子不仅重，而且会导致头部与身体的比例非常不协调。这种时尚的一点一点改变主要归功于怀莱特女士。在法兰西第二帝国末期，怀莱特女士让帽子变得短了些，减去了很多装饰，导致帽子不仅外观更漂亮，而且更加适合长时间佩戴。无论在旅行中，还是在贡比涅或乡间散步时，欧仁妮皇后都喜欢戴一顶中等大小的椭圆形帽子，而帽子上有少许缎带和羽毛装饰物。欧仁妮皇后戴的这种帽子因简单实用而流行了很长一段时间。

欧仁妮皇后认为女士们应该按照年龄来穿衣，而她最不喜欢的就是年纪大的女性穿上小姑娘家的衣服。我还记得，有一次，欧仁妮皇后的一个陪读——瓦格纳伯爵夫人就穿错了衣服。在一次晚宴上，七十多岁的瓦格纳伯爵夫人竟然不仅穿了薄纱衣，而且衣服上装饰着年轻姑娘才用的红色缎带，而上面还绣有很多白玫瑰，看起来就像奥维利亚！晚宴期间，欧仁妮皇后一直离瓦格纳伯爵夫人很远。

每年，欧仁妮皇后会把自己的衣橱清理两次，并且将那些不会再穿的衣服送给轮候贵妇人们——也许她们会将这些衣服低价出售。宫廷里有两个房间被用作欧仁妮皇后的制衣间，而欧仁妮皇后会让裁缝们按照她的想法来做衣服。季节更替时，欧仁妮皇后会在制衣间约见布商并且选择布匹。新衣做好后，欧仁妮皇后会在制衣间试穿。制衣间隔壁的房间有带滑门的橡木柜，而新衣就放在此处，直到欧仁妮皇后需要它们。

在杜伊勒里宫和其他皇家宫殿，欧仁妮皇后常常需要穿着低胸礼服出席宴会或参加仪式。冬季时，欧仁妮皇后通常会穿上黑蓝相间的天鹅绒长礼服，戴上各种珠宝饰品。欧仁妮皇后把这些礼服称作“政治礼服”——它们通常有织锦和花缎装饰，看上去很华丽。拿破仑三世很喜欢欧仁妮皇后的这些礼服。

欧仁妮皇后从来不在意早晨的衣服——实际上，她连一件晨袍都没有，一般都是穿一件比较简单的亚麻服。晨起时，欧仁妮皇后习惯在梳妆打扮好后再去做别的事情。或许我得修正一下——1865年，欧仁妮皇后的确曾有过一件晨袍，但只穿了很短的一段时间。当时，皇太子感染了荨麻疹，而欧仁妮皇后希望自己夜间也能时刻陪在皇太子身边。因此，一位轮候贵妇人去卢浮宫附近的商店为欧仁妮皇后买了一件红色法兰绒睡袍，而欧仁妮皇后觉得那件睡袍用起来很方便。

欧仁妮皇后穿过很多鞋子，而磨损的鞋子会被送去欧仁妮·拿破仑孤儿院——拿破仑三世和欧仁妮皇后大婚时，巴黎市政厅创办了这家孤儿院。白色的鞋子会留给孤儿院的女孩们第一次参加圣餐时穿。

拿破仑三世和欧仁妮皇后认为，法兰西是一个文学与艺术造诣很高的国家，而作为法兰西的统治者，他们的责任不仅限于政治。因此，拿破仑三世和欧仁妮皇后尝试在宫廷中形成一种兼容并包的氛围。正如大家看见的，欧仁妮皇后对时尚非常感兴趣，尽全力使巴黎成为女性服装方面的世界中心。毋庸置疑，欧仁妮皇后在这方面获得了成功。拿破仑三世和欧仁妮皇后也很在意戏剧艺术。在第二帝国时期，巴黎的剧院、男女戏剧演员不仅负有盛名，而且不断追求更高标准。此外，来到巴黎的不同国度的戏剧艺术家们都直接或间接收到了来自杜伊勒里宫的邀请。最好的一个例子就是1855年的巴黎世界博览会举行了一系列的戏剧表演，而这说明了当时的法兰西宫廷和戏剧界的密切联系。

法兰西戏剧管理部门已经批准了著名演员拉谢尔·费利克斯的长假，而这是一次永恒的假期——处于假期中的拉谢尔·费利克斯不幸身亡。去度假前，应宫廷的邀请，拉谢尔·费利克斯演绎了皮埃尔·高乃依和让·拉辛的伟大作品。演出持续了整整一个月，水平很高。《费德尔》表演完后，拉谢尔·费利克斯才真正地轻松了。然而，拉谢尔·费利克斯答应了在6月在为接待葡萄牙国王佩德罗五世和奥波尔托公爵举办的庆祝晚会上再次表演。拿破仑三世和欧仁妮皇后出席了庆祝晚会，并且带头为拉谢尔·费利克斯欢呼鼓掌，这场演出节目包括《人质皮埃尔·高乃依》、《爱说谎的人》和《霍勒斯》。

这不是拉谢尔·费利克斯的最后一次表演——一些特殊情况让她不得不在巴黎多待些时日。实际上，拉谢尔·费利克斯和阿黛拉伊德·里斯托里之间的竞争不仅让公众欣赏到更多的优秀的戏剧表演，而且给巴黎社会和宫廷带来很大的乐趣。

阿黛拉伊德·里斯托里也是一位伟大的演员，活了八十多岁，死于1906年。阿黛拉伊德·里斯托里在沙旺塔·杜尔剧院表演过许多角色并且取得了成功，继而成为巴黎的全民偶像。阿方斯·德·拉马丁写诗篇赞美她，而她也一度被认为可能会登上法兰西戏剧院的舞台。那时的巴黎有无数关于这两位伟大的女演员——阿黛拉伊德·里斯托里和拉谢尔·费利克斯的才艺的讨论。

大仲马坚持认为阿黛拉伊德·里斯托里比拉谢尔·费利克斯优秀。对此，君主们都认为大仲马说得有点过了。一位著名的说书人提议，在剧院展开一场表演，并且让这两位悲剧女演员都参与演出——阿黛拉伊德·里斯托里表演玛菲的《玛丽亚·斯图亚特》，拉谢尔·费利克斯表演勒不伦的《玛丽亚·斯图亚特》。然而，不幸的是，这个提议引起了诸多讨论——两个伟大的女演员的强硬的支持者都写出并且刊登了或多或少的言辞尖锐的文章。这一系列事情，法兰西宫廷都深深地懊悔着。虽然这个在剧院进行表演的提议没有实现，但拉谢尔·费利克斯深受刺激并且决定应战。偷偷地看了阿黛拉伊德·里斯托里在沙旺塔·杜尔剧院的表演并且听到了热烈的喝彩声后，拉谢尔·费利克斯突然昏过去了！

这一事件的结果是拉谢尔·费利克斯再次登台表演戏剧——她想要看看自己是否失去了之前的影响力，并且似乎要对已经渐渐远离她的公众来一次呼唤。拉谢尔·费利克斯不仅成功表演了经典剧目《玛利亚·斯图亚特》《费德尔》，而且每个

拉谢尔·费利克斯

葡萄牙国王佩德罗五世

阿黛拉伊德·里斯托里

阿方斯·德·拉马丁

剧目都表演了两次。此外，拉谢尔·费利克斯还表演了《安德罗玛克》和《女同性恋者》。在这几场表演中，拿破仑三世和欧仁妮皇后都到场观看，而这向世人说明了拉谢尔·费利克斯是非常受皇室欣赏的女演员。

所有的表演都结束后，拉谢尔·费利克斯去了美国。1858年1月，拉谢尔·费利克斯死于疾病——早在1855，她就有了不适感，而这也加快了她的美国之行。在弥留之际，拉谢尔·费利克斯的潜意识里仍记得自己敬佩的拿破仑三世，并且留了一尊卡诺瓦雕塑的拿破仑一世半身像给他。1855年夏季那场尽人皆知的竞争中，不仅拿破仑三世和欧仁妮皇后的关心打动了拉谢尔·费利克斯，而且拿破仑三世也被这位他以前经常为之鼓掌的女演员的行为深深地感动了，感叹她不愧为一位真正伟大的悲剧演员。

第15章

拿破仑三世的生活

1857年，建筑家路易·维斯孔蒂设计的用来连接卢浮宫和杜伊勒里宫的长廊竣工了。1852年7月25日，举行奠基仪式时，拿破仑三世说自己希望这项工程能在五年之内完成。1857年8月14日，拿破仑三世和欧仁妮皇后参加了这项工程的落成典礼。拿破仑三世的希冀之所以能实现，首先得感谢路易·维斯孔蒂，其次是勒菲埃尔。1853年，路易·维斯孔蒂死后，勒菲埃尔接手了这项工程。带着不倦的热情，勒菲埃

路易·维斯孔蒂

尔成功使这项伟大的工程竣工了。为了美化巴黎，拿破仑三世效仿了伟大的拿破仑一世。开始一项工程时，拿破仑三世会询问专家完成这项工程所需的最短时间，然后会要求专家在承诺的最短时间内完成这项工程并且不可以为失败找任何借口。连接卢浮宫和杜伊勒里宫的长廊竣工证明了拿破仑三世的热情和能力。一百五十位雕塑家和许多室内装潢师埋头苦干，丝毫不敢怠慢。1857年，工人的工作天数达到了三十一万多天，而这还不包括接合工、木匠等工人。终于，在规定时间内，这项工程竣工了。这项工程花费了三十六亿法郎，不仅包括连接两个宫殿的漂亮长廊，而且开通了两条通往宫外的新道路——一条是在萨利看台下方的供行人通过的，而另一条是在黎塞留看台下方的供车辆通过的。拿破仑三世认为，在他的统治下，这项工程是最好的物质文明成就之一——他常常从杜伊勒里宫的窗户欣赏近在眼前的美丽长廊，并且感到满意与喜爱。

拿破仑三世常常回忆这条长廊的竣工典礼那天的喜悦气氛。1857年8月14日14时，在皇室的王子和公主们，以及其他成员们的陪伴下，拿破仑三世和欧仁妮皇后离开杜伊勒里宫，通过杜伊勒里宫东侧的凯旋门并且从德宁看台进入了卢浮宫。财政大臣阿希尔·福德先生和官员们等候着拿破仑三世一行的到来，并且带领他们通过即将变成雕塑博物馆的长廊，踏上莫里哀看台的楼梯，进入了将要举行竣工典礼的大厅。一路上，拿破仑三世都在和围绕在他身边的人一直谈论着艺术，展示着他广博的艺术知识。

那些用自己的才华和劳动完成了这项伟大工程的艺术家们和工人们的座位被安排在拿破仑三世的座位对面——拿破仑三世特别吩咐，在整个竣工典礼中，应给予艺术家们和工人们不可忽视的位置。在拿破仑三世的所想所为中总有一股强烈的民主情结。阿希尔·福德先生发表了一个演讲，描述了拿破仑三世的计划是如何实施的。随后的环节是颁发奖牌和奖金——艺术家、承包商和工人分别选出一位代表并且上台接过了拿破仑三世亲自颁发的奖牌和奖金。接下来，就到了拿破仑三世的演讲了。拿破仑三世回顾了卢浮宫在君主政体、帝国和共和国统治下的各个时期的历史，最后总结道："卢浮宫的建成不是一时兴起——它是因法兰西的荣誉而诞生的，而在过去三百多年中，我们国家的利益支撑着它。"

拿破仑三世与欧仁妮皇后在倾听工程师对卢浮宫项目的介绍

那是属于欢庆的狂热的一天。1857年8月14日的晚宴由阿希尔·福德先生主持。被邀请参加这场晚宴的工人人数庞大——达到了四百七十位。这些工人中有一位女性。这位女性是一位锯木匠的遗孀——在丈夫去世后，她获得允许在这项工程中代替自己的丈夫。在欧仁妮皇后的邀请下，这位女性出席了晚宴。1857年8月15日，阅读报纸上关于晚宴的报道时，拿破仑三世知道了这位女性也在现场。拿破仑三世带着微笑对欧仁妮皇后说道："是吧？你看，哪里都会有一个女人。"

1857年8月15日是拿破仑三世的生日和第二帝国的国庆日，而这年的庆祝活动比往常更加隆重。巴黎人民成群结队地走到卡鲁索，即那个连接卢浮宫和杜伊勒里宫的伟大建筑，回想起五年前这里零乱的房子、商店和市场——现在替代它们的是华丽的广场和公园，每个人都情不自禁地夸奖着这华丽的转变和那些建筑者们。最后，拿破仑三世亲自宣告庆祝活动结束。拿破仑三世把由拿破仑一世军队的老兵建立的圣赫勒拿岛奖颁发给了军队的杰出之人，例如热罗姆·波拿巴、让-巴蒂斯特·菲利贝尔·怀兰特、哈梅林、巴拉盖·海耶尔、珀西瓦尔·德舍纳、德·普雷赛恩斯和多尔纳诺——他们都为波拿巴家族的政权做出了杰出的贡献。

第二帝国初期有许多喜庆的日子，而卢浮宫的新长廊的落成典礼是其中之一。后来，拿破仑三世陷入了风雨如磐的岁月。有一次，拿破仑三世说道："我关于第二帝国始终处于和平之中的说法是很荒谬的。然而，战争如果来了，那么一定不是我造成的。我更喜欢参与华丽的艺术典礼一类的事情。在第二帝国期间，我们有很多这样的事情。虽然如果一切都能按照我的意愿与方法发展，那么我们将不会遭遇坏事情，但现实终归是现实。"

1859年的意大利战争结束后，拿破仑三世萌生了一个想法——写一本有关恺撒大帝的历史的书。拿破仑三世记得，在圣赫勒拿岛流放时，拿破仑一世曾抱怨过《恺撒传》有很多疏漏。此外，恺撒大帝这位高卢征服者的个性也深深地吸引着拿破仑三世。因此，抱着极大的热情，拿破仑三世草拟了一份写这本书的计划。在计划中，这本书应包含两部分——征服高卢的战争和内战，而其中要着重描写恺撒大帝当权时期的罗马和世界。

写书计划始于1860年。拿破仑三世有两位合作者——他的首席私人秘书让-弗

让 - 弗朗索瓦 · 莫卡德

朗索瓦·莫卡德先生和莫里先生。莫里先生是杜伊勒里宫的图书管理员和皇家学会成员。拿破仑三世的写书小组开始在欧洲所有的主要图书馆，尤其是罗马和巴黎的图书馆进行研究，寻找与这次写作有关的资料——手稿、计划、地图和画作。雷尼耶和勒南分别在梵蒂冈和巴黎的国家图书馆小心翼翼地搜寻细节。

在对恺撒大帝生平进行重叙的过程中，地形和防御工事等问题都得到了很详细的描写。偶然间，拿破仑三世发现了一个很有能力的合作者，驻扎在奥克松的炮兵部队的上尉斯托费尔男爵。在奥克松时，斯托费尔男爵利用自己一点一滴的闲暇时光写了一本完整的关于阿莱西亚的防御工程的学术书籍。阿莱西亚是高卢首领维钦托里所在的首都，后被恺撒大帝占领。斯托费尔男爵的这本书被呈递给拿破仑三世并且得到了他的认可。由于觉得斯托费尔男爵的书非常有趣，拿破仑三世将它完整刊登在了帝国的官方杂志上。随后，拿破仑三世把斯托费尔男爵调入皇家军事部，并且委托他对高卢和意大利的不同地区的地形进行研究。因此，斯托费尔男爵清晰、详细地叙述了《恺撒生平》一书中提到的作战计划。虽然斯托费尔男爵广泛阅读了各种文献，但由于一些政治原因，拿破仑三世最终放弃了写书计划的第二部分，而斯托费尔男爵只好以自己的名义发表了《内战历史》。

在这项重要的文学事业中，对于谁是拿破仑三世的其他合作者，时不时会有一些好奇的声音。对于这一点，我是可以告诉大家真相的。

除了上文提到的三个主要合作者，普罗斯佩·梅里米也参与了这本书的写作。普罗斯佩·梅里米不仅给了拿破仑三世许多建议，而且放弃了自己出版有关罗马历史的书的打算——他已经收集了大量有关这本书的资料。就写作这本书的话题，卓越的历史学家和第二帝国统治时期的公共机构部的大臣维克多·杜鲁伊和拿破仑三世有过许多谈话，以问答形式提供了许多有价值的信息。著名的古文物研究者费利克斯·德·索西负责这项写作计划的钱币研究工作。

费利克斯·德·索西

特奥多尔·蒙森

除了咨询维克多·杜鲁伊和其他罗马历史学家们，拿破仑三世还仔细研究了德意志伟大的历史学家特奥多尔·蒙森的工作。由于受到了第六代巴登大公弗里德里希一世的强烈推荐，在卢浮宫博物馆工作的年轻人弗罗纳一周要去杜伊勒里宫好几次，并且每次都会花上几个小时翻译和评价特奥多尔·蒙森的观点。

在那个时期，拿破仑三世每天20时便会离开欧仁妮皇后，并且在他的私人宫殿里待到很晚。拿破仑三世如果在23时30分之前停止写作，那么就会回去和欧仁妮皇后还有他的朋友喝一杯茶，否则，他会继续工作直到第二天的凌晨。拿破仑三世的首席侍者费利克斯很难将他从工作中拽出来。费利克斯会对拿破仑三世说“陛下，已经12时了”“0时30分了”“1时多了”“陛下，您的医生禁止您工作到这么晚”等，而拿破仑三世通常会笑着回答道：“是的，但这不是工作。”拿破仑三世会继续在自己的工作桌旁待上很长的一段时间。

拿破仑三世虽然会工作到很晚，但总是起得很早——他的敌人们却指责他过着享受和懒惰的生活。拿破仑三世的敌人们对拿破仑三世和杜伊勒里宫四墙之内存在的美德了解得太少了——他们只会批判别人，只看见了毫无价值的事物。拿破仑三世和欧仁妮皇后对这些不公平和不友好的批评备感心痛。

除了学者和档案保管员，拿破仑三世还将几个人列为最有价值的合作者。这几位合作者包括安塞尔姆·佩特廷和弗兰切斯基尼·彼得里。安塞尔姆·佩特廷不仅是皇家美术院的负责人，而且仅凭一人之力就监管和完成了非常完美的印刷工作。弗兰切斯基尼·彼得里是皇帝最信任的私人秘书之一，负责在皇帝和艺术家及其他人之间做沟通者，一直做得很好。

还有没有给出名字的其他六位合作者，而他们在书籍销售中都有分成。这本书的第二版被巴黎最负盛名的亨利·普隆出版社出版，而且在法兰西和国外卖得非常好——每位合作者都获得了大约两万法郎。

拿破仑三世把这本伟大的四开卷书籍的第一版送给了很多朋友和各国的学者，并且在每本书的扉页上都留下了自己亲笔写的赠言。这本书的美术设计和装帧都很精美。

这本书不仅在法兰西国内，而且在许多其他国家引起了关注。历史学家和评论家们写了许多长篇书评。在评论时，有一些人把拿破仑三世与恺撒大帝做对比，批评拿破仑三世的政变。虽然维克多·杜鲁伊想把这些对比的话语删去，但拿破仑三世拒绝了并且说道：“这两个相似的事件恰好提供了很好的机会。我不明白为什么我不应该利用它们呢？尤其是我作为‘第二个恺撒’的侄子，去著述罗马帝国的建立者一生的所作所为十分合理。”拿破仑三世关于君主天定、生来统治他人的理论正好成了与第二帝国为敌者们的攻击的靶子。莫姆森有句名言：“就像风统治云一样，有些人生来就将统治国家。”

另外，也是人人都认可的是，拿破仑三世没有掩饰恺撒的错误或者夸大恺撒的英雄品质。拿破仑三世虽然没有弱化恺撒对虽败犹荣的维钦托里的残忍程度，但在提醒他的读者，恺撒征服高卢是法兰西迈向文明的第一步。因此，从法兰西的国家民族性来看，恺撒征服高卢是极其重要的。关于拿破仑三世的书，不仅章节安排和简明严肃的风格受到了人们夸赞，而且有人指出了这本书在地理上的实用性。

我们可以看到，在某些程度上，普罗斯佩·梅里米是一位合作者和顾问。普罗斯佩·梅里米写了两篇文章给著名的法兰西官方期刊《学者杂志》，而这些文章的观点令拿破仑三世和一些官方机构都很满意。虽然有些人指责拿破仑三世的这本书里阐述和倡导的理论，但西尔维斯特雷·萨西、普雷沃斯特和法兰西国内外有分量的批评家都对它表达了他们的观点，并且都一致赞扬它的科学价值。

西尔维斯特雷·萨西

乔治·桑

在此，我们将谈谈与这本书有关的两种观点，而它们分别来自帝国的顽固敌人和聪慧的作家。乔治·桑是位共和党人，而在给朋友的信中谈这本书时，她写道：“从文学角度来看，这本书毫无瑕疵，而这并不意味着它缺乏吸引力。相反，这本书中的一切都那么清晰、严谨、生动和丰富。毫无疑问，这是伟大劳动的结晶。这本书的每一页都出自一位博学的学者之手，而这位学者总结了此前所有历史学家的工作。书中的安排如此灵巧，甚至似乎可以听到他们每个人的声音。书中的个人评价虽然简洁，但表达得很好。为了给这卷书一个公平的评价，引用几篇文章是非常有必要的。这本书的作者不仅都是社会精英，而且博学广思，一腔热情。这本书有助于提高思想高度，促进世界发展。”

由于这篇文章引起了许多讨论，乔治·桑不得不捍卫自己的立场。作为最早阅读这本书的评论家之一，乔治·桑说道：“因为我的文章是首创的，所以我的评论绝对是独一无二的。我认为这本书有非常大的价值。本书很完整，没有随意修改。我赞扬这本书是因为它的作者值得我们赞扬并且具备真正的才华。”这是一段极其友好的评论，而拿破仑三世因此特地感谢了乔治•桑。

西梅内斯是一位挑剔的奥尔良派评论家，经常使用激烈的言辞抨击第二帝国。然而，对于拿破仑三世的这本书，西梅内斯说道：“我正在阅读《恺撒生平》。仔细阅读时，我感觉《恺撒生平》值得一读——公正地说，我发现这本书很不错。虽然罗马征服意大利的介绍或许太冗长了，但所有的文字都是基于作者的独立评判和精心研究。”

有一个问题时常被提起，即这本史书中有多少文字出自拿破仑三世之手？答案是这本书不仅完全是拿破仑三世构思的，而且大部分篇章都是出自拿破仑三世之手——以上提及的专家和学者们主要是对许多历史性和技术性问题提供了帮助。虽然专家和学者们提供了骨架，但拿破仑三世不仅给这些干枯的骨头上加上了血肉，而且赋予了它生命和色彩。值得记住的是，就像拿破仑一世一样，在艺术创作和写作领域，登基前的拿破仑三世已经有了大量的实践。过去，拿破仑三世常常说道：“我经常觉得我会因某些原因而放下权杖并且拿起羽毛笔——我如果真的放下权杖，那么一定会永远放下。”

草阅了出版社送来的第一版《恺撒生平》后，拿破仑三世转身面对着欧仁妮皇后并且笑着说道：“我们现在有两个孩子了——当然，你生的孩子更加优秀。”被流放后的拿破仑三世有一个梦想，即希望能有时间和精力修订《恺撒生平》。虽然由于看到了其中的商业利益，伦敦的一个著名出版社不断地催促拿破仑三世完成这个梦想，但拿破仑三世只是希望能给读者一本更好的书而已。

由于意识到作家、教授、艺术家和科学家在一个国家中发挥的重要作用，在位期间，拿破仑三世希望充分利用自己的权力，能将法兰西建设成一个智慧国度。这个任务虽然有很大的难度，但在拿破仑三世的努力下，取得了一定成功。但在第二帝国期间，以法兰西学会为首的各个学会一直都在反对拿破仑三世。

学会成员使用讽刺短诗、将或多或少含有轻蔑之意的典故暗示作为武器，并且期望以此来削弱打击政府。学会由不同的党派构成，而这些党派有的支持奥尔良王朝，有的团结共和党人来作威作福，试图强迫学会的候选人公开反对法兰西第二帝国。在本书中，我不会叙述这些内容，只着眼政府首要关心的事情。

拿破仑三世的政变挫败了旧党派的政治企图后，这些旧党派的代表们决心复仇。1851年12月2日，当时政府就收到了第一个警告，而这个警告就是让查理·德·蒙塔朗贝尔成功坐上因历史学家德罗兹的死亡而空出来的席位。然而，在选举中，查理·德·蒙塔朗贝尔不仅没有拒绝政府的支持，而且以政府候选人的身份参加了选举。查理·德·蒙塔朗贝尔的参选意义重大——就像那时拿破仑三世在私人对话中表述的："保护当前的力量和宗教自由。"拿破仑三世和查理·德·蒙塔朗贝尔虽然在政治领域的政见不同，但在一些场合总是友好地会面。

与此同时，就学会的一些部门的秘书人选，学会与政府也存在一些争论。艺术学会不敢提名维泰——这位卓越的艺术评论家因作为第二帝国不共戴天的敌人而闻名，并且因此选择了音乐家弗罗芒塔尔·哈勒维。科学院常任秘书弗朗索瓦·阿拉戈去世后，参议员艾力先生代替了他。让-巴蒂斯特·菲利贝尔·怀兰特在该研究院

弗罗芒塔尔·哈勒维

当选了法兰西科学院的荣誉院士。虽然当时科学院公开表示了不满，但政府仍特许了这些提名。取代了戏剧家莫西尔-德百迪的诗人阿尔弗雷德并未被认为是第二帝国的政敌，而与此同时，自从在政变中被逮捕后，著名的律师皮埃尔·安托万·贝里耶就被视为一个“不可调和”的人。皮埃尔·安托万·贝里耶曾是当时的总统拿破仑三世的支持者，有出色的口才。后来，在给拿破仑三世的秘书让-弗朗索瓦·莫卡德先生的信中，皮埃尔·安托万·贝里耶表示在1851年12月受到的对待使自己更加“不可调和”，并且补充说自己没有戒除痛苦的能力。当时，皮埃尔·安托万·贝里耶的信和让-弗朗索瓦·莫卡德先生的回复引起了广泛的关注。在回复中，让-弗朗索瓦·莫卡德先生还提到了其他的一些情况：“大名鼎鼎的律师皮埃尔·安托万·贝里耶对政治的兴趣远超对自身专业的职责，而拿破仑三世对此感到遗憾。在杜伊勒里宫，皮埃尔·安托万·贝里耶的出现不会引起他担心的那种尴尬场面——拥有如此高地位的拿破仑三世只会视他为演讲家和作家。虽然皮埃尔·安托万·贝里耶对帝国有敌意，但我们只会记得他曾经是帝国的坚定支持者。然而，皮埃尔·安托万·贝里耶再未去过杜伊勒里宫，并且始终孤立自己，直到生命的尽头。”

法图尔先生重组了道德与政治研究院以便引入属于原政府、外交部和军队的十个重要人物。毋庸置疑，由于道德与政治研究院以前的大多数人都被换掉了，这些提名会遭到反对。现在，知识界的这些机构非但不再反对政府，反倒对政府很友好。这次小小的知识界政变对政府实现目标有着积极的影响。经历了这件事后，科学院变得更加谨慎，行事温和。在这一变革时期，科学院选了很多新成员。因此，奥尔良派的费利克斯·安托万·菲利斯·杜潘卢普主教、源语言学家斯沃斯特、戏剧诗人弗朗索瓦·庞萨德和数学家让-巴蒂斯特·比尔特便顺理成章地进入了科学院。此外，在没有太多争议的情况下，路易·菲利普一世手下的前任大臣维克多·德·博吉利伯爵也加入了科学院。然而，法卢伯爵弗雷德里克·阿尔弗雷德·皮埃尔想进入科学院时，情况又变得不同了。法卢伯爵弗雷德里克·阿尔弗雷德·皮埃尔虽然受到共和党打压，但获得了天主教的支持。作为1850年的教育法案的起草者，法卢伯爵弗雷德里克·阿尔弗雷德·皮埃尔虽然不得不和一个能力超群并且富有名望的对手即伊缪·纪尧姆·维克托·埃米勒·奥吉尔对抗，但取得了最终的胜利。

弗朗索瓦·庞萨德

让－巴蒂斯特·比尔特

维克多·德·博吉利伯爵

伊缪·纪尧姆·维克托·埃米勒·奥吉尔

亚历克西斯·德·托克维尔先生的去世使科学院的竞争更加激烈。一名重要的候选人，即让-巴蒂斯特-亨利·拉克戴尔出现了。让-巴蒂斯特-亨利·拉克戴尔是一名著名的天主教讲坛演说家，而在这次辩论中，由于卡辛先生和弗朗索瓦·皮埃尔·纪尧姆·谷佐特先生——而不是和他信奉同一宗教的查理·德·蒙塔朗贝尔和法鲁，他获得了提名。让-巴蒂斯特-亨利·拉克戴尔不仅受到宗教党派的支持，而且政府也不反对他，但那些自由主义派和自由思想者，尤其是普罗斯佩·梅里米反对他进入科学院。让-巴蒂斯特-亨利·拉克戴尔的当选不是政府的胜利，而是天主教派的胜利，而他的就职演说是第二帝国的文化圈中的一个重要事件。

让－巴蒂斯特－亨利·拉克戴尔

那时，欧仁妮皇后虽然对科学院的一切阴谋和仪式漠不关心，但认为有必要出席让-巴蒂斯特-亨利·拉克戴尔的辩论。虽然天主教派称赞欧仁妮皇后的行为，但左派批评了她的宗教观点。就欧仁妮皇后来说，她出席的真正原因仅仅是想亲眼见证巴黎这场广受注目的辩论赛。欧仁妮皇后不仅第一次坐在台下欣赏了两个教派的辩论，而且了解了新教和天主教各自著名的领导者们的思想。顺便提一下，由于加入科学院几个月后就去世了，让-巴蒂斯特-亨利·拉克戴尔只去过科学院三或四次。对此，我感到很遗憾——我一直都认为让-巴蒂斯特-亨利·拉克戴尔是教堂里最伟大的牧师之一。

让-巴蒂斯特-亨利·拉克戴尔空出的席位由阿尔伯特·德·布罗伊伯爵接替，而他是一个反拿破仑主义的奥尔良派。紧接着又是一场激烈的竞争——为了选举一名继任斯科莱博的席位的成员进行了十三次投票。最终，在杜伊勒里宫的支持下，小说家奥特维·富伊叶获得了这一席位。然而，朱尔·阿曼德·斯坦尼斯拉斯·杜弗尔和卡恩伯爵让奥尔良派的天主教徒再次获胜了。1865年，波拿巴主义者卡米耶·道赛特打败了诗人约瑟夫·奥特朗，而1868年，约瑟夫·奥特朗获得了一个科学院席位。著名的《辩论》杂志评论家朱尔斯·雅南多次参选，而直到1870年，他才进入了科学院——对第二帝国的反对态度是朱尔斯·雅南被延迟进入科学院的原因之一。与此同时，又有两个人进入了科学院——后来成为奥尔良派的卡维利尔-弗勒里，以及后来成为第二帝国的公开支持者的自由作家普乐沃斯特-帕拉戴尔。自杀时，卡维利尔-弗勒里担任法兰西驻华盛顿使者，而他自杀的原因主要是普法战争的爆发。

在法兰西第二帝国末期，两个反对派，即阿尔方斯·格雷特莱和朱尔斯·法夫尔成功进入科学院。阿尔方斯·格雷特莱是一个卓越的演讲家和天主教成员，而政府并没有寻求机会打压他。朱尔斯·法夫尔不仅是著名的共和党演说家，而且是一名立法机关的领导者。让-蓬-纪尧姆·维尔奈特死后，哈森威尔伯爵轻易地得到了他空出来的席位，而这可以说是奥尔良派的另一个胜利。虽然拿破仑三世知道让-蓬-纪尧姆·维尔奈特很有才华，而且让-蓬-纪尧姆·维尔奈特的妻子也是一位很有才华的文人，但在杜伊勒里宫，他们没有给我们带来任何快乐。

在竞争皮埃尔·安托万·贝里耶空出的席位的过程中，切帕格尼伯爵打败了豪

卡维利尔－弗勒里

阿尔方斯·格雷特莱

朱尔斯·法夫尔

让-蓬-纪尧姆·维尔奈特

朗南先生并且获得了席位。切帕格尼伯爵是第一帝国的一个大臣的儿子和拿破仑三世的坚定支持者。豪朗南先生的朋友们决定把自己的选票投给西奥菲尔·戈蒂埃，确保后者成功得到另一个空出的席位。因此，戏剧作家恩皮斯去世后，他的席位很快就被填补上了。受到支持的奥古斯特·巴比尔，打败了西奥菲尔·戈蒂埃。《艾比斯》的作者用自己的诗歌犀利地揭露出这些选举中的丑态。在一些地方，第二帝国的支持者们对最后一次选举中的一些学者表达了他们的不满，而拿破仑三世也指责了后面三个被提名的学者——朱尔斯·法夫尔、哈森威尔伯爵和奥古斯特·巴比尔。有一天，在选举中，拿破仑三世对我说道："我不希望强迫任何一个人效忠于这个帝国。如果这些才华横溢的法兰西人不能欣赏拿破仑思想的伟大之处，那么只能说是他们的损失。波拿巴主义是一个历史事实，而我很同情那些还没意识到这一点的学者们。我们会继续前进并且把他们甩在后面。"

奥古斯特·巴比尔

1870年4月，埃米勒•奥利维耶接替了自己的朋友阿方斯•德•拉马丁的席位。这是一场非常重要的选举。埃米勒•奥利维耶是由查理•德•蒙塔朗贝尔提名的。然而，查理•德•蒙塔朗贝尔去世后，埃米勒•奥利维耶才被科学院接受。时局变化很快，而第二帝国很快就没落了。后来，在一个招待会上的讲话中，试图维护曾经的君主时，埃米勒•奥利维耶遭到了一些同事充满敌意的对待。埃米勒•奥利维耶是第二帝国的最后一任首相。就埃米勒•奥利维耶的人格和天赋而言，拿破仑三世认为他是帝国事业的一个捍卫者。老年时的埃米勒•奥利维耶不仅仍然思维敏捷，而且能言善辩。在演讲台上，埃米勒•奥利维耶的雄辩给人留下了深刻印象。埃米勒•奥

埃米勒·奥利维耶

利维耶勇敢地支持维护这个备受抨击的社会制度，并且让自己的话语在第二帝国庄严的历史中被记录了下来。由于无比英勇的埃米勒·奥利维耶，波拿巴主义者没有任何抱怨的理由了。

在第二帝国期间，拿破仑三世可能遭遇的生命危险给欧仁妮皇后带来了很大的精神压力。毫无疑问，从1853年到1870年期间，有不少于九个对拿破仑三世的生命有威胁的阴谋。公众还记得不少想要摧毁路易·菲利普一世的阴谋——那些愚昧的人似乎对暗杀君主很着迷。后来，长大的皇太子开始单独外出时，拿破仑三世和欧仁妮皇后总是十分担忧一些不幸会降临在这个唯一的皇位继承人身上。然而，让欧仁妮皇后更加担心的还是拿破仑三世因遇到政治谋杀犯而有生命危险。

弗兰切斯基尼·彼得里先生不仅是欧仁妮皇后的老朋友，而且是她忠诚的私人律师。弗兰切斯基尼·彼得里先生曾给过我一份名单，而名单上面都是试图谋害拿破仑三世的人。名单后面还附了一些事实，而在此基础上，我加上了自己知道的事实并且形成了一些材料。通过这些材料，我写出了以下几段内容。虽然作恶者试图谋害拿破仑三世的生命，但幸运的是，这些恶行没有成功。以下这些内容不仅能给统治者很大的勇气，而且可以震慑作恶者——这就是为什么我在此碰触这个令我作呕的话题。

第一个阴谋就是众所周知的“歌剧院事件”。“歌剧院事件”由一群工人联合一群学生密谋，并且在1853年6月6日被警察侦破，以失败告终。1853年7月5日，这批密谋者虽然再次在歌剧院开展了他们的计划，但还是失败了。1853年11月，十八个密谋者受到了严厉的惩罚。1854年1月后，又有四五十人被抓捕并且被严惩。这些人中包括一名二十二岁的叫亚瑟·兰克的年轻学生，而他后来成了参议员和巴黎一家报社的总编辑。

1853年12月12日，又发生了一起阴谋。在一列从加来去图尔奈的列车上发生了爆炸，而拿破仑三世本打算乘坐这列列车去拜访比利时国王利奥波德一世——幸运的是，他临时取消了这次访问计划。密谋者在列车上放置了一个装有四磅雷汞的晶管，并且计划于拿破仑三世上车后选定时机引爆。

虽然这两起事件都是在法兰西境内秘密策划的，但接下来的一系列事件都是

朱塞佩·马志尼

在法兰西境外——主要是在英国密谋的。在英国，有不少的意大利革命者们。臭名昭著的朱塞佩·马志尼就是一些密谋活动的煽动人，而伦敦的意大利难民就是他的工具。这些意大利革命者都受到政治动机驱使，十分危险。朱塞佩·马志尼是一个天才的阴谋家，而他的原则就是如果成功率只有一成，那么派去执行这个秘密任务的人数越少越好。因此，朱塞佩·马志尼从来不让四个或五个以上的人去法兰西执行同一任务。

意大利革命者们的第一次密谋发生在1855年4月28日。1855年4月28日17时左右，在一个副官和一个侍马官的陪同下，拿破仑三世骑行在香榭丽舍大道上。突然，人行道的一个行人十分冷静地朝着拿破仑三世走来，并且用双管手枪向拿破仑三世连开了两枪。拿破仑三世没有被射中。在路上执勤的一位警察恪守职责，快速冲上前抓住了这个射击者的喉咙并且准备去了结他。这时，独自站在人群中的拿破仑三世保持着冷静，并且命令不要杀了射击者。在这个射击者身上发现了另一把手枪和一把匕首。在一大群来自各个阶层的人民群众的护送下，拿破仑三世回到了杜伊勒里宫。欧仁妮皇后听到声音并且看到一大群人慢慢地靠近杜伊勒里宫。起初，欧仁妮皇后不知道发生了什么事，担心这是聚众闹事。欧仁妮皇后匆忙来到杜伊勒里宫门口，却看见了拿破仑三世。和欧仁妮皇后拥抱时，拿破仑三世微笑着说道："这真是一个有趣的国家——在这里，人们像麻雀一样被射击。"

这个谋杀犯的名字是基亚凡尼•皮亚农瑞，是一个来自英国的鞋匠。基亚凡尼•皮亚农瑞虽然被判处死刑立即执行，但他什么都没透露。因此，没有人知道基亚凡尼•皮亚农瑞是否有同伙。这些可怕的事件导致欧仁妮皇后非常憎恨这些歹徒。每一起恐怖袭击事件发生后，欧仁妮皇后总是希望可以和拿破仑三世远离危险的皇室，去僻静的地方过普通生活。然而，每当欧仁妮皇后这样说时，拿破仑三世都会说道："在僻静的地方，一棵断裂的树可能砸向我们并且把我们砸死，而如果住在城市，那么一片瓦也可能掉下来并且砸到我们的脑袋！"

枢机主教贾科莫•安东尼黎是教皇庇护九世的秘书，也是拿破仑三世的好友。实际上，整个教廷的人都非常感谢法兰西对罗马利益的关照。贾科莫•安东尼黎留意着在意大利和伦敦的危险人物的活动，并且随时通知法兰西当局。比如，贾科莫•安东尼黎曾告诉法兰西当局基亚凡尼•皮亚农瑞的哥哥将从意大利去刺杀拿破仑三世，给他的弟弟报仇，而这个消息在基亚凡尼•皮亚农瑞的哥哥到达前六个小时就传到了巴黎——这个谋杀者一下火车就被押送到卡宴并且死在那儿。

意大利革命者刺杀法兰西皇帝拿破仑三世原因是认为拿破仑三世对教皇庇护九世的支持会阻碍意大利的统一。拿破仑三世曾经告诉我，他非常了解阿米迪•迪里欧。阿米迪•迪里欧曾说道："由于拿破仑三世决定不惜任何代价支持教皇庇护九世，我们需要用尽一切可能的方法去打倒他，而这有利于意大利和法兰西的人民。人们一定要公正地对待这件事情。"教皇庇护九世和拿破仑三世的联合是正确的，而欧仁妮皇后也赞同这一举措。拿破仑三世尽一切可能保护教皇庇护九世，并且尽量不干涉意大利的统一进程。1870年，法兰西军队被迫从意大利撤兵时，教皇庇护九世落入了敌人手中，而拿破仑三世也因此受到责备。虽然从军队和政治角度

勒德鲁－罗林

来看，人们确实有理由责备拿破仑三世，但看问题也不能忽略道德和宗教方面——拿破仑三世和欧仁妮皇后是基督教徒和罗马天主教徒，而他们不会袖手旁观，为了政治利益而牺牲宗教利益。

1857年，身处伦敦的提布拉迪、巴托拉第和哥瑞里策划了另一起刺杀活动，而这次活动是由朱塞佩•马志尼资助的。幸运的是，在执行前，这起阴谋就被发现了。这起事件具有一个典型特征——曾被法兰西放逐的激进共和党领导人勒德鲁-罗林的参与表明法兰西共和党正在和意大利革命者们密谋合作。知道了这起事件的具体细节后，拿破仑三世感叹道："虽然意大利和巴黎都在密谋反对我，但我深爱着法兰西——这就足够了！"

现在，我要讲述最臭名昭著的一起恐怖事件。1858年1月14日，星期四，剧院正在上演精彩的节目。这次演出首先由男中音歌手马索开场，接着由《威廉•退尔》、

《玛丽亚·斯图亚特》和《波尔蒂契的哑女》三剧目构成第二部分，最后以面具芭蕾舞结束。

因为拿破仑三世和欧仁妮皇后承诺将在1858年1月14日20时30分到场，所以萨克森-科堡公爵在楼梯下等待着皇家马车的到来。除了歌剧院附近的马路和街道有点拥挤，一切都很好。1858年1月14日20时30分，在一群护卫的保护下，皇家马车到达了歌剧院。第一辆到达的马车上坐着一些官员们，而接着到达的第二辆马车是一辆带篷的四轮马车，上面坐着拿破仑三世、欧仁妮皇后和罗格特。快到达剧院的主入口时，为了进入门廊尽头专门为皇室服务的特殊通道，皇家马车减慢了速度。与此同时，人们接连听到了三次爆炸声——第一颗炸弹被扔在了官员马车的后面，即皇家马车的前面；第二颗炸弹被扔在了官员马车的左边；第三颗炸弹滚落到了官员马车的下面。

当时的情景难以描述，而群众都异常恐慌。不仅歌剧院前亮着的煤气灯熄灭了，门廊上的玻璃被震碎了，而且周围有房子被震塌了，导致处处都是玻璃的碎渣和木屑。子弹射进了马车。拿破仑三世的帽子被射穿，而欧仁妮皇后的长袍沾满了血液。起初，欧仁妮皇后以为自己受伤了，而实际上是罗格特的耳朵因中了一枪而鲜血直流。所有人都在想：还会有炸弹爆炸吗？

警察快速地打开了马车门并且让拿破仑三世和欧仁妮皇后下来，而由于以为警察们是试图刺杀拿破仑三世的恐怖分子，欧仁妮皇后将自己的身体挡在拿破仑三世身前去保护他。然而，欧仁妮皇后很快意识到自己错了。当时，拿破仑三世非但没有失去理智，反倒问警员们："我们如何下来呢？你们还没有放好我下马车的台阶。"这时候，欧仁妮皇后才意识到这些勇敢无私的人的真实身份。

有多少人因恐怖分子的炸弹袭击而受伤呢？虽然人们都在想着这个问题，但这无法立刻就弄清楚。大家知道的是：三个行人和皇家马车的一个马夫受伤了；一些负责保护拿破仑三世和欧仁妮皇后的护卫死了；还有一些人受了重伤，其中包括几个妇女和儿童，以及在歌剧院入口处执勤的一些巴黎警员。

剧院外的群众处在惊慌中，而剧院里的人们也一样躁动不安。拿破仑三世和欧仁妮皇后命令立即救治受伤人员，然后走进了歌剧院的皇室包厢。接着，欧仁妮皇

拿破仑三世在歌剧院门口遇袭

后意识到随行人员没有到齐。后来，欧仁妮皇后得知德·桑西-帕拉贝雷夫人和皇室家族的另一位夫人因被人群推挤而错走进了一位演员的房间并且消失在了黑暗的门廊中。在这恐慌的时刻，欧仁妮皇后担心忠诚的随行人员会受到伤害。

拿破仑三世和欧仁妮皇后进入包厢时，所有的观众都站了起来并且热情地为他们欢呼着。向拿破仑三世和欧仁妮皇后鞠躬后，观众们坐下来静静地等待着《威廉·退尔》的开始。最终，经过几次尝试后，欧仁妮皇后虽然还是稍稍有些不安，但成功地冷静了下来。从杜伊勒里宫传来皇太子平安无事的消息后，欧仁妮皇后才完全安心下来。

与此同时，表演按照事先的安排继续进行着。拿破仑三世和欧仁妮皇后一直在歌剧院观看节目直到表演结束。在此期间，不断有人进入包厢向拿破仑三世和欧仁妮皇后汇报关于伤者的消息，而这些消息主要由热罗姆·波拿巴、拿破仑·热罗姆、玛蒂尔德·波拿巴公主、安娜·缪拉、几个外交使团成员和一些高级官员传达。这些亲戚和朋友的真诚与同情感动了拿破仑三世和欧仁妮皇后，并且给他们留下了深刻的印象。这是拿破仑三世和欧仁妮皇后第一次一起经历恐怖事件，而在欧仁妮皇后的头脑中，这起事件长期挥之不去。

骇人听闻的消息传到巴黎皇宫时，拿破仑·热罗姆正在会客厅里欣赏一个小剧目。听到消息后，拿破仑·热罗姆立刻驱车去了歌剧院帮助拿破仑三世。拿破仑三世真诚地感谢了拿破仑·热罗姆并且说道："你最好回到你的客人那里去——客人们都还在等着你呢。"这很好地说明了一点，即在危险的时刻，拿破仑三世仍然镇定自若。离开歌剧院时，拿破仑三世和欧仁妮皇后发现林荫大道特别明亮。拿破仑三世和欧仁妮皇后经过拥挤的街道时，群众热情地为他们欢呼着，而在杜伊勒里宫，几位大使和参议员正在等待着他们。拿破仑三世和欧仁妮皇后经常想起那个夜晚，因菲利斯·奥尔西尼及其同伙的炸弹而受害的人，以及群众和警员们的迅速行动。

后来，拿破仑三世曾带着讽刺阴谋者的口吻说道："菲利斯·奥尔西尼为巩固法兰西第二帝国可做了不少事呢！他做的事比立法机构里的波拿巴主义者们的演讲或我在宝座上的演讲更管用！"

1858年1月15日，所有的巴黎人都知道了实施阴谋的人已被逮捕。菲利斯·奥尔西尼是头目，而戈麦斯和鲁迪欧是他的同伙。在爆炸当天，菲利斯·奥尔西尼的另一个同伙皮瑞就已被逮捕——警方提前知晓了皮瑞的行踪，并且在他制造爆炸前将他逮捕了。谁能预言皮瑞掷的炸弹会不会对拿破仑三世造成生命危险呢？拿破仑三世和欧仁妮皇后虽然逃脱了，但没有为此而高兴——这起恐怖袭击造成了多人死亡或重伤。如前所述，拿破仑三世和欧仁妮皇后感到非常悲痛——受害者是无辜的，而这些炸弹本来是恐怖分子专为两位君主准备的。1858年1月15日，拿破仑三世和欧仁妮皇后坐着一辆敞篷马车，经过没有护卫的林荫路去医院看望了伤者。

1858年1月16日，杜伊勒里宫举办了一场针对外交部、参议院、立法机构、国务委员会和巴黎市议会成员的官员接待会。在这次官员接待会上，参议院和立法机构主席雷蒙-西奥多·特罗普隆和查理·德·莫尼伯爵都发表了感情真挚的讲话。当天

雷蒙－西奥多·特罗普隆

发表的新闻文章公布了死亡及重伤人数为一百一十八人，详细地描述了护卫的英勇行为，以及军需官库森和下士普吕多姆的沉着冷静。1858年1月17日，巴黎举行了一场针对将军、海军上将和其他军官的招待会。在巴黎圣母院，巴黎的枢机主教主持了为死者举办的赞美颂会，而欧洲各地的皇室成员纷纷前来并且祝贺了拿破仑三世和欧仁妮皇后幸运脱险。不久后，丹麦王子、查尔斯王子及普鲁士的阿尔伯特等欧洲皇室成员抵达法兰西并且为拿破仑三世和欧仁妮皇后带来了祝福。1858年1月18日，在立法机构召开的会议上，拿破仑三世的开场演讲受到了现场所有人的认同。后来，拿破仑三世和欧仁妮皇后又多次看望了医院里的伤者。而且，拿破仑三世对那晚冒着生命危险的警察、护卫和巴黎的士兵们颁发了法兰西军队的勋章和奖章。这些细节充分不仅说明两位君主、高级官员们、记者们和人民群众在紧急关头会团结一致，而且证明了君权的声望和稳固性。

与此同时，国外的消息仍旧让国内的群众感到不安。从意大利和英国传来了一个消息——据说，一场更大的阴谋正在酝酿之中。在1858年1月25日，英国大使考利勋爵举行的舞会上，人们没有收到任何消息，而伦敦正在庆祝维多利亚公主和普鲁士王子腓特烈·威廉·尼克劳斯·卡尔的婚礼。后来，普鲁士王子腓特烈·威廉·尼克劳斯·卡尔成了德意志皇帝腓特烈三世。阴谋不仅导致自己的生命处于危险之中，而且威胁着法兰西的和平，拿破仑三世对当时的情况有一些担忧。阅读那些呈给亚历山大·科隆纳-瓦莱斯基伯爵的报告时，拿破仑三世仍然保持着高度警惕。亚历山大·科隆纳-瓦莱斯基伯爵是拿破仑一世的亲生儿子和当时的法兰西总理。这一切迫使拿破仑三世思考着未来和自己被害后法兰西的处境会如何。在这种情况下，拿破仑三世不禁想到了年幼的皇太子，并且萌生了任命摄政王的想法。拿破仑三世采取了必要的军事措施，即把帝国内部的军队交由五个大指挥部指挥，任命五位元帅分别为每个指挥部的负责人。1858年2月1日，拿破仑三世签署特许证授予欧仁妮皇后摄政王的头衔，而特许证的生效日是皇太子登基时。与此同时，拿破仑三世还颁布了一项法令——他设立了一个枢密院，而这个枢密院由第二帝国的支柱，即枢机主教莫洛特、德·马拉科夫公爵、财政大臣阿希尔·福德、参议院主席雷蒙-西奥多·特罗普隆、查理·德·莫尼伯爵、内阁大臣巴罗切先生和德·佩尔西尼伯爵让-

维多利亚公主和普鲁士王子腓特烈·威廉·尼克劳斯·卡尔的婚礼

吉尔伯特·维克托·菲林组成。最后，在审判菲利斯·奥尔西尼及其同伙期间，查尔斯-玛利-埃斯普里特-埃斯皮纳斯被任命为公共安全部副大臣。这些任命虽然是为了应对日后的灾难或困境，但的确让人们感到很吃惊。实际上，这也是对"上校演讲"的回应。上校们曾谴责英格兰，并且认为英格兰成了阴谋者们及恐怖分子的避难所——大多数情况下，来自意大利的阴谋者们和恐怖分子会在英国密谋杀死拿破仑三世。公共舆论甚至要求对先前的被驱逐者和有嫌疑的法兰西人采取严厉措施。随后，法兰西政府逮捕了四百人，并且将三百人发配去了阿尔及利亚。这一严厉措施产生了良好的效果——《公共安全法》像一柄利剑，具有很好的威慑力。因此，可以说菲利斯·奥尔西尼的暴行迫使拿破仑三世采取严厉措施保护了自己、王位和法兰西人民的安宁。在这一点上，虽然拿破仑三世总是后悔这样做，但欧仁妮皇后完全赞同这种做法。

由于菲利斯·奥尔西尼的暴行和陆军"上校演讲"，英格兰和法兰西之间出现了一些矛盾。众所周知，菲利斯·奥尔西尼的阴谋是在英吉利海峡的另一端酝酿的。虽然英国政府认为有必要颁布一部与谋杀阴谋有关的法案，但最终不了了之。因此，第三代帕默斯顿子爵亨利·约翰·坦普尔下台了。随后，英国成立了以德比-迪斯拉里为首的新内阁，而新内阁通过用马姆斯伯里勋爵取代外交部前部长克拉伦登勋爵向法兰西示好。艾玛布勒-让-雅克·佩利西耶被派去接替在伦敦的德·佩尔西尼伯爵让-吉尔伯特·维克托·菲林担任法兰西大使，而这更加坚定了克里米亚战争时英法之间的盟友关系。此外，维多利亚女王和拿破仑三世同意在瑟堡的新码头的开幕典礼上会晤。

1858年3月13日，菲利斯·奥尔西尼和皮瑞被处决了，而鲁迪欧和戈麦斯开始终身服苦役。虽然拿破仑三世本来想判菲利斯·奥尔西尼和皮瑞死缓——仁慈的欧仁妮皇后也支持这样做，但因为他们导致了许多无辜的人丧生，罪恶深重，所以大臣们恳求拿破仑三世不要这样做。审判阴谋者的现场每次都座无虚席。据说，拿破仑三世曾亲自去监狱见了菲利斯·奥尔西尼。拿破仑三世在这些暴行中看到了威胁，而这些威胁来自意大利的各个角落。从这些威胁中，拿破仑三世感受到了昔日梦想的召唤，以及自己年轻时做出的承诺。虽然此前，这些威胁远在天边，但现在，拿破仑三世认为它们已经变成了可能发生的事情。为了解放意大利，法兰西很可能与奥地利发生战争。因此，法兰西很有必要与意大利结成密切的联盟。

1858年春季，我们也许会感到悲伤。乌云密布的法兰西充满了战争的迷雾。在法兰西，不仅两年前的繁荣景象不再，而且政府和国民都对未来缺乏信心。所有这些阴郁的环境前所未有地让我们感到不安，并且迫使我们深思。意大利独立事业的狂热分子菲利斯·奥尔西尼是一个有天赋又精力充沛的人，而他的可怕行为使法兰西和欧洲陷入了动荡之中。这一切对拿破仑三世和欧仁妮皇后的思想造成了巨大的影响——在回顾往事时，他们总是不禁想到不幸的1858年。

与菲利斯·奥尔西尼的大胆、精心筹划的恐怖事件相比，所有阴谋似乎都微不足道。1864年7月3日，在一处公共场所，四名刺客——格列柯、特拉武科、西格里尼和伊佩拉托里虽然企图暗杀拿破仑三世，但未能成功。这四名刺客都是意大利人——他们不仅由朱塞佩·马志尼支付报酬，而且在伦敦受到庇护。许多波拿巴主义者认为，法兰西是英国的友好邦国，而英国允许朱塞佩·马志尼及其同伙在英国密谋杀害友好的法兰西君主——英国应为此受到谴责。然而，拿破仑三世不仅很了解英国宪法的独特性，而且从不迎合敌对势力反对英国皇室及其人民。在可怕的菲利斯·奥尔西尼事件后，法兰西公众舆论对英格兰的态度是非常激进的。对此，拿破仑三世说道："虽然埃米勒·奥利维耶反对《公共安全法》的理由似乎很有道理，但我不认同他的理由。我相信，内阁会把平民百姓放在心上。我不赞成这种反对英国的毫无无节制的演讲。首先，从长远来看，政治暴行——比如这些暗杀行为，非但永远不会有实质作用，反倒只会让我们团结更多可以团结的力量。我想重申，我们不能对英国太苛刻——我永远不能忘记在黑暗的日子里，英国曾给予我官方的或私人的帮助与支持。对我来说，伦敦虽然有大雾、大雨和严寒，但永远是第二个巴黎。"

在1870年1月2日组建的新内阁中，埃米勒·奥利维耶担任首相。在此起彼伏的阴谋诞生下的这个新内阁的目的是发展"自由帝国"。巴黎的共和党人正在进行一场革命，而这场革命一旦时机适合，便会迅猛爆发，它不是要置拿破仑三世于危险之中，而是要推翻现在的政权本身——更确切地来说，拿破仑三世和第二帝国都受到了威胁。欧仁妮皇后已经感觉到了，甚至从一开始就看到了这种威胁。在维克多·诺尔的悲剧发生后，欧仁妮皇后便开始日日为拿破仑三世担忧。人们仍记得维克多·诺尔这位狂暴的巴黎记者，他在一次与皮埃尔·波拿巴的争吵中被后者开枪打死。拿破仑三世对吕西安·波拿巴亲王的这个儿子——皮埃尔·波拿巴感到很头疼，皮埃尔·波拿巴不仅违背吕西安·波拿巴亲王的意愿结了婚，而且给法兰西政府惹了大麻烦。拿破仑三世本来打算让皮埃尔·波拿巴离开这个国家，防止丑闻接踵而至。然而，拿破仑三世的想法是不可能实现的，因为国家事务的控制权掌握在自由党手中。后来的审判充斥着各种各样的丑闻。维克托·诺尔的公开葬礼为反对党所利用，成了敌人的武器，而敌人们毫不迟疑地利用了这个精良的武器。逮捕、暴动和流血持续了好几天，而它们都是这起不幸事件的自然结果。欧仁妮皇后心中十分不安——她的脑海里一直在重复着法兰西历史上的类似事件。一天夜晚，军队人员像往常一样小心翼翼地守卫着杜伊勒里宫及其周围，而拿破仑三世对欧仁妮皇后说道："让我们去看看士兵们吧。"拿破仑三世和欧仁妮皇后参观了士兵的营房，并且与一些士兵们进行了简单的交流。然而，欧仁妮皇后突然想起了某场致命的宴会，恳求拿破仑三世道："不，不！没有贴身保镖陪着，我们还是立刻回到宫殿里去吧。"

第16章

拿破仑三世的驾崩

在本章中，我不可避免地要谈谈拿破仑三世生命的结束。众所周知，在死亡到来之前，拿破仑三世病了很久。在威廉姆斯赫厄的逗留快结束时，拿破仑三世才开始从战争引起的疲劳和紧张中恢复过来。被流放于英国的拿破仑三世的健康时好时坏——长期的痛苦压抑和一些友人的无情绝交严重影响了拿破仑三世的健康。拿破仑三世用自己强大的精神对抗着肉体的痛苦。然而，平静之时，拿破仑三世也非常敏感。有时，拿破仑三世会因那些铺天盖地的匿名攻击而备感痛苦，而这些攻击加速了他生命的终结。我们虽然都看到了这一点并且为此感到悲哀，但没有办法阻止。有时，听到从法兰西传来的希望拿破仑三世重新回去执政的消息或看到周围还有如此多忠心耿耿的友人会让拿破仑三世感到很欣慰。然而，最让拿破仑三世感到欣慰的还是在伍尔维奇的军事学院表现优异的皇太子。拿破仑三世将所有的一切都倾注在自己唯一的儿子身上，而这个男孩的良好品行是这位受病痛折磨的父亲的良药。

还有另外一个因素使拿破仑三世的健康受到了影响——英国的气候很不适宜病人恢复健康。虽然英国的气候让拿破仑三世有点暴躁，但他意志坚强，并且将真实的情况隐瞒了起来。然而，这瞒不了欧仁妮皇后。欧仁妮皇后虽然知道实际情况，但无能为力，拿破仑三世的痛苦她感同身受。

对于所有被流放的朝臣们来说，卡姆登公馆是一个集会场所。虽然这些老面孔在维持欢乐气氛上做了很多工作，但实际上，他们的出现对拿破仑三世来说是一种持续的压力。前幕僚和轮候贵妇人们都仍然侍奉着拿破仑三世和欧仁妮皇后，而杜伊勒里宫的好友和一些访客常常会加入这个小团体。

与此同时，法兰西国内的人民对拿破仑三世的状况也很关心——有些人希望第二帝国复辟，并且制订了一整套计划，即希望在几个陆战队指挥官的支持下，帮助拿破仑三世再次登基。我把这个事实写出来有两个原因——第一，当时的共和党人公开了这一事实；第二，欧仁妮皇后曾私下里反对过这个计划——她觉得不仅拿破仑三世太虚弱了，不能承受这样的压力，而且皇太子也还年幼，无法在复辟中担当领导角色。根据从法兰西打听来的消息，欧仁妮皇后认为同意复辟绝非明智之举，而随后几年发生的事表明她的观点是正确的。此外，对这个“阴谋”，拿破仑三世也不如那些年轻的波拿巴主义者感兴趣。

1872年11月底，拿破仑三世病得更加严重了，而欧仁妮皇后把这一切都看在眼中。起初，拿破仑三世不得不放弃驾驶马车，而随后，他甚至只能步行。让-尼古拉·科维沙医生和康诺博士都认为拿破仑三世必须做手术，而其他的医生则认为还可以再等等。由于意识到这两项提议都有风险，欧仁妮皇后很是犹豫。1872年12月初，拿破仑·热罗姆看望了拿破仑三世，并且敦促他听从让-尼古拉·科维沙医生和康诺博士的建议。为了让拿破仑三世同意，拿破仑·热罗姆对他说：“只有这样，你才能完全掌握自己。”拿破仑三世同意了并且回答道：“哦，我的健康永远不会阻碍我完成所有的政治任务了。”这就是总是那么勇敢的拿破仑三世。然而，拿破仑三世决定尝试做一件事。拿破仑三世下令备好一辆马车，而第二天大约14时，一个仆役告诉拿破仑三世的马车已经停在了门口。除了欧仁妮皇后，所有人都很吃惊，并且认为一定是搞错了——拿破仑三世不仅已经有很长一段时间没有驱车外出了，而且一连好几天，都没有离开家。拿破仑三世一边下楼，一边平静地说：“我要去伍尔维奇看看皇太子。”拿破仑三世走进车厢后，不仅欧仁妮皇后很焦急，而且周围的人与她一样焦虑不安——大家都觉得驱车外出的拿破仑三世可能会有危险。

在拿破仑·热罗姆的陪同下，拿破仑三世安全地到达了伍尔维奇，与皇太子见了一面并且走了一会儿。随后，拿破仑三世驾着马车回到了奇泽尔赫斯特。拿破仑三世和拿破仑·热罗姆一回来，医生们就向拿破仑·热罗姆询问拿破仑三世的情况。

拿破仑·热罗姆告诉医生们，在驾车的过程中，拿破仑三世没有任何异样——如果拿破仑三世感到痛苦，那么从他的脸上应该能看出来，而他脸上没有任何痛苦的表情。与拿破仑三世单独在一起时，欧仁妮皇后担心地问他是如何忍受这些痛苦的。拿破仑三世用惯有的勇敢口吻简单地说了一句："只是稍稍有点痛。"然而，两天后，拿破仑三世开始发高烧。对拿破仑三世进行了检查后，高尔医生表示，拿破仑三世的情况得请著名外科医生亨利·汤普森爵士前来。亨利·汤普森爵士立即赶到卡姆登公馆，并且为拿破仑三世检查了身体，而他的检查结果与康诺博士及让-尼古拉·科维沙医生的诊断结果一致：拿破仑三世不仅正遭受结石的折磨，而且必须

亨利·汤普森爵士

马上接受手术。亨利·汤普森爵士决定在1873年1月给拿破仑三世做手术。我们虽然都很焦虑，但很乐观——亨利·汤普森爵士的手术成功率很高。皇太子不仅深信拿破仑三世一定能恢复健康，而且写信给教皇庇护九世送上新年的祝福，向他的教父，即教皇庇护九世表达了他的乐观期望，并且希望教皇庇护九世为拿破仑三世祈祷。然而，不知为何，这封信未能及时递送，反倒与通知拿破仑三世死讯的电报同时到达。

1873年1月2日，亨利·汤普森爵士安装好了所有设备。亨利·汤普森爵士的助手包括弗斯特和格洛弗，而他们其中一人负责氯仿麻醉。高尔医生、让-尼古拉·科维沙医生和康诺博士也在场。第一次手术十分成功。然而，虽然拿破仑三世的痛苦

流放期间的拿破仑三世

减轻了很多，但这次手术几乎没有碰到结石。1873年1月6日，星期一，拿破仑三世接受了第二次手术。第二次手术比第一次手术更痛苦，导致拿破仑三世术后感到剧烈的疼痛。商议过后，医生们决定，如果第三次碎石手术仍然不成功，那么他们将只能采取一些补救措施，而可怜的拿破仑三世什么也没说。第二次手术后，拿破仑三世的身体和精神状态的变化只有通过测量他的脉搏、体温和查看他的面部表情才能知道。拿破仑三世一直都处于昏睡状态，并且有时说点胡言乱语——可能是由氯仿麻醉剂引起的。1873年1月7日，星期二，欧仁妮皇后在病床边时，拿破仑三世喃喃地说："路易去哪了？""他已经去了伍尔维奇。你想他吗？""不，不，他在工作。我不想让他受到打扰。"1873年1月7日，去看了生病的女儿后，刚从伦敦回来的康诺博士走进了拿破仑三世的房间。拿破仑三世对康诺博士说："是你吗，康诺？你不是在色当吗？"由于以为拿破仑三世说错了，康诺博士说道："是的，陛下。我先前去了伦敦。""我没有问你是否在伦敦。我问你是否在色当？""是的，陛下。我在那里。""啊！"然后，拿破仑三世闭上了眼睛。

"路易"和"色当"——这是拿破仑三世最后清晰地说出的两个词。第一个词是拿破仑三世对爱子的告别——在生命最后的痛苦日子里，一说到自己的爱子，拿破仑三世的嘴角便不禁露出一丝微笑；拿破仑三世说的第二个词是提醒自己在1870年夏天度过的那些可怕的日子——自那时起，他每时每刻都受到无尽的折磨，并且被慢慢吸干了所有力量。医生们和欧仁妮皇后问了些问题，拿破仑三世虽然开了几次口，但都是些单音节。最后，没有一丝力气说话的拿破仑三世给了欧仁妮皇后一个淡淡的微笑。

1873年1月8日夜晚，拿破仑三世的情况似乎有所好转。这个夜晚很平静，而拿破仑三世的痛苦减轻了很多。1873年1月9日看起来是有希望的一天，而大家都在期待着。亨利•汤普森爵士鼓励自己做好手术，随后便通知克拉里伯爵他不仅要开始第三次手术，而且在手术中必须要用到手术刀。每个人都祈祷着手术能有最好的结果。虽然皇太子请求回来陪伴拿破仑三世，但大家一致认为应该等到手术结束后再让皇太子回来。克拉里伯爵准备动身去伍尔维奇的军事学院，并且把好消息和从医生们那里听到的安慰的话语带给皇太子。1873年1月9日10时左右，克拉里伯爵去找了欧仁妮皇后并且看她是否有消息需要传达，而欧仁妮皇后让克拉里伯爵等着——她也准备一同前往。拿破仑三世的情况看起来有所好转，而欧仁妮皇后也有一个月没出过门了。因此，欧仁妮皇后决定去看看皇太子。在去坐马车的途中，欧仁妮皇后遇见了让-尼古拉·科维沙医生。让-尼古拉·科维沙医生对欧仁妮皇后说："尊敬的陛下，您最好不要外出。""怎么了？""因为可能会有紧急情况，所以您最好留在屋里。"然后，让-尼古拉·科维沙医生转身对克拉里伯爵说："快去让拿破仑·热罗姆赶来。"并且对莱布顿女士说："去请戈达德神父。"戈达德神父是奇泽尔赫斯特教堂的牧师，经常来卡姆登公馆，而拿破仑三世很喜欢同他聊天。此前不久，和戈达德神父在墓地散步时，拿破仑三世对他说："我正在找一块可以让你安置我的墓地。"

随后，欧仁妮皇后进入了拿破仑三世的房间。站在病床边的医生们观察着拿破仑三世的脸色和脉搏，而拿破仑三世嘴唇发白，脉搏逐渐变慢。"陛下，"其中一个人说道，"欧仁妮皇后来看您了。"这时，拿破仑三世微微点了点头，开始寻找欧仁妮皇后的身影。欧仁妮皇后走近并且亲吻了拿破仑三世的额头。拿破仑三世虽然稍稍抬了下头想亲吻欧仁妮皇后的嘴唇，但几乎没有力气做这件事。亨利·汤普森爵士给拿破仑三世服了几滴兴奋剂。然而，欧仁妮皇后说的"路易快来了，亲爱的"显然比兴奋剂更具威力——所有人都意识到这个名字对拿破仑三世的触动——他苍白的脸上立刻浮现出了弱弱的微笑和喜悦的神情。这时，戈达德神父走进房间。欧仁妮皇后虽然感到拿破仑三世呼吸艰难，但无法想象死亡竟如此之近。戈达德神父轻轻地把欧仁妮皇后拉走了。欧仁妮皇后以为戈达德神父要单独留下来陪着拿破仑三世。由于认为欧仁妮皇后不知道真实的情况，医生们对她说拿破仑三世已经奄奄一息了。然后，欧仁妮皇后回到了拿破仑三世床边，发现所有人都跪在地上——拿破仑三世已经安安静静地离去了。

与此同时，克拉里伯爵在伍尔维奇找到了肩扛着枪正在进行军事训练的皇太子。皇太子和克拉里伯爵一路加速，并且在午后赶到了卡姆登公馆。皇太子和克拉里伯爵进屋的时候，达维利耶伯爵对皇太子说："勇敢一点，皇太子。皇帝已经病得非常重了。"皇太子看见流着泪的戈达德神父走向他，立刻意识到发生了什么。皇太子匆忙上楼，并且碰到了刚从拿破仑三世的病房里出来的欧仁妮皇后。欧仁妮皇后抱

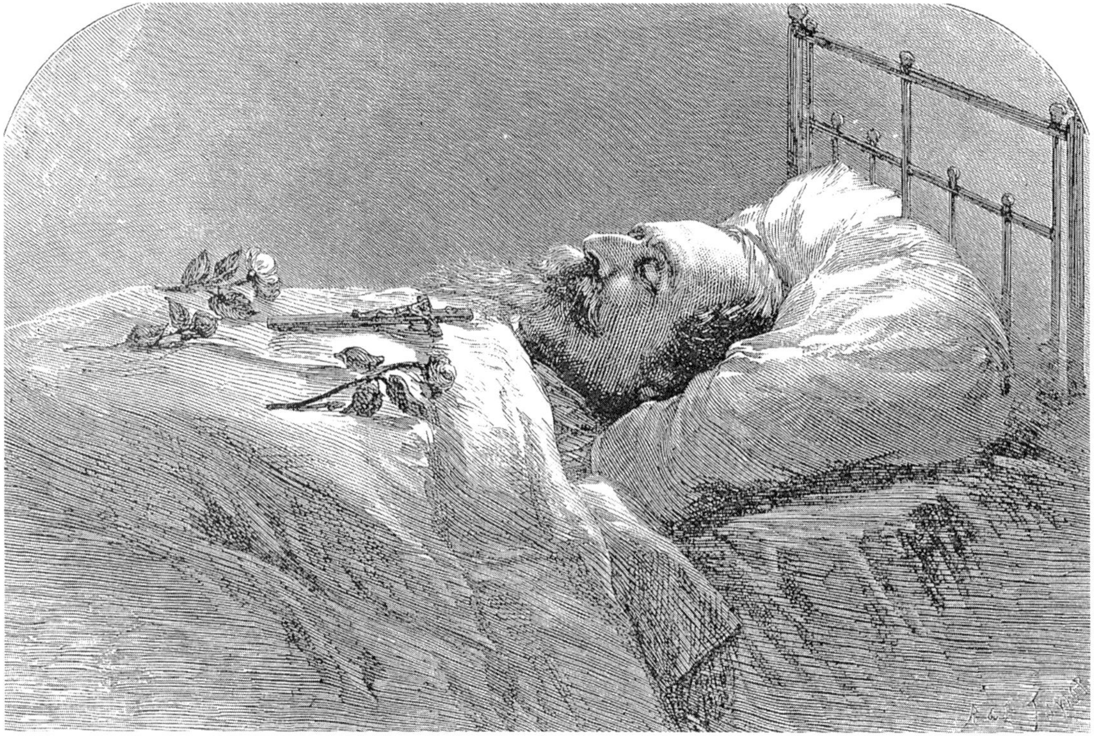

拿破仑三世驾崩

住了自己可怜的孩子。随后，皇太子进了拿破仑三世的房间。皇太子虽然希望自己赶到时父亲还活着，但现在只能面对一具尸体。拿破仑三世脸上的表情很平静，看起来就像睡着了一样。皇太子先跪下祈祷，然后站了起来，并且用两手捧起拿破仑三世的头温柔地亲吻了他。欧仁妮皇后再次把皇太子拉到了自己身边。虽然其他人试图让皇太子离开房间，但皇太子拒绝了。在父亲身边跪着的皇太子内心百感交集。过了许久，皇太子起身走出房间，平静地问最后一刻的父亲是怎样离去的。最后，皇太子陷入了深深的悲痛之中，痛哭流涕。

拿破仑三世去世的消息使英法两国陷入悲痛之中，甚至许多伦敦报纸的版面都改成了黑色。拿破仑三世不仅在英国很受欢迎，而且虽然被流放他乡，但还是对法兰西的公共事务有着莫大的影响。那时，许多政治家都认为拿破仑三世或皇太子一定会对国际政治起着重要作用。一得到消息，善良的维多利亚女王就派自己的管家悉德尼勋爵和汉诺威王朝的第二代剑桥公爵乔治·威廉·腓特烈·查尔斯去表达了哀悼之情。直到欧仁妮皇后去世，维多利亚女王一直都对她很好。维多利亚女王经常给欧仁妮皇后和皇太子写信或发电报。欧仁妮皇后和皇太子收到了大量来自其他君主、各个国家的公众人物与法兰西的旧友发来的吊唁电报。几天后，我得知，二十多家巴黎报纸和政府部门报纸发表了悼文。奇泽尔赫斯特人民的温情也深深地感动了欧仁妮皇后。拿破仑三世的离世让皇太子受到了巨大的打击，而为了避免触景生情，欧仁妮皇后想让他住在公园角落的一所安静的小房子里。拿破仑三世去世的第二天，威尔士亲王阿尔伯特·爱德华来了。由于不想让欧仁妮皇后更悲痛，威尔士亲王阿尔伯特·爱德华去见了皇太子。威尔士亲王阿尔伯特·爱德华深情又悲痛地对皇太子说："我同情你。因为我也经历过，所以我知道你在遭受着什么样的苦难。"

这次悲痛的经历导致皇太子变得有些脆弱。我还记得，一位皇室成员询问关于拿破仑三世的葬礼的安排时，欧仁妮皇后转身对身边的皇太子说："路易，你觉得该如何安排呢？现在，你成了做决定的那个人。"皇太子唯一的回应是跪下来亲吻母亲的双手，而他的眼泪浸湿了这双手。在这段痛苦的时期，还有许多感人的行为和场景。一个叫尤金·德莱塞茨的法兰西人带了一满盒杜伊勒里宫的私人花园里的土壤，而这些土壤被洒在了拿破仑三世的棺材上。拿破仑三世睡在棺材里，戴着自己的结婚戒指和另一枚曾经戴在拿破仑一世的手上的戒指——这是拿破仑一世在圣赫勒拿岛离世的时候传给他的。虽然有人提议把这枚家族祖传的戒指摘下来并且传给皇太子，但皇太子拒绝了。

1873年1月14日，拿破仑三世的尸体被陈放在房子的大厅里。埃德蒙·勒伯夫赶到了奇泽尔赫斯特。在棺材前，埃德蒙·勒伯夫双膝下跪并且大喊着："我可怜的皇帝！我可怜的皇帝！"然后，埃德蒙·勒伯夫在房间里慢慢地走了一圈，又吻了两次拿破仑三世的手——自梅茨离别后，他再没握过拿破仑三世的手。在场的人告诉我，当时的场景令人十分悲痛。所有人都理解埃德蒙·勒伯夫的悲痛，最后一位朋友把他从拿破仑三世的身边拉开了。

葬礼前一晚，欧仁妮皇后一直在拿破仑三世的棺材边祈祷。葬礼结束的那一刻，一缕阳光冲破了乌云。后来，弗兰切斯基尼·彼得里先生告知欧仁妮皇后，为拿破仑三世送葬的队伍中包括两名元帅、一名海军上将、十五位将军、六位海军中将和少将、十四名议员、二十七位前大臣，以及二十五位前州长。1873年1月19日，星期日，戈达德神父为死去的拿破仑三世布道。在布道仪式中，戈达德神父详述了拿破仑三世深厚的宗教情怀和对穷人的善良之心。此外，戈达德神父还讲了一个我从拿破仑三世口中听过的轶事。这则轶事的内容是这样的：一天，还是孩子的拿破仑三世光着脚回了家。拿破仑三世的母亲，即荷兰王后奥尔唐斯·德·博阿尔内问他的鞋子哪去了，而他回答道："母亲，我遇到一个没有鞋子的可怜男孩。我把我的鞋子给了那个男孩。"拿破仑三世从小就是如此慷慨大方、善良仁爱，不仅在场的每个人都对他的这些高尚品质深有体会，而且我曾从朋友和陌生人口中多次听过类似的话。拿破仑三世对朋友很关心，对别人给予的小帮助也会很感激，而这些高尚的品质和罕见的美德足以让他成为人们心中的好皇帝。此外，拿破仑三世还有一个更加伟大的品质——他能宽恕所有的恶意攻击，而不了解他的人是不会知道这一点的。实际上，拿破仑三世虽然经常可以打击报复那些恶意的攻击者，但没有这样做——即使这有利于他的政治利益。

葬礼后几天，戈达德神父告诉我，一位曾在塞瓦斯托波尔指挥过战斗的元帅来到圣器收藏室里并且含着泪对他说："谢谢您对拿破仑三世的尊敬。您的悲痛不比我们的少。拿破仑三世是一位值得这些敬意的人——他有高尚的心灵。"后来，我从许多名人那里也听过类似的话。可以说，拿破仑三世是我认识的人中最伟大的一位。

第 17 章

欧仁妮皇后的摄政与晚年生活

第二帝国存续期间，欧仁妮皇后曾多次担任摄政王。虽然欧仁妮皇后的一些决策有时会受到严厉的批评，但因为这些吹毛求疵的批评大多没有确凿的事实，所以无论是在当时还是后来，欧仁妮皇后都没有将它们放在心上。与此同时，欧仁妮皇后也没有在意自己在摄政期间得到的恭维和表扬之词。欧仁妮皇后已做好耐心等待的准备——等待未来的历史学家对第二帝国的公众形象下定论。

然而，对欧仁妮皇后在摄政期间的所作所为，即使最恶意的诽谤者也无法诋毁其功劳。一个有力的证明便是在1860年的摄政期，即拿破仑三世去阿尔及利亚期间，欧仁妮执掌法兰西事务时的表现。

由于一直将年轻囚犯记挂在心，在摄政期间，欧仁妮皇后非常认真地学习了这方面的资料。任何稍微懂点行政管理知识和常规的法兰西人都知道，欧仁妮皇后为改善监狱系统做了很多努力。欧仁妮皇后十分清楚这项工作的难度，而为了获得这方面的准确信息，她亲自进行了调查并且查看了所有需要改进的监狱。

那时，少年犯被关在由教堂改造而来的小丘监狱，而这所监狱是欧仁妮皇后怀着怜悯之心探访的第一所监狱。在一次初步的仓促检查后，欧仁妮皇后痛苦地发现，情况比她之前想象的还要糟糕。许多孩子虽然有罪，但其实也是受害者——他们有的受到虐待，有的受到遗弃，而在监狱不仅遭受着精神上的折磨，而且这种折磨在成人的监狱里早就已经被废除了。这些年轻人自然而然地变得越来越桀骜不驯和堕落。实际上，在很多情况下，温柔相待和善良仁慈就可以拯救这些孩子。

欧仁妮皇后发现这些孩子被迫过着一种与世隔绝的生活。这些孩子原本都是充满了活力的青少年，而狱中的他们每天都过着相同的生活，导致每一天都显得十分漫长。这些孩子在孤独中度过每一天，完成一成不变的任务，甚至在监狱里散步时，这些孤单的灵魂也没有任何希望可以寄托。第一次在监狱里放风和穿过栅栏门时，这些孩子肯定带着一颗跳动的心，急切地想着自己肯定能交到一些朋友——虽然他们无法正常交流，但总有一些新鲜事会发生。然而，唉，这些可怜的孩子放风的地点是一条被高墙围住的约二十五米长的走廊，导致这所谓的娱乐消遣也变成了他们灵魂深处都厌恶的一种折磨。不仅这所小监狱变成了一个惩罚之地，而且无人知晓这些年轻灵魂受的折磨。

欧仁妮皇后见了一些可怜的少年犯，并且一个个地询问了他们之前的生活、入狱的原因，以及在狱中的现状。对一些少年犯，欧仁妮皇后立即知道自己已经没有办法挽救他们了——肮脏的想法、扭曲的心灵都足以使他们再次犯罪。被欧仁妮皇后询问时，一些少年犯不仅当场编了一通原因来解释自己的行为，而且还会捏造一些离奇的故事欺骗欧仁妮皇后以博取同情。最后，欧仁妮皇后不得不下了一个定论：这些已经深陷泥潭的孩子们都没有救了。欧仁妮皇后还发现，由于被世界抛弃了并且没有家，一些孩子甚至无法理解一句善良的话或一个深情的抚爱动作，只能睡在他们知道的唯一的庇护所，即塞纳河的桥下，而某个夜晚，他们会被警察赶走，或者因无家可归而被带去小丘监狱。这样对待这些孩子是正确的吗？欧仁妮皇后问自己，这些牺牲品就应该沦为被关押并且遭受苛刻待遇的穷凶极恶的阶下囚吗？欧仁妮皇后对这个问题的回答是："不，绝不是。"

欧仁妮皇后发现，有一些父母会主动让自己的孩子们去坐牢。这些父母会打孩子们，把他们赶出去，直到他们规规矩矩。引起皇后特别关注的是一个少年——有一天，路过一条街时，他偷了一些小东西。这个少年的父亲是一位警察，他因自己的儿子的恶劣行为而感到非常羞耻，坚持要求让自己的儿子坐上一年牢。然而，这个少年因这次惩罚而变得更加桀骜不驯——他发誓，只要一出监狱，他就会杀了自己的父亲。虽然为了说服这个少年，所有人都想尽了办法，但他还是很执拗。"等我离开这里后，我一定会杀了他。"这个少年一遍又一遍地重复道。

欧仁妮皇后询问这个少年过去的事情，而他非常简洁地讲述了整件事，并且哭着喊道：“我的父亲没有权力因这么一件小事而让我得到如此严重的惩罚——这是不公平的。我会因此而杀了他。”欧仁妮皇后把这个少年拉到身边，温柔地和他说话，并且向他详述了为人父母的责任，即父母会根据自己的立场决定这种责任的大小。“你爸爸是一名警察，”欧仁妮皇后对这个正在发抖的少年说，“因为他的责任是遏制他人的邪恶，所以他更加坚定地认为自己的儿子必须因错误而受到严厉的处罚。毫无疑问，做出这样的决定，你的父亲也会很痛苦。”这个少年把皇后的话听进去了，而他那坚硬如铁的心也变得越来越柔软。最后，这个少年哭倒在了欧仁妮皇后脚下，并且许诺放弃自己之前离谱的决定。随后，欧仁妮皇后向这个少年保证她会找一个人去与少年的父亲沟通，并且减少他的刑期。欧仁妮皇后确实这样做了，而不久后，这个少年就出狱了。欧仁妮皇后得知，后来，这个少年不仅当了学徒，而且得到了精心的照顾，而这个少年的师傅对他也很满意。欧仁妮皇后感到很欣慰——她当时期待的结果实现了。

对小丘监狱的考察结束后，欧仁妮皇后任命了一个委员会探讨将监狱变成农场的可能性，即用在露天农场劳动取代在监狱工作间做苦力。委员会的会议都是在杜伊勒里宫举行的，而前不久才开始拥护第二帝国的埃米勒·奥利维耶是委员会中最杰出的成员和这个新体系坚定的支持者。

正如预料的那样，委员会中有一大片反对这项改革的呼声。一位委员努力想说服欧仁妮皇后，并且让她意识到把个人情感掺进这些事情里的危险性。这位委员非常严肃地指出，这项改革不仅将会引起不可计数的难题，而且将会干扰行政区经济。欧仁妮皇后虽然不否认这些事实，但仍然在这个问题上公开表明了自己的观点——她坚持认为，这项改革不是感情用事，而是人性使然。欧仁妮皇后不仅举了许多自己亲眼所见的例子，而且为了那些犯罪的青少年，深情地恳请委员会采纳这项改革。最终，委员会决定进行这项改革，并且让这些孩子逐渐进入了各种各样的农业监狱。

不可否认的是，之前预见的各种挫折都出现了。最反对这项提议的是农业监狱的管理者——他们担心那些不守纪律的坏孩子会破坏农场。然而，这些反对都被驳回了——这项改革已经带来了比预期更快更好的结果：在充满清新空气的乡村中，不仅适宜的工作量令孩子们变得更健康，而且使他们出现了许多不可思议的转变。

每次说起欧仁妮皇后的这项改革时，我总是喜欢讲述下面这个成功案例。一个十六岁的男孩，以及另外五十个青少年，一同被转移到了纽伊附近的西多修道院。这些青少年被送到了专门为青少年罪犯安排的工业和农业监狱中。这个男孩因他的桀骜不驯而被大家熟知，而他不仅将“恶棍”之名引以为豪，而且宣称要一直如此。这个男孩不仅不听任何劝告，而且唾弃别人对他的任何帮助。然而，这所监狱创造了奇迹——仅仅一年后，这个男孩虽然服刑期还没满，但已经被放出来了。农场的管理者建议这个男孩当农场工人，而他听取了这个建议，并且成为社会中杰出的一员。

欧仁妮皇后又把注意力转向圣拉扎尔监狱的一个可怜女人。充斥着邪恶、痛苦和罪行的圣拉扎尔监狱是一个长着巨大毒瘤的小社会。

在这个可悲的监狱进行的一次考察中，一个躺在床上奄奄一息的女人吸引了欧仁妮皇后的注意。这个女人既可怜又可悲，不仅拒绝宗教给予的安慰，而且沉溺于最可怕的诅咒和亵渎。欧仁妮皇后走近这个女人的床边，温柔地安慰她，并且似乎想找一些可以直达她内心深处的话语安慰她。突然，这个奄奄一息的女人抬起眼睛，好奇地问道：“您，一位尊贵的皇后，不仅这么温柔地同我说话，而且可以对我的痛苦遭遇感同身受！如果您有一颗如此善良的心，那么上帝一定也是存在的。”

在摄政期间，没有什么比这个堕落女人内心深处的话更加让欧仁妮皇后欣慰了。被欧仁妮皇后抚慰和感化后，这个可怜的女人不仅向那些她曾经恶言恶语诅咒过的姐妹和护士乞求原谅，而且在欧仁妮皇后的帮助下，把念珠串戴在了脖子上，甚至请求牧师让她大声忏悔。在忏悔中，这个女人渐渐死去了。

欧仁妮皇后没有忘记在圣拉扎尔监狱度过的那一天。在我脑海中，那些对欧仁妮皇后的感激之辞——不管是在监狱里还是监狱外，都不可磨灭。我认为，欧仁妮皇后在监狱为那个堕落的女人做的事正是慈善事业的开端——慈善团体会为需要帮助之人伸出援助之手，而这一点为法兰西第三共和国的人熟知。

附近的人们得知了欧仁妮皇后正在考察圣拉扎尔监狱的消息。一大群人聚集在圣拉扎尔监狱门口并且焦急地等待着，想一睹欧仁妮皇后的尊容和赞扬她那高尚仁爱的行为。因此，从圣拉扎尔监狱出来的欧仁妮皇后看到了一群跪着的女人。这群女人想握欧仁妮皇后的手或触碰她的衣服，并且想让她看看她们的孩子。欧仁妮皇后很受感动，并且好不容易才从激动的人群中回到马车上。返回杜伊勒里宫的欧仁妮皇后虽然心情沉重，但带着因圆满完成任务而产生的开心。从阿尔及利亚回来的拿破仑三世对欧仁妮皇后在摄政期间进行的慈善活动大加赞赏。

数年后，欧仁妮皇后有了另一个救助需要帮助的穷人和不幸之人的机会。1865年9月月底，由于听说巴黎已爆发了霍乱疫情，身处比亚里茨的拿破仑三世和欧仁妮皇后立即决定返回圣克卢。虽然爆发之初，霍乱疫情仿佛势不可当，但其程度之后又有所减弱。1865年10月中旬，霍乱疫情的势头又重新猛烈起来，导致了人们的普遍恐慌。处处都是患病之人，尤其是劳动人民，饱受其苦。1865年10月21日，在安德鲁·查尔斯·维克多·雷耶，以及自己的副官和一位传令军官的陪同下，拿破仑三世赶往巴黎。拿破仑三世去了巴黎的蒂尔医院，亲切地与医生交谈，并且去病房看望了病人。离开医院的时候，拿破仑三世捐款五万法郎用于救助这些霍乱病人。这次勇

巴黎的蒂尔医院

敢的探望让许多人想起远征埃及时，伟大的拿破仑一世也曾探望过救治了大量霍乱病人的开罗医院——这种对比总是会让拿破仑三世感到欣慰。

由于欧仁妮皇后患了流感，拿破仑三世没有允许她同去探望。然而，刚一恢复，欧仁妮皇后便向拿破仑三世表达了自己想去看望受霍乱之苦的人民的想法。因为拿破仑三世上次的探望产生了巨大的社会影响，所以他同意欧仁妮皇后可以和自己一同去巴黎——出于礼节要求，欧仁妮皇后不能单独前往。一向体贴的拿破仑三世告诉布韦小姐，她虽然可以陪同欧仁妮皇后一起去，但只能待在马车上，不能进医院。欧仁妮皇后知道布韦小姐虽然非常不情愿，但只能同意，而她们之间的关系也因此变得比以往更加亲近。

在侍从武官德•拉•格朗热侯爵、布韦小姐和传令军官杜普雷的陪同下，欧仁妮皇后离开了圣克卢。欧仁妮皇后第一个访问的是博容医院，而这个医院的病房里住的都是霍乱病人。欧仁妮皇后站在这些病人的床前，与病人们挨个交谈，并且试图通过言语和行为对他们进行安慰与鼓励。虽然欧仁妮皇后的行为获得了人们的赞扬，但她认为这都是自己应该做的。

访问完博容医院后，欧仁妮皇后去了杜伊勒里宫。随后，欧仁妮皇后又访问了拉瑞博希尔医院和圣安托万医院。

欧仁妮皇后访问博容医院时，出现了非常温情的一幕。过去，拿破仑三世常常会讲述这一幕。请容我在此叙述。在给朋友的信中，拿破仑三世写道："欧仁妮皇后走到一位奄奄一息的病人床前，俯下身来，握住他的双手，并且说了很多话安慰他。这个病人握住并且亲吻了欧仁妮皇后的双手，说道：'谢谢你，亲爱的姐妹。''朋友，你认错了——不是我跟你说话，而是我们伟大的皇后。'在医院给欧仁妮皇后带路的修女说道。'不，请不要纠正他，'欧仁妮皇后立即阻止道，'没有什么比叫我姐妹更让我感到亲切了。'"

在圣安托万医院，负责给欧仁妮皇后开门的医生不小心打开了天花病人的房门。医生马上把天花病人的房门关上，想阻止欧仁妮皇后进去。"然而，她还是进去了，"在信中，拿破仑三世写道，"欧仁妮虽然毫不迟疑地跨过了这道门槛，但不认为自己此举有何伟大之处。欧仁妮来到这家医院只是意图完成一项早已安排好的计划，即减轻公众对天花的恐慌。确实，正如记者们报道的那样，离开这家医院时，热情的群众簇拥着欧仁妮并且把她抬上了马车。由于沐浴着民众的祝福和祈祷，欧仁妮甚至从长袍上撕下布条给他们留作纪念。”

拿破仑三世曾说道：“如果一位国家君主仅仅阅读和学习历史——特别是自己国家的历史，那么这是不够的。他还必须崇拜国家的英雄们，信任他们，并且使民众知晓他们的伟大。我们坐在王位上，不是为了统治人民，而是为了教导人民。”受拿破仑三世影响，欧仁妮皇后不仅愈来愈认同这个观点，而且开始崇拜法兰西的伟大历史人物。有一次，拿破仑三世对欧仁妮皇后说道：“我很高兴看见你在这方面的不断进步——你很可能将会成为一个比我更狂热的英雄崇拜者。”

举个例子，欧仁妮皇后一直很崇拜玛丽•安托瓦内特。很早以前，欧仁妮皇后就被玛丽•安托瓦内特这位命途多舛的皇后打动，而关于玛丽•安托瓦内特的回忆经常萦绕在她心头。因此，欧仁妮皇后喜欢任何能让自己想起玛丽•安托瓦内特的事物——无论是艺术珍宝、服装，还是书籍。新婚不久后，欧仁妮皇后和拿破仑三世在维尔纳夫的一家酒店共度蜜月。由于维尔纳夫与凡尔赛比邻，欧仁妮皇后请求拿破仑三世带她去看看有趣而寂静的古老城镇，特别是特里亚农古堡。自从第一次参观这个玛丽•安托瓦内特深爱着的小城堡和花园，欧仁妮皇后就开始想象当时备受王国上下爱慕的玛丽•安托瓦内特的生活。

对刚刚登上宝座的欧仁妮皇后而言，这次拜访特里亚农古堡不仅是向不幸的玛丽•安托瓦内特致敬，而且是一种朝圣。后来，欧仁妮皇后开始致力于重新唤起民众对玛丽•安托瓦内特的记忆。欧仁妮皇后小心翼翼地收集任何与玛丽•安托瓦内特有关的物件，认真阅读玛丽•安托瓦内特时代的历史，关注当时的小事件，并且视玛丽•安托瓦内特的小物件为神圣的纪念物。此外，欧仁妮皇后还在特里亚农古堡建了一个玛丽•安托瓦内特博物馆。渐渐地，这座博物馆不仅积累了一件件曾经属于玛丽•安托瓦内特的家具和其他物品，而且墙壁上挂着好些画作，展示了她和她的兄弟们在美泉宫一起演绎芭蕾舞剧的场景。还有一张特意为玛丽•安托瓦内特打造的用青铜雕刻装饰的方桌，精致得可与任何珠宝媲美。

由于这座博物馆的展品越来越多，欧仁妮皇后认为把玛丽•安托瓦内特曾经拥有的物品在1867年的巴黎世界博览会上展出也许是个不错的主意。因此，一些保存在私人收藏馆或博物馆中的物品也被规整到了一起。实际上，在欧仁妮皇后的赞助下，成立了一个委员会，而这个委员会的目标就是原封不动地修复马尔迈松和特里亚农古堡。由于已故的奥米西斯先生的慷慨捐助，马尔迈松的修复工作进行得很顺利。

这些努力成效显著。瑞典国王卡尔十五世将一幅关于玛丽·安托瓦内特的画作寄到了巴黎，画中的玛丽·安托瓦内特怀抱着自己的两个孩子，漫步于特里亚农古堡的小巷上。赫特福德侯爵借出了一些自己在伦敦的私人藏品，其中包括艺术品、家具和一些小玩意，它们都曾属于玛丽·安托瓦内特或与她有关。在欧仁妮皇后贡献的藏品中，最值得注意的是一本集子——集子中黏着一些曾被用于制作玛丽·安托瓦内特长袍的布料的样本。从旧政权的宫廷圈的后代口中，欧仁妮皇后了解到这

瑞典国王卡尔十五世

亨利·埃塞克斯·埃奇沃思神父

本集子有数份副本。玛丽·安托瓦内特在世时，仆人们会把这些集子呈递给她，而她手指点到的样本就是她今天所要穿的衣服——每天都是如此。

欧仁妮皇后还拥有一些曾属于路易十六夫妇的物品，而这些东西不仅十分有趣，而且部分印有他们的肖像。这些物品包括一个斯卡迪制作的印有玛丽·安托瓦内特的肖像的鼻烟盒；一枚雕刻着亨利十四的头像的玛瑙戒指——路易十六去世的那天早晨，这枚戒指被赠予了亨利·埃塞克斯·埃奇沃思神父；路易十六曾在修道院使用过的一把普通的餐刀和一把非常华丽的餐刀，后者不仅缀有红宝石，而且以黄金作刀片——简直是一件珠宝作品；一条带坠子的项链，坠子上有路易十六的浮雕图案——玛丽·安托瓦内特皇后经常佩戴这条项链；印有玛丽·安托瓦内特的手臂图案的书，以及一些署名为玛丽·安托瓦内特的信等。

按照惯例，欧仁妮皇后收藏了上述所有的纪念品并将其放在杜伊勒里宫的秘密房间内，由主管当局严密保护。在展览期间，这些物品被陈列在特里亚农古堡。

在圣克卢，欧仁妮皇后同样崇拜着玛丽·安托瓦内特。欧仁妮皇后不仅在套房里装饰着玛丽·安托瓦内特的肖像，而且在书房中摆着一张曾属于玛丽·安托瓦内特的写字台。写字台上摆着一件高雅的装饰品——一尊青铜镀金的小雕像，这尊小雕像以一种优雅又时尚的形式扭曲着，展现了对身体的奇妙幻想。一直以来，这张为玛丽•安托瓦内特特制的写字台都被视为最完美的木艺品之一。结婚时，拿破仑三世曾送给欧仁妮皇后一对曾属于玛丽•安托瓦内特的华丽的耳环。这对梨形耳环由钻石精制而成，和大扁桃仁一样长。

在这些玛丽•安托瓦内特的物品中，最有价值的当属克莱门斯•冯•梅特涅夫人赠的一件礼物，即一幅在奥地利购买的奇怪肖像画。这幅画中的人是与路易十六结婚前不久的玛丽•安托瓦内特——当时，只有十四岁芳龄的她脖子上系着一条细长宛如血流般的红色缎带。看到这幅画时，人们总会想到玛丽•安托瓦内特的不幸命运。

在法兰西第二帝国末期的一场著名拍卖中，欧仁妮皇后得到了一本玛丽•安托瓦内特居于圣殿时用的祈祷书。然而，后来，得知尚博尔伯爵亨利也是此书的竞拍者时，欧仁妮皇后通过一个朋友将这本书转赠给了他。尚博尔伯爵亨利以最礼貌的方式收下了这份礼物。拿破仑三世曾规定要永远尊重旧政权的王子们，而欧仁妮皇后一直都遵守着拿破仑三世立下的规定。

在特里亚农古堡展览的书中，有两卷曾属于玛丽•安托瓦内特。这两卷书拥有用蓝色的摩洛哥羊皮制的封面，封面上印有玛丽•安托瓦内特的手臂图案。这两卷书的扉页写着："这些书属于我的岳母玛丽•安托瓦内特。"后来，欧仁妮皇后不仅把这两卷书带到了英国，而且一直小心翼翼地保存着他们。直到皇太子去世那一年，欧仁妮皇后不得不启程去好望角以看看自己不幸的儿子死去的地方之前，她因为内心充满了不祥的预感，所以决定将这两卷珍贵的书送给那些会充分欣赏它们的人。欧仁妮皇后将这两卷书赠予了自己之前就认识的保皇党领袖杜多维尔公爵，这两卷书现在仍然被保存在后者位于巴黎豪宅中的沙龙的玻璃盒子里。

如前所述，欧仁妮皇后一直对慈善事业很感兴趣，对她来说，最珍贵的慈善组织莫过于玛丽•安托瓦内特皇后创办的女性协会——这个优秀机构不仅仍然存在，而且由欧仁妮皇后的好友负责。

现在，我们来说说欧仁妮皇后另一个爱好——旅行。不得不承认，欧仁妮皇后在造访异域、参观陌生城市和横渡海洋时会喜不自胜，对行走或驱车在她喜爱的城市——比如巴黎，也觉得很有吸引力，这种吸引与喜爱似乎会逐年增加。

拿破仑三世去世后，欧仁妮皇后不仅每年大部分时间都在欧洲大陆度过，而且尤其喜欢旅居巴黎。在巴黎，欧仁妮皇后总会选择欧陆酒店作为自己的临时栖身之处[①]。1904年，由于外甥女，即第十六代阿尔瓦公爵卡洛斯·玛利·菲兹-詹姆斯·斯

---

① 长久以来，弗兰切斯基尼·彼得里先生都与皇室保持着亲密联系。拿破仑三世还在意大利时，弗兰切斯基尼·彼得里先生就是他的秘书。后来，弗兰切斯基尼·彼得里先生一直作为欧仁妮皇后的秘书和密友伴其左右。对欧仁妮皇后在巴黎的住所的选择，弗兰切斯基尼·彼得里先生说道：

“她选择欧陆酒店十分令人惊讶——由于与杜伊勒里宫相对，欧陆酒店难免令人想起已倾覆王朝的点点滴滴。有时，欧仁妮皇后会长时间凝视着杜伊勒里宫的废墟，直到在1878年的巴黎世界博览会前夕这片废墟被夷为平地。欧仁妮皇后会在杜伊勒里宫从前的花园中走走坐坐，一待就是几个小时。现在，杜伊勒里宫的花园与街道相连，对公众开放。欧仁妮皇后的眼中不断涌出泪水，内心饱含痛苦。沉湎于回忆过去的痛苦只会带来更多的痛苦，而这种痛苦强烈得令人难以承受。有时，欧仁妮皇后会告诉我和其他人她为何如此沉溺于回忆痛苦往事。欧仁妮皇后说道：

‘我总是停留在欧洲的原因是我在这个伟大城市经历的痛苦吸引着我。我承认，拿破仑三世死后，我第一次回到这里时，这座城市让我非常悲痛。然而，后来，一点一点地，这种悲伤变得越来越有诗意，越来越容易容忍，直到成为一种安慰，导致我终于能在同样的环境中再回忆一遍那些明媚却残酷的日子。我总喜欢重游那些曾让我度过欢乐岁月的地方，而在那些地方，曾经的人与事都历历在目。’因此，旅居巴黎期间，欧仁妮皇后曾频繁地去贡比涅、枫丹白露和圣克卢，而这些地方的宫殿的消失令她痛苦不堪。欧仁妮皇后爱在那些她曾与宫廷的人一起度过炎热的夏季的被树叶覆盖的小径和郁郁葱葱的树林里漫步。坐在圣克卢公园中时，欧仁妮皇后虽然感到舒适，但十分悲伤——从前，皇太子常常在此处与他的伙伴玩耍。坐在圣克卢公园中的欧仁妮皇后总是希望独处——她的孤独仿佛只有向神明倾诉，而这种独处通常会持续一个小时甚至更长时间。在去拜访与深爱的儿子联系紧密的神圣之地时，欧仁妮皇后走上了一条荆棘丛生的羊肠小道。由于被一条荆棘牢牢勾住了裙子，欧仁妮皇后只得停下脚步。对欧仁妮皇后来说，这些荆棘让就像一只只看不见的手。欧仁妮皇后因这些荆棘心烦，走回远远等待的我们的身边。激动不安的欧仁妮皇后啜泣着告诉了我们发生的事情。

“1904年，欧仁妮皇后在欧陆酒店待的时间比往年更久——那年，玛蒂尔德·波拿巴公主去世了。在玛蒂尔德·波拿巴公主暮年时，欧仁妮皇后经常和她见面。日月如梭，许多年后，拿破仑·热罗姆也去世了，而他与欧仁妮皇后曾经的小敌意与分歧都已经不复存在，只留下了一段深厚的友谊。玛蒂尔德·波拿巴公主临终时，欧仁妮皇后十分温柔。欧仁妮皇后明白，玛蒂尔德·波拿巴公主的遗愿之一是剥夺维克多·波拿巴王子对欧仁妮皇后的遗产的继承权并且支持路易·拿破仑王子。然而，在玛蒂尔德·波拿巴公主弥留的最后几个月里，欧仁妮皇后从不主动提及这个话题——后者已经选择了维克多·波拿巴王子作为她大部分遗产的继承人。欧仁妮皇后虽然希望维克多·波拿巴王子将来会成为王朝的继承人——正如皇太子在他的遗嘱中说的，但不约束玛蒂尔德·波拿巴公主的选择。在生命的最后两年，玛蒂尔德·波拿巴公主对维克多·波拿巴王子的态度变得亲切友好，让大家误以为她改变了遗愿。然而，虽然玛蒂尔德·波拿巴公主的巨额财富加上路易·拿破仑王子的父亲留给他的少量遗产导致他拥有近七百万法郎，但欧仁妮皇后给他只留了每年八万法郎。路易·拿破仑王子总是用巨额的花销来保持家族之主的名头。”

图尔特的夫人玛丽亚·德尔罗萨里奥身患顽疾，欧仁妮皇后曾长时间待在巴黎。最终，第十六代阿尔瓦公爵夫人玛丽亚·德尔罗萨里奥因医治无效而去世了，这让欧仁妮皇后十分悲痛。第十六代阿尔瓦公爵夫人玛丽亚·德尔罗萨里奥夫人智貌双全，并且有极好的教养——这种教育在女性之中是极少有的，而欧仁妮皇后不仅喜爱谈论自己这位“博学的外甥女”，而且谈起她时十分骄傲。第十六代阿尔瓦公爵夫人玛丽亚·德尔罗萨里奥曾监督编制了马德里的利里亚宫收藏的艺术珍宝的目录。无论是在马德里，还是在巴黎，第十六代阿尔瓦公爵夫人玛丽亚·德尔罗萨里奥都受到极大赞誉，并且在她的父亲还是西班牙大使时就已经名满巴黎。

我已经说过欧仁妮皇后与西班牙女王玛丽亚·伊莎贝拉·路易莎·德·博尔冯的关系。路过巴黎时，欧仁妮皇后必定会去拜访西班牙女王玛丽亚·伊莎贝拉·路易莎·德·博尔冯。不幸的西班牙女王玛丽亚·伊莎贝拉·路易莎·德·博尔冯从未忘记曾身为“当时强大的法兰西君主”的欧仁妮皇后向她提供的庇护。导致欧仁妮皇后和西班牙女王玛丽亚·伊莎贝拉·路易莎·德·博尔冯关系亲密的更重要的原因在于后者的儿子阿斯图里亚斯亲王即后来的西班牙国王阿方索十二世，是皇太子的玩伴之一，曾经常在圣克卢宫和杜伊勒里宫与皇太子一起玩耍。

欧仁妮皇后总是与杰出的西班牙人打交道。旅居巴黎时，欧仁妮皇后遇见了很多优秀的西班牙人，而西班牙大使尤为和蔼可亲。同样下榻于欧陆酒店的俄国大公也频繁出现在欧仁妮皇后的交际圈中。

欧仁妮皇后最喜欢招待巴黎的朋友们的时间是21时到24时。虽然这个时间段可以交谈的话题范围很广，不仅有政治的、艺术的或是纯粹社交的，而且也可以评论新书，但时下的政治热点问题是禁忌。欧仁妮皇后虽然总是鼓励大家畅所欲言，但自己却很少评论。因为欧仁妮皇后厌恶讨论政治，所以如果她在场，那么大家通常不会讨论政治话题。比如，在德雷福斯案件期间，朋友们都商议尽量不在欧仁妮皇后面前讨论。德雷福斯案件发生时，我正在英国。我认为欧仁妮皇后不仅支持德雷福斯这个不幸的陆军军官，而且认为对他的审判没有足够的证据——在这方面，欧仁妮皇后的观点不同于自己的朋友们。

作为一位虔诚的天主教徒，教会与国家的分离令欧仁妮皇后不悦。在这方面，

审理德雷福斯案件

与法兰西相比，欧仁妮皇后更加倾向于英国人享有的宗教自由。暮年之时，欧仁妮皇后很高兴见到英法两国的良好关系进一步增强。

欧仁妮皇后从未悲观地看待过法兰西的局势。欧仁妮皇后坚信，工业活力和广泛分布的财富将会拯救法兰西，而其他国家有可能走向衰亡。在政治上，由于皇太子之死和法兰西人口的减少，欧仁妮皇后不仅认为王朝将不会在短期内复辟，而且因此从未支持维克多·波拿巴王子进行王朝复辟。不仅裁军主义精神遍及全国，而且宗教和政治怀疑论流行，而在欧仁妮皇后看来，这对法兰西毫无益处。暮年之时，欧仁妮皇后对政治消息仅仅听听而已，对政治大道理丝毫不感兴趣——历经漫长又残酷的种种经历后，政治对她已经丧失了吸引力。

旅居在欧洲大陆时，欧仁妮皇后更多的时间不是在巴黎度过，而是在位于尼斯附近的马丁岬舒适的家中度过。1891年，在马丁岬，欧仁妮皇后建造了迷人的希尔诺别墅。每年的1月至6月，欧仁妮皇后会住在希尔诺别墅中，并且结识一些新朋友。欧仁妮皇后在希尔诺别墅的生活很幽静，而一些来此享受阳光和健康的名士会拜访她以示尊重。1905年，奥匈帝国皇帝弗兰茨·约瑟夫一世来此造访了欧仁妮皇后，而这是最值得关注的一次来访。1906年，年迈的奥匈帝国皇帝弗兰茨·约瑟夫一世在伊舍度假时，欧仁妮皇后回访了他。在一封给朋友的信中，欧仁妮皇后提及了此次拜访并且写道："拜访持续了两天。我们谈论了过去的一些开心或者不开心的事情。向他道别时，我说，'陛下，在死去之前，我们都无法再见面了。'我们都十分伤感。"

欧仁妮皇后一直很喜欢大海，经常坐着游艇航海。奥匈帝国皇储鲁道夫·弗朗茨·卡尔·约瑟夫，即鲁道夫大公神秘死亡后不久，在一次航行中，欧仁妮皇后在科孚岛遇见了奥匈帝国皇后伊丽莎白·艾米利·欧根妮。说来奇怪，奥匈帝国皇后伊丽莎白·艾米利·欧根妮向欧仁妮皇后讲述了鲁道夫大公神秘死亡的所有细节，令欧仁妮皇后感触很深，并且马上将此记录了下来。奥匈帝国皇后伊丽莎白·艾米利·欧根妮讲述的细节如下：

"关于鲁道夫大公的死亡有很多版本。一些人说，在享用一顿丰盛的晚餐时，鲁道夫大公被人刺杀身亡，而其原因是刺杀者对他的嫉妒；另一些人表示，鲁道夫大公的死缘于一次狩猎意外。然而，刺杀和意外都无法解释这场悲剧。我们都知

鲁道夫·弗朗茨·卡尔·约瑟夫

伊丽莎白·艾米利·欧根妮

道，鲁道夫大公与一位年轻女士，即玛丽·维特拉男爵夫人十分亲密。奥匈帝国皇帝弗兰茨·约瑟夫一世虽然非常担心皇储妃即比利时的斯蒂芬妮·德·博哈尼公主的抱怨，但由于知道她的抱怨是合情合理的，所以只能尽可能阻止事态恶化。鲁道夫大公既多情又易怒，导致我们一度害怕他会与比利时的斯蒂芬妮·德·博哈尼公主离婚并且迎娶玛丽·维特拉男爵夫人。很遗憾，一些玩弄阴谋的人利用了我的儿子鲁道夫大公，并且支持这种结合。当然，皇帝弗兰茨·约瑟夫一世、所有的朝廷大臣们和我都竭尽所能地阻止这件事。虽然我多次恳求我的儿子不要做傻事，但徒劳无果。然而，正当我们以为鲁道夫大公会回心转意时，悲剧发生了。1889年的1月29日，

玛丽·维特拉男爵夫人

霍夫堡皇宫举办了一场庆祝玛丽·瓦莱丽女大公和弗朗茨·萨尔瓦大公订婚的盛大晚宴，而鲁道夫大公虽然曾承诺出席，但直到最后一刻才发电报告诉大家，由于狩猎活动十分疲累，他将会在1889年的1月30日返回。当时，鲁道夫大公参加了一个狩猎聚会，而玛丽·维特拉男爵夫人也参加了。玛丽·维特拉男爵夫人的一位叫巴尔塔齐的堂兄一直都想娶她。巴尔塔齐突然出现在狩猎聚会上，并且挑起了与鲁道夫大公的争吵。最终，这场争吵以鲁道夫大公的死亡而结束。这是一些人的说法——虽然宾客们都酒酣耳热，但这是事实。难道由于一时糊涂，鲁道夫大公既杀了自己，又杀了他的情人玛丽·维特拉男爵夫人吗？”

不外出旅行时，欧仁妮皇后会将自己的时间分成两部分，即将一部分时间花在马丁岬的住所中，而将另一部分花在法恩伯勒的住所中。这个府邸在汉普郡的法恩伯勒——皇太子死后不久，欧仁妮皇后就住在了那儿。从伦敦坐火车到法恩伯勒有一个小时的旅程，这个地方树木繁茂，山谷众多，沼泽和松树林延绵无尽——目之所及都是原始景象。卡姆登公馆承载了太多的悲伤回忆，而在法恩伯勒，欧仁妮皇后发现了一处心仪的住所。由于拿破仑三世和皇太子的尸体被安葬在奇泽赫斯特教堂，欧仁妮皇后想把他们转移到她的新住所。在法恩伯勒公园尽头的一座山上，欧仁妮皇后用波特兰石建立了一座哥特式的礼拜堂，而礼拜堂下面有一个土窖。法兰西的一位建筑师用三年时间建造了这座小教堂。暗淡的设计不仅是这座小教堂的突出特征，而且使它充满了艺术品位。这座小教堂的前部和内部没有装饰，正厅的墙壁是雪白的，而座位和讲道台是由橡木雕刻而成的。小教堂的下面是一个面积与地上建筑相同的地下室，停放着拿破仑三世和皇太子的简单又宏伟的花岗岩石棺——一个石棺上刻着“拿破仑三世，法兰西皇帝”，而另一个上面刻着“拿破仑，皇太子，出生于杜伊勒里宫，在祖鲁兰被他的敌人所杀”。虽然有人给欧仁妮皇后提供了更详尽具体的碑文，但她更喜欢这简短的几句——历史很清楚拿破仑三世和皇太子的经历。圣坛上堆满了花环和人们带来的祭品。拜访这个神圣之地时，我总是会读一读花环上的寄语。

法恩伯勒有对亡者的敬意和回忆，也会令人想起一些老友或者忠仆。这些人有些已经去世，而有些仍然活着。比如，去世前尤里曼曾生活在法恩伯勒公园里的一栋村舍中。如前所述，尤里曼是皇太子忠诚的仆人。在法恩伯勒公园中散步时，欧仁妮皇后常常会停下来与这位忠心耿耿的男仆说上几句——有时会重温皇太子的孩童时光，有时会谈谈皇太子的成长经历，而有时也会谈到皇太子在祖鲁兰发生的悲剧。

就像英国的其他宅邸一样，欧仁妮皇后在法恩伯勒的大宅有着诺曼式屋顶，巨大的弓形窗和宽敞的阳台。此外，欧仁妮皇后设计了巨大的餐厅和由玻璃覆盖的走廊。除了乡下房屋中寻常的马厩，欧仁妮皇后还建了一个马车房——这总是引起拜访者的浓厚兴趣——那里停放着几个欢庆用的花车车厢，这些车厢在1870年的普法战争后被还给了欧仁妮皇后。这座大宅周围的土地是按照法式风格布置的，而它所在的山脚下开着大丛大丛的杜鹃花——在英国潮湿的气候中，所有于户外生长的植物都显得青葱又充满活力。

这座大宅的一楼满是各种各样的纪念品，而它们大部分都是法兰西第二帝国时期的东西并且在1870年的普法战争后才被归还给欧仁妮皇后。欧仁妮皇后会在书房中度过一天中大多数的时间。书房里满是关于皇太子的纪念品。每天12时至13时，欧仁妮皇后会出去走走。这座大宅里不仅有很多幅皇太子和皇帝的肖像画——虽然我个人认为他们父子很相像，但有人不这么认为，而且有很多曾属于拿破仑三世和皇太子的物品，以及和欧仁妮皇后关系亲密的第十六代阿尔瓦公爵夫人相关的纪念品。

在这座大宅里，欧仁妮皇后最珍惜、会花最多时间整理布置皇太子的书房。虽然可怜的皇太子从未踏足这个书房，但在这里，欧仁妮皇后会觉得自己离他很近。书房里妥善保存着皇太子读过的书、用过的地图、使用过的打猎用具，以及在战争中使用过的武器。书房里有一些拿破仑三世的半身像和肖像画，还有一些已经去世的朋友或者亲人的肖像画，包括阿贝•德古里、克拉里伯爵等。此外，书房里还有三幅欧仁妮皇后很珍惜的保罗•亚历山大•普罗泰画的画——一幅展现了皇太子在那次小规模战争中立功的场景，而另外两幅则描绘了在人世最后的瞬间，他与死亡英勇搏斗的场景。在第一副中，皇太子站姿坚定，决心为国家献出自己的生命。在第二幅画中，他躺在地上，而尖锐的箭杆刺穿了他的身体。第三幅画用的帆布的上方，几束光线点亮了云层中的三个符号：圣母玛利亚，旺多姆圆柱和巴黎荣军院，分别代表了洗礼、荣耀和栖身之地。

在法恩伯勒的大宅的其他房间里，也有不少引人注目的东西。正方形的画室里有很多皇太子的遗物，而欧仁妮皇后通常会在这里度过晚上的时光。欧仁妮皇后的小化妆间四周的墙壁上都是皇太子生活画像。前面提到的画室中间挂着一幅坎农画的皇太子的肖像画。这幅肖像画是坎农在维也纳创作的，欧仁妮皇后全程亲自参与。这幅画画面壮观，引人注目。大宅中还有一些其他的画作和艺术品，而其中一些是克莱门斯·冯·梅特涅先生在1870年9月4日的灾难中抢救并且保存下来的，一些则是在法兰西社会的大人物的呼吁下被归还给欧仁妮皇后的。在这些人中，我不得不提到爱德蒙伯爵夫人——她获得了阿道夫·梯也尔先生的允许并且参与了这场光

克莱门斯·冯·梅特涅

荣的行动。大宅中还有一些物品来自位于比亚里茨的别墅——后来，欧仁妮皇后卖掉了它，主要包括曾摆放在餐厅的哥白林挂毯，而它上面描绘着堂吉诃德的生活场景。现在，这些东西画作和艺术品都被挂在大宅的走廊和餐厅里。藏书室有相簿、很多旅行纪念品，以及各国君主所赠或是有名人士和知名公众机构送来的礼物，而欧仁妮皇后总是乐于向朋友们或拜访者展示这些物品并且解释它们的来源和历史。在杜伊勒里宫，每当欧仁妮皇后评论美丽的宫殿中的很多小艺术品摆设时，拿破仑三世都会夸她："你可真是个优秀的解说员啊！"在法恩伯勒，欧仁妮皇后不禁多次回忆起这段往事。

久居英国的欧仁妮皇后总是受到英国王室的欢迎与关注。维多利亚女王和英国皇室的公主们是基督教慈善事业的中坚力量，而这正是缘于欧仁妮皇后的影响。维多利亚女王和英国皇室的公主们经常拜访欧仁妮皇后，而欧仁妮皇后也会愉快地回访。维多利亚女王身上有些难以言表的东西——她虽然由于身份尊贵，总是保持着一位高贵女王的形象，处处都很克制，但你有困难时，便会义无反顾地关心你，甚至会让你忘记她的高贵身份。维多利亚女王访问或吊唁时，你立刻就能察觉她不是敷衍——她的悲伤溢于言表。对此，欧仁妮皇后有几次深切的感受。有很多人——包括很多贵族，都认为维多利亚女王冷漠又不易亲近。然而，虽然有些人让维多利亚女王有理由冷漠或不亲近他们，但面对欧仁妮皇后的悲伤，维多利亚女王不仅很真诚，而且给予了她最大的安慰。某一年的秋天，欧仁妮皇后曾去苏格兰的巴尔莫勒尔附近的亚伯格尔代，以便更客观公正地评判维多利亚女王——在这片荒野，维多利亚女王不受繁文缛节的束缚。欧仁妮皇后和维多利亚女王一起远足，并且无所不谈。在这些难忘的远足中，维多利亚女王在欧仁妮皇后心中的地位越来越高——毫不夸张地说，欧仁妮皇后认为维多利亚女王是所有女性中最优秀的人。不仅我确信，而且历史可以证明，在伟大女王的排行榜上，维多利亚女王位居前列。辉煌的维多利亚时代将是英国历史上最伟大的篇章之一，而这主要归功于维多利亚女王的才能和美德。

在结束这部分回忆录时，请容我简要地介绍一件事——这件事虽然不有趣，但反映了沦落的法兰西统治者的命运。欧仁妮皇后和法兰西政府之间有一场持续打了三十多年的官司——拿破仑三世的王朝倾覆后，法兰西政府没收了杜伊勒里宫和其他宫殿中原本属于皇室的财产，而一些物品进了卢浮宫并且成了展品。最终，1907年春季，欧仁妮皇后赢得了这场官司。虽然这场诉讼结束之后，五百三十八件物品被归还给了欧仁妮皇后，但实际上，在长长的归还物品清单上的很多东西没有一点价值。

这场漫长的诉讼始于19世纪70年代，而当时的政府由阿道夫·梯也尔先生统领。为了尽早结束这场诉讼，欧仁妮皇后和法兰西政府都做出了让步。虽然一些朋友要求阿道夫·梯也尔先生早点把东西，尤其是一些私人东西，以及政府不使用的四轮马车等归还给欧仁妮皇后，而不是等法院裁决后才交还，但阿道夫·梯也尔先生认为，政府应当保管这些具有重要历史价值的物品。欧仁妮皇后甚至曾表示可以用出自雅克-路易·大卫、埃内斯特·梅索尼埃、亚历山大·卡拜那和其他伟大的艺术家之手的价值连城的名画交换——这些油画都是欧仁妮皇后用自己的钱购得的。

1879年2月，法庭的一个决定踏出了结束这起诉讼案件的关键性的第一步，即正式起草了政府要保留的物品清单和另一张政府要归还的物品清单。根据清算结果，法兰西政府对欧仁妮皇后负债二百二十五万法郎——其中包含了好几年的利息。然而，欧仁妮皇后的法律顾问认为这个数据是错误的，即法兰西政府至少还另外欠欧仁妮皇后两百万法郎。这件事僵持了二十多年。1899年1月，法庭再次受理了这个案件，并且解决了法兰西政府负债金额的问题。实际上，欧仁妮皇后放弃了另外两百万法郎的要求，而法庭要求法兰西政府支付给欧仁妮皇后上述的含利息在内的二百二十五万法郎。这次仲裁花了欧仁妮皇后近一点八万法郎。然而，由于负债人恰好是政府，法庭的裁决成了一纸空文。欧仁妮皇后希望至少可以要回那些画作和一些其他的东西——这些东西不仅不是公共财产，而且在1879年的裁决中都已经被判给了她。法兰西政府虽然同意起草归还物品清单，但告诉欧仁妮皇后这将会花费很长时间。为了能够尽快完结这些事和尽可能显示出想要调停这件事的态度，欧仁妮皇后又对政府做出了另一个让步——放弃了法庭判给她的二百二十五万法郎。1899年10月，法院依法判决法兰西政府了结此事。欧仁妮皇后知道，很多物品都在巴黎公社运动和1870年到1871年的灾难事件中被烧毁了，而因为后来没有详细统计，所以这件事情这么慢是情有可原的。然而，欧仁妮皇后对拖延感到心累，并且希望能够尽快了结这件事。欧仁妮皇后前前后后以各种方式又花去四万法郎。对归还的东西，欧仁妮皇后保留了一些，并且将另一些则直接给了一些机构收藏。这些东西中的很多都收藏在“皇家博物馆”——它的藏品要么是外界捐赠的，要么是借来的。“皇家博物馆”破产时，这些东西都被归还给了它们的主人，包括玛蒂尔德·波拿巴公主、佩蒂特将军和德·蒂雷纳侯爵。

总的来说，欧仁妮皇后没有受到公正的对待。欧仁妮皇后要求归还的东西不仅没有一件是用国库的钱买的，而且有些东西本就应该由她继承，而主要的麻烦是卢浮宫里的几件价值不菲的文物。两幅哥白林挂毯和一些塞夫勒瓷器已由原来存放它们的博物馆归还，而这些机构负责人也承认他们无权保留。皇太子诞生时、弗劳门特·莫里斯精心制作并且由巴黎市政厅所赠的皇太子的摇篮也被归还给了欧仁妮皇后。后来，即1900年世界博览会召开时，若阿基姆·缪拉请求欧仁妮皇后将这个摇篮借给他用于当时正在组织的回顾展。欧仁妮皇后将摇篮借给了若阿基姆·缪拉。然而，世界博览会结束时，巴黎市政厅宣称要拿回摇篮。然后，虽然欧仁妮皇后又一次妥协，即提出将摇篮赠给卡纳瓦莱博物馆的城市收藏品处，而唯一的要求是要有“由欧仁妮皇后所赠”的标记附在摇篮上，但巴黎市政厅没有答应她。

我的一个朋友和一位著名的法兰西法学家对法兰西政府在这件事情上做出的卑鄙行径做了评论：“请比较一下国家在这种情况下对待奥尔良家族的方式——1872年，阿道夫·梯也尔先生几乎还给了他们一切，并且从未没收他们的个人财产，即路易·菲利普一世在1830年继位前留给孩子们的地产，而完全违背了王朝的法律——它们本该是国有地产。然而，奥尔良家族丝毫未受影响。毋庸置疑，虽然欧仁妮皇后的一切要求均合乎法律，但由于害怕舆论，财政大臣没有执行法院的命令。”